U0107043

Spatial Dunhuang

Approaching the Mogao Caves

巫鸿 著

空间的敦煌

走近莫高窟

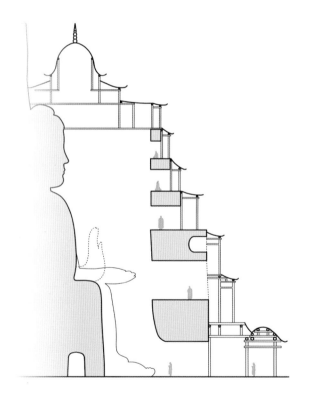

生活·讀書·新知 三联书店

图书在版编目（CIP）数据

空间的敦煌：走近莫高窟 /（美）巫鸿著. —北京：
生活·读书·新知三联书店，2022.1 （2024.5 重印）
ISBN 978 – 7 – 108 – 07287 – 0

Ⅰ．①空… Ⅱ．①巫… Ⅲ．①敦煌石窟－研究
Ⅳ．① K879.21

中国版本图书馆 CIP 数据核字（2021）第 209911 号

责任编辑　杨　乐
装帧设计　康　健
责任校对　曹忠苓
责任印制　董　欢
出版发行　生活·讀書·新知 三联书店
　　　　　（北京市东城区美术馆东街 22 号　100010）
网　　址　www.sdxjpc.com
经　　销　新华书店
制　　作　北京金舵手世纪图文设计有限公司
印　　刷　天津裕同印刷有限公司
版　　次　2022 年 1 月北京第 1 版
　　　　　2024 年 5 月北京第 5 次印刷
开　　本　720 毫米 × 1020 毫米　1/16　印张 21
字　　数　260 千字　图 203 幅
印　　数　23,001 – 27,000 册
定　　价　149.00 元

（印装查询：01064002715；邮购查询：01084010542）

献给姐姐巫允明

目 录

致　谢

　　本书出版之际我需要向很多人致谢，首先是对莫高窟和敦煌艺术进行了长期调查研究的历史学家、文献学家、宗教史家、考古学家、美术史家和建筑史家。他们的工作在本书中被反复征引和提及，没有这些工作也就不可能有这本书的写作。

　　我特别希望感谢敦煌研究院多年来对我的支持和进行的合作——从我当学生时候开始的多次访问和以后与段文杰及樊锦诗院长的交往。特别是在受邀担任研究院海外研究员之后，更增强了"自家人"的感觉，在世界上的不同地点为研究和宣传敦煌艺术尽力。本来计划在撰写此书时再次前往敦煌调查学习，虽然由于疫情的影响未能成行，但仍要向赵声良院长的支持表达谢意。敦煌研究院对书中的图片使用提供了大力支持，使读者能够在阅读时有如亲历现场。敦煌研究院的许多学者，特别是马德和张小刚先生，以及首都师范大学的宁强教授，对此书都提供了许多帮助，在此衷心感谢。

　　我从开始任教以来多次在哈佛大学和芝加哥大学讲授与敦煌艺术有关的课程，特别是 2018 年的最近一次更集中于莫高窟和美术史方法论，与本书内容有密切关系。这些课程都是互教互学的过程，学生们的研究和见解自然会影响我的进一步思考，我因此希望向所有参加这些课程的学生们致以谢意。

　　我的研究助理、芝加哥大学美术史博士生周真如对本书做了许多直接贡献。作为一个专攻敦煌艺术的年轻学者，她对书中讨论的材料非常熟悉，因此我邀请她作为第一读者审阅初稿，而她的多项反馈也对书稿的修改起了重要作用。由于她受过建筑学的专门训练，我也请她为本书绘制了多幅插图，以增加读者阅读时的方便。总的说来，她对本书的贡献大大超出了研究助理的职责范围。此外，两位年轻学者——魏建鹏和伊思昭——也对这项计划的进行提供了具体而及时的支持，均在此说明并表示感谢。这本书是与三联书店的再次合作，我特别希望感谢杨乐编辑对此书的兴趣和细心工作。

最后，这本书的初稿是我在普林斯顿高研院访问期间完成的。在全球疫情的恐慌气氛中能够找到这一片净土，专心思考学术问题，我必须谢谢研究院提供的空间和清洁空气。

巫　鸿

2021 年 3 月于芝加哥

前　言

> 一时代之学术，必有其新材料与新问题。取用此材料，
> 以研求问题，则为此时代学术之新潮流。治学之士，得预
> 于此潮流者，谓之预流（借用佛教初果之名）。其未得预者，
> 谓之未入流。此古今学术史之通义，非彼闭门造车之徒，所
> 能同喻者也。
>
> 陈寅恪《陈垣敦煌劫余录序》

写于近一个世纪之前，陈寅恪先生的这段话仍可被认为是"古今学术史之通义"，但要求我们重新思考学术研究中"材料"与"问题"的关系。须知当我们现在引用这段话时，"此时代"已不再是他写作时的 1930 年，而是九十年后的当下。其间"敦煌学"已从一陌生名词成长为一宏大研究领域，而"敦煌美术史"也经历了一个从无到有，不断深化的过程。[1]

当陈先生写这段话的时候，敦煌卷子的历史价值刚被国内外学者认知不久，因此代表了学术界面对的一批全新材料，其冰山一角下的浩瀚尚有待于发掘和认知。今日敦煌研究的情形则全然不同：世界各地存放的敦煌卷子已被基本复制发表，莫高窟的精美雕塑和壁画也出现在连篇累牍的精美画册之中，人们甚至可以足不出户，通过互联网进入敦煌研究院以三维技术复制的虚拟洞窟空间。那么这还是"新材料"吗？我的回答是既可是也可不是，关键在于是否有新问题引领我们重新发掘材料的未知维度。因此，陈先生所说的

"一时代之学术，必有其新材料与新问题"可被重新诠释：如果百年之前的情况是敦煌文献和敦煌艺术的新材料将引出新的研究问题，今天的情况则更多是以研究中产生的新问题带动对材料的再发掘。没有研究就不会有问题，但如果问题不存，即使是最新的材料也只能附着于往旧的视野。

本书秉承这一理解，希望通过"空间"这一角度或问题，开发敦煌美术的原始资料，从新的层面显示这批材料的意义。之所以这样说，是因为对敦煌美术的研究与介绍虽然数不胜数，但其框架总体说来是时间性的，即以中国历史朝代为纲，构造和陈述莫高窟及其他石窟的线性历史。这当然是一个极为有效甚至不可或缺的方式，但我们也应该认识到其基础是"史"而非"美术"。后者的内涵不是书本中历时存在的事件和人物，而是空间中共时存在的建筑、雕塑和绘画。任何访问莫高窟的人所看到的洞窟并不按年表排列，而是重重叠叠、大小悬殊、相互参差，将一公里长的崖面化作一个宏伟的"蜂巢"。这种"未经消化"的空间经验是常规美术史叙事所希望克服和消解的对象：通过将混杂的洞窟按照内容和风格进行分类和分期，组织成线性的历史进程，创造出一个井井有条的莫高窟历史。但这个历史仅仅存在于书本之中，而不再是现实中可触可视的窟室和崖面。这个时间性的叙事取代了洞窟的空间存在，也屏蔽了与空间相关的各种感知和探索。

在一篇有关时间和空间关系的著名论文中，鲁道夫·阿恩海姆（Rudolf Arnheim，1904—2007）谈到"时间维度不具有自身的感官触媒"，而"空间则直接体现于视觉世界之中"。[2] 从这个意义上说，本书提出的从空间角度重新开发敦煌美术资料的提案含有两个基本观点：一是将实际存在的洞窟作为美术史调研和阐释的持续焦点，二是从访问者的实际经验出发去理解洞窟的存在和历史意义。这两个观点在空间概念中交汇融合、相辅相成，这是因为空间是人类对客观世界的感知而非客观世界本身，阿恩海姆将之定义为"控制独立客体系统之间关系的感知系统"。[3] 以敦煌石窟而言,这个感知系统把石窟化为尺度、形状、方向、远近、比例、范围、边界、中心等特征,也把不同距离上看到的石窟纳入连续的空间经验之中——从地平线上的山脉到布满洞窟的崖面,再到崖体中的窟室内部空间以及在黑暗中浮现出的千百神灵。空间感知的工具或渠道首先是身体,然后是眼睛。因此,以空间角度开发敦煌美术资料,必须启动身体的关键作用。艺评家彼得·切尔达(Peter Schjeldahl)最近谈到如何理解一件雕塑作品时说:"清空思绪,让身体告诉你什么正在发生。然后你的思维也许会重新开动,思考作品的意义。"[4] 这句话很贴切地解释了本书标题——《空间的敦煌:走近莫高窟》。

"空间"决定了本书的叙事角度和章节顺序。从第一章起,我们跟随往日朝拜者的脚步,从敦煌城走向城外鸣沙山上的莫高窟:路经各式各样的庙宇和祠堂,目睹五光十色的节日庆典,穿越沙漠中散布的家族墓茔,最后来到这个绿荫遮蔽的佛教圣地。这一想象之旅的含义是:历史上的莫高窟属于一个更大的文化和自然空间,也只有在这个空间中才真正显示它的意义。在第二章中我们到达莫高窟,硕大的崖面映满眼帘。但眼中看到的是零星窟室还是连成一片的飞檐栈道?雄伟的北大像和南大像是否已矗立于山崖表面?窟顶的宝塔和底层的大型功德窟是否重新定义了石窟的边界?这些有关空间的思索将今日的莫高窟整体转化为历史层面的具体感知,使我们以朝拜者的眼光体味崖面的演变。在第三章,我们将走进洞窟,从内部体验由雕塑、绘画和建筑组成的综合体。空间的流动或聚焦带领我们围绕中心柱右旋,或停伫在主尊前凝神观像。观者下意识地以身体测量空间和图像的尺度,也以在黑暗中放大了的瞳孔,搜索着阴幂中的塑像和壁画。此刻,我们的身体运动转化为视线运动。进入第四章,我们开始在洞窟里观看自成系列的壁画,揣摩它们与建筑和雕塑空间的关系。再进一步,第五章中我们把身体凑近一幅幅画面,通过目光的穿越,进入其中的图画空间,暂时忘记石壁和洞室的存在。

还需要说明两点：一是本书的目的并非以空间取代时间。实际上所有五章对历史空间的重构都具有明确的时间性。就像"结语"中强调的，对空间经验的重构是探知往昔的一种方法和手段，其最终目的仍然是建构和讲述石窟的历史，在这个层面上也必然会与对洞窟的分期断代发生关系。另外一点关系到本书的副标题：为什么说"走近"莫高窟而不是"走进"莫高窟？这是因为虽然在想象的旅行中我们进入了一个个石窟甚至一幅幅图画，但是对敦煌艺术的研究者说来，历史上的莫高窟永远是一个不断"走近"的对象。我们希望离它越来越近，但永远不可能消除与它的时间距离。

§

对于非佛教美术专业的读者，在此前言中对有关莫高窟艺术的若干基本情况和词汇进行说明会有助于本书的阅读，笔者也希望借此解释书中征引材料和图像的一些方式。

最基本的词汇当然是莫高窟。"莫高"二字意为"至高无上"——这个位于古代丝绸之路上的著名石窟也被称为千佛洞。虽然莫高窟一名常与敦煌石窟混用，但后一名称更确切的含义是敦煌地区若干石窟的总称，除莫高窟之外还包括榆林窟、东千佛洞、西千佛洞和五个庙石窟。由于每一窟群各有其特殊历史发展脉络和人文生态环境，本书仅聚焦于莫高窟，只在必要时征引其他石窟中的例证。

莫高窟的整体由南、北两区构成，南区中的近 500 个洞窟内有壁画和雕塑，是本书的主要讨论对象。这些洞窟分布在近一公里宽的崖面上，其开凿经历了 5 世纪到 14 世纪的千年时光。它们原来都筑有木构窟檐，并以横向栈道和竖向阶梯相联。但这些室外建筑结构以及不少洞窟的前室，在漫长的岁月中都基本消失了。造成损毁的一个原因是砾岩崖面的松软石质，易于坍塌也不适于雕刻佛像和建筑细节。这使得莫高窟中的雕像都以泥塑彩绘的方式制成：先在木架上束以苇草，再构筑泥像，然后绘以绚丽色彩。一般来说，这些三维塑像沿洞窟中轴线安置，从前室延续至后壁中心的佛龛，精美多彩的壁画则覆盖了从墙脚到窟顶的每一寸平面。即使经过许多世纪的崩塌损毁，莫高窟中仍保存了 2400 余尊塑像和大约 46000 平方米的壁画。

对莫高窟的科学考察始于 20 世纪初。一批批调查者为洞窟标了序号，由此产生了多种窟号系统。今日世界各国研究者——包括笔者在内——均采用敦煌研究院制定的窟号系统，其中的 493 个序号绝大多数标记单独洞窟，个别情况下也指附洞或像龛。这种给洞窟编号的方式对研究者说来非常便利，但对一般读者则会造成一定的困难：书籍和文章中列举的大量数字窟号难以唤起对洞窟具体存在的体验，而熟记这些序号也不是一件轻而易举的事情。考虑到这个问题，本书在利用窟号系统的同时还将使用一些重要洞窟的俗名，如"北大像""南大像""大王窟""何法师窟"等。这些名称是历史上的敦煌居民创造和使用的，尚保存在敦煌文献和题记之中。其中最重要的一份是《腊八燃灯分配窟龛名数》，保留了 30 多个大型洞窟的俗名。学者们进行了大量工作以辨识这些洞窟，至今对其中大约 20 个达成了基本共识。本书将采用这一研究成果，也将根据学界的共识，以窟主的名字标识一些洞窟，如"法荣窟""李大宾窟""阴嘉政窟"等。但不论采用何种做法，在提到具体洞窟时仍会提供敦煌研究院编排的序号。

古代敦煌居民将莫高窟中的石窟称为窟、洞或龛。这些石窟中许多是家窟，由特定家族建造和使用，在敦煌文书中往往以"某家窟"字样出现。这类洞窟常具有崇敬祖先和纪念功业的性质，也常常展示已逝和尚存家族成员的肖像。在莫高窟历史上，一些重要敦煌家族营建了多个洞窟，并在这个过程中发展出特殊的家族造窟传统，不断把新的建筑式样和宗教图像引入到莫高窟中。

一个与家窟有关但意义不尽相同的名词是功德窟。功德是佛教术语，指的是佛教徒行善获得的福德果报。《大乘义章》说："功谓功能，善有资润福利之功，故名为功。此功是其善行家德，名为功德。"行善者积蓄的功德既可为本人在此生和来世带来福祉，也可以延及家人、祖先、君主和众生。在这个思想基础上发展出来的功德窟一般是为特定人物建造的，这些人物被称为功德主，既可以是建窟者本人，也可以是他的家庭成员或敦煌当地的政治、宗教领袖。因此，功德窟的营造总是反映了复杂的社会和政治关系，一些特殊历史时刻建造的大型功德窟甚至被赋予类似"纪念碑"的含义。被称为"功德记"的文字记录了这类洞窟的营造，一般写于建设工程完成之时，有的被镌刻在石碑上，立在石窟前室中。不少功德记抄本见于藏经洞发现的敦煌文献中，它们是研究莫高窟历史和了解其修建意图的重要文字证据。

藏经洞是敦煌研究院编号系统中第 17 号窟的俗名。它最早可能是敦煌名僧洪辩为自己建造的功德窟（第 16 窟）所附的禅室，862年洪辩去世后转化为他的瘗窟和影堂，然后又被用来储存大量文书、画帧和其他物件。这个小型窟室大约在 11 世纪之后被封闭，封门墙上绘制了壁画以掩藏它的存在。当此洞室在 1900 年被偶然发现时，它藏有近 6 万件文书、绘画、刺绣及其他文物，由于其中含有大量佛经和道经而获得"藏经洞"之名。对其历史有兴趣的读者可以从历史学家荣新江所著《敦煌学十八讲》的第三到第五讲中获得很多信息。[5]

藏经洞中发现的文献传统上被称为敦煌卷子或敦煌遗书。这些写作于 4 世纪至 11 世纪之间的材料虽然绝大多数为宗教文献，但其内容也涉及政治、经济、文学、哲学、占卜、技术、军事和艺术，其文字除汉文外有藏文、回鹘文、梵文、粟特文、于阗文及其他多种。这些文书在藏经洞发现之后被分散到世界各地。得益于近年来的持续国际合作，今日研究者可以在大英图书馆"敦煌计划"网站（http://idp.bl.uk/）上系统查阅这些材料。另一有价值的文献集成是郑炳林编纂的《敦煌碑铭赞辑释》，近年进行了增订和完善。这两份材料是本书征引敦煌文献的主要来源，按照惯例在征引时标明文献的收藏序号，如 P 代表存于法国国家图书馆的伯希和（Paul Pelliot）文献，S 代表存于大英图书馆的斯坦因（Marc Aurel Stein）文献等。每份文献在首次提到时给予完整标题，以后则使用缩写或代称。

　　虽然我们并不知道莫高窟设计者的名字，但不同洞窟的特殊形式和特定内容，以及对绘画和雕塑题材的仔细选择都见证了富于匠心的设计过程。若干长篇功德记描述了窟中的绘画和雕塑程序，进而透露出洞窟装饰的宏观概念。本书将以这些文献作为理解洞窟设计的重要证据。当设计者这个字眼被使用时，它所指的是虽然姓名不存但在历史中真实存在、对洞窟形制和内容起到决策作用的主体。他们可能是作坊和画行中的专业人士，可能是主管石窟的僧侣或出资营造的主顾，也可能结合了这几类人物的意愿和专业知识。实际上，在中古时期的宗教艺术创作中，"作者"的含义不仅指独立艺术家，也指以作坊为单位的集体合作，这种定义更适合于莫高窟这类建筑和艺术创作。具体到壁画的类别，书中经常出现的两个术语是变相和经变，指的都是大型、复杂的图画构图。二者之中，"变相"的内涵更为宽泛，包括佛经、佛传和各种佛教传说；"经变"则特指对佛经的图像描绘。两词在传统文献中都可以被简化为"变"，特别突出了这类图画对神界和显化的描绘以及所造成的对灵异和神变的观感。

　　另一批名词与敦煌历史密切联系。由于其远处西北的地理位置，敦煌的行政历史与中原地区有所不同（见"敦煌历史年表"）。据历史文献记载，汉武帝于公元前 2 世纪击败匈奴后首次在敦煌设郡。从公元 3 世纪至 6 世纪，即南北朝时期，敦煌或沙州隶属于不断更换的北方政权，其中包括北凉（421—439 年间统领敦煌）、北魏

（439—534 年间统领敦煌）、西魏（535—557 年间统领敦煌）和北周
（557—581 年间统领敦煌）。这四个政权的名称在本书中将屡次出现。
581 年之后，敦煌成为隋唐帝国之一部，直至 781 年被吐蕃占领。随
后的六十余年被称作是敦煌历史上的吐蕃时期，由张议潮于 848 年收
复此地而结束。张议潮被唐朝授以归义军节度使头衔，由此开启了
长达 181 年之久的归义军时期，包括张氏归义军（848—914）和曹氏
归义军（914—1035）两个时段，后者由当地曹氏家族建立。敦煌于
1036 年被西夏占领，约两个世纪后成为蒙古帝国一部分。在此之后，
这个以往的佛教圣地逐渐退出人们的视野。

　　为了突出从空间角度研究和体验莫高窟的主旨，书中使用了不同
类型的辅助图像——包括全景图、单独洞窟图，以及壁画和雕塑的宏
观及细部——以彰显洞窟的各种空间维度。一套为此书特别创作的洞
窟结构示意图意在帮助读者在想象中体验洞窟的空间性。与常规洞窟
结构图不同，这些图均包括了一个按比例绘制的成年人侧影，使读者
设想身在其中的感受，在尺寸悬殊、结构有别的洞窟中不断调节自己
与雕塑及壁画的关系，体会或私密或宏伟的洞窟空间。

　　最后，虽然这本书大约同时以中文和英文出版，[6]但两个版本
的关系并不能够以"翻译"一词概括。二者一方面有着相同的结构
和观点，但另一方面也都根据不同读者群的文化和知识背景而做了
许多调整。如英文版包括了更多对中国历史和文化传统的介绍，而
中文版则包括了更多对古代文献的直接引文。两个版本因此都可以
被看作是本书的原始版本。

第一章

敦煌的莫高窟

关于莫高窟的起始，学者多定为 366 年，当时敦煌辖属于前凉政权。[1] 相传那年有个名叫乐僔的和尚，戒行清虚，希望找个恬静的地方修道。当他来到宕泉河畔鸣沙山麓，"忽见金光，状有千佛"，于是在山上"架空凿险"，修建了莫高窟的第一座石窟。

对于乐僔的生平我们全无所知。后人常根据 9 世纪的《莫高窟记》中"仗锡西游至此"一语推测他是东来的中土僧人。[2] 但正如敦煌史研究者李正宇注意到的，当这个事迹首次在《李君莫高窟佛龛碑》中记述时并没有"西游"二字。这通石碑立于武周圣历元年（698），比《莫高窟记》早 150 年以上，碑文说"有沙门乐僔，戒行清虚，执心恬静，尝杖锡林野，行止此山"。[3] 如果说"仗锡西游"隐含了长途跋涉的辛劳，"杖锡林野"则更多地表达了悠游山林的情思。因此，莫高窟的开创者不一定是个外来的游方僧人，而是位当地的禅修和尚。沿着这个思路，我们可以设想他属于敦煌的某个佛寺或教团，这类地方宗教机构在 4 世纪肯定存在。根据 1991 年的一个考古发现，我们知道甚至在 2 世纪之前，敦煌就已经有称作"小浮屠里"的去处。这一知识来自敦煌附近汉代悬泉置遗址出土的一枚汉简，历史学家荣新江据此推论："也就是说这个里坊中有'浮屠'——佛塔或佛寺，因此得名"。[4] 我们可以继续推想，既然有"小浮屠"，那么也必然有被当地居民称为"大浮屠"的更具规模的佛塔或佛寺。

在荣氏看来，"浮屠"存在于汉代敦煌的事实说明了佛教在该地的深远传统，为敦煌高僧竺法护（约 229—306）在西晋时期的出现提供了历史背景。法护原姓支，是世居敦煌的月氏移民后裔，八岁依竺高座出家从师姓。虽然他一生中去到各地弘化游历并在长安建寺修行，但与敦煌的关系从未中断，曾率领弟子在此译经布道，时人称之为"敦煌菩萨"。[5] 他的弟子竺法乘也"西到敦煌立寺延学，忘身为道，诲而不倦"。[6] 到了东晋和前凉，敦煌又出了单道开、竺昙猷等高僧，均以修习禅法知名于世。此二人活动时期正与乐僔在三危山上"造窟一龛"的时间重合，因此莫高窟从其创始之初就与

图1-1　莫高窟第328窟佛龛　7世纪

敦煌本地的宗教文化密切联系，是这一文化的内在组成部分。[7]

　　这种联系虽然在理论上不难建立，但在当下对敦煌艺术的研究中却往往缺失。现在的熟悉做法，是不加思考地把"敦煌艺术"等同于"莫高窟佛教艺术"。这个概念上的跳跃可以理解，因为莫高窟千佛洞中的辉煌壁画与雕塑构成了当地古代美术和视觉文化的主要遗存，不断震慑着中外美术史家，吸引他们把全部注意力聚集在这些艺术作品上【图1-1】。但这个跳跃的后果是在基本概念中取消了将"敦煌艺术"作为更为宽广而多元的领域去调研和思考的必要性，因此也阻碍了对莫高窟的文化环境和特定功能的理解。十七年前笔者曾在纽约的亚洲协会（Asia Society）做过题为"什么是敦煌艺术？"的讲话，[8] 提出我们需要记得敦煌是一个更广大的社会地理空间，而莫高窟——一个位于敦煌南端25公里处的佛教建筑群——只构成这个地理空间的一个部分。中古时期敦煌地区的生态条件及地理景观和现在非常不同，敦煌城内外亦存在着多处宗教和礼仪建筑，不仅有礼拜佛陀和授习佛教的场所，也有道教、儒教、祆教以及地方宗教和祖先祭拜的地点。我们不难理解这种多中心视觉文化的社会条件：中古敦煌是一个移民城镇，居住着来自不同地区、具有不同宗教信仰与文化传统的人。要理解莫高窟的历史意义，我们必须把它和同时同地发展起来的其他文化和视觉传统联系起来，在同一文化空间中观察和分析。

本章的目的即为初步发掘这些联系，通过重构敦煌地区的多元视觉文化空间，把莫高窟放到这个空间中去想象和理解。

莫高窟与自然

上面说到的《李君莫高窟佛龛碑》把莫高窟的创立追溯到乐僔在鸣沙山前看到的奇迹：他离开了城中的寺院，"杖锡林野，行止此山"，目睹了沐浴于金色阳光中状有千佛的山崖，之后在此开凿了壁面上的第一个窟室。所有讨论莫高窟历史的文字都会征引这段记述，但鲜有人注意"杖锡林野"一语的特殊历史含义。特别是当后出的《莫高窟记》把"林野"二字换成"西游"之后，乐僔在人们的想象中越发成为丝路上长途跋涉的行脚僧人，隐隐含蓄着法显和玄奘西行万里的形象。但《李君莫高窟佛龛碑》所说的"戒行清虚，执心恬静"的乐僔——这两个十分重要的修饰语也在《莫高窟记》中消失了——明显是个禅僧，与同时的敦煌僧侣单道开、竺昙猷有许多值得重视的相似之处。《高僧传》载单道开俗姓孟，"少怀栖隐，诵经四十余万言。……初止邺城西法绫祠中，后徙临漳昭德寺。于房内造重阁，高八九尺许，于上编菅为禅室，如十斛箩大，常坐其中。"[9]竺昙猷则是"少苦行，习禅定。后游江左，于剡之石城山，乞食坐禅。……后移始丰赤城山石室坐禅"。[10]有意思的是这两位敦煌僧人也都建造了"禅室"或"石室"，所在地也都在城市附近的山林之中。学者马德进而推测"昙猷所开凿的修禅窟龛，应该是宕泉河谷最早的佛教石窟，开莫高窟创建之先声"。[11]放到这个历史上下文里，乐僔的"杖锡林野，行止此山"和随后的"架空凿险，造窟一龛"显现为两个相互联系的行动，"忽见金光，状有千佛"则提供了二者之间的联系和造龛的直接原因。

碑文所说的"林野"亦非虚语。今日的莫高窟依山傍水，隔大泉河与对面的三危山遥遥相对。大泉河——即史书中记载的宕泉河——发源于莫高窟南 15 公里处的大泉，在莫高窟前冲击出一个 50—80 米宽、俗称大泉沟的河床台地，然后奇异地漫入沙碛之中。这条河的水量在百千年前要大得多，两岸的植被也远为茂盛。[12]研究河西地区自然生态史的学者们收集了大量材料，证实敦煌地区在唐代以后不断加深的沙漠化过程。在这之前，位于党河——历史上称为甘泉水——两岸的绿洲曾经是水渠纵横、丛林葱郁之地，在藏经洞发现的卷子中多有记载。如《敦煌古迹二十咏》（P.2983）中《半壁树》篇写道："半壁生奇木，盘根到水涯。高柯笼宿雾，蜜（密）叶隐朝霞。二月含青翠，三秋带紫花。森森神树下，祇（祈）赛不应赊。"同卷《分流泉咏》云："地涌澄泉美，还城本自奇。一源分异派，两道入汤池。波上青苹合，洲前翠柳垂。况逢佳景处，从此遂忘疲。"《翟家碑》碑文（P.4640）描述莫高窟的景色时说："溪聚道树，遍金地而森林；涧澄河〔□〕，泛涟泜而流演。"《大唐沙州释门索法律义辩和尚修功德记碑》（S.0530、P.4640）载："一带长河，泛惊波而派润；渥洼小海，献天骥之龙媒。瑞草秀七净之莲台，庆云呈五色之佳气……溪芳忍草，林秀觉花。贞松垂万岁之藤萝，桂树吐千春之媚色。"《敕河西节度兵部尚书张公德政之碑》（P.2762＋ S.6161 ＋ S.3329 ＋ S.6973 ＋ S.11564）记："碧涧清流，森林道树。榆杨庆设，斋会无遮。"《节度押衙董保德重修普净塔功德记》（S.3929）说："仙葩圣果，遍林麓以馨鲜；异兽祥禽，满溪峦而遨跃。"其他如《敦煌录》（S.5448）、《唐沙州龙兴寺上座马德胜和尚宕泉创修功

图1-2　月牙泉

德记》（S.2113）、《右卫军十将使孔公浮图功德铭并序》（P.4638）等文献也不断用"古林阴森""万株林薮""茂叶芬空"形容沙州地区佛刹周围的景观。如果说这些文学描写不可尽信的话，那么藏经洞中发现的武周时期撰写、开元年间增益的地理著述《沙州都督府图经》（P.2005）则可说是一篇地志性的纪实文字，在沿党河记述敦煌地区城乡地貌时，数次提到绿洲中的"美草"和"蔽亏日月"的林薮。

　　围绕着这片绿洲是广阔的大漠，其中也隐含了自然的神奇。古代作家反复提到的一处地标是莫高窟所在地鸣沙山。《沙州都督府图经》说："其山流动无定，峰岫不恒，俄然深谷为陵，高崖为谷。或峰危似削，孤岫如画，夕疑无地，朝已干霄"。《元和郡县图志》写道："其山积沙为之，峰峦危峭，逾于山石，四面皆为沙垅，背有如刀刃，人登之即鸣，随足颓落，经宿风吹，辄复如旧。"[13] 这本书和《旧唐书·地理志》因此都把鸣沙山称为"神沙山"。更为神奇的是山下荡漾着一片永不干涸的湖水，"中有井泉，沙至不掩"。也就是自汉代已被记述、至今依然存在的月牙泉【图1-2】。

　　最重要的是，对于中古时代的僧侣、学士和道流来说，"自然"并不仅是物质世界的客观存在，而是充满了精神性和宗教性的主体，也是他们和超验的"道"进行交通的媒介。"林野"因此与"市井"相对，提供了悠游和禅修的最佳去处，这在魏晋南北朝的文学写作中屡见不鲜。与乐僔大约同时的宗炳（375—443）可说是通过自然与超验世界进行交流的最著名人物。与追求长生不老的汉代人不同，宗炳不仅向往自然中的山岳，而且把山岳作为"山水佛"加以崇拜。对他来说，自然蕴含着佛法的智慧，当其心灵与其会通，便可达到悟道的境界。他在《画山水序》一文中极为形象地描述了这种宗教体悟："…… 独应无人之野。峰岫峣嶷，云林森眇。圣贤暎于绝代，万趣融其神思。余复何为哉，畅神而已。神之所畅，孰有先焉。"〔14〕当他年老体弱，无法再去山水实地应会感神的时候，他便对着山水壁画神游冥思。据《宋书·宗炳传》记载：他将"凡所游履，皆图之于室，谓人曰：'抚琴动操，欲令众山皆响'"。〔15〕

　　宗炳的画作未得传世，但莫高窟中的一些早期壁画提供了想象其山水图像的些许线索。最值得注意的是第 249 和 285 两窟，均修建于 6 世纪，据宗炳去世时间不算太远。第 249 窟墙壁上画着禅坐的千佛，上方是在洞室般壁龛中的奏乐天人，再往上则是以不同颜色绘出的一带山峦，起伏荡漾、连绵不绝【图 1-3】。类似的山形也出现在窟顶的天空中，但在这里，这些无根的山峰在空气中飘浮，宛若海市蜃楼，其间翱翔着异兽环绕、乘载了男女主神的绚丽云车【图 1-4】。相似的构图范式也被用来规划第 285 窟。这座著名的石窟本身就如同具有多个禅室的一座精舍。两壁开有小型洞室，以供僧人习禅观像【图 1-5】。禅室之间的窟壁上画五百强盗成佛、沙弥受戒自杀等教谕故事，窟顶则被转化为由云气、香花、飞天、神祇、祥瑞组成的天界。连接二者的是环绕于窟顶下部的三十六位禅定僧人，每人均在岩洞和草庐中打坐，

图1-3　第249窟北壁壁画中禅坐的千佛、天宫伎乐和山峦　6世纪中期

图1-4　第249窟窟顶南披上的神祇和漂浮的山峦

图1-5　第285窟内景　6世纪中期　孙志军摄

周围点缀着山间的花草、野兽及捕猎场景【图 1-6a，b】。两窟壁
画都以"山林"和"禅修"作为连接人界和天界的中介，也都把
"自然"作为精神升华的桥梁。观看这些壁画，我们可以想象暮
年宗炳在室中畅神抚琴、聆听众山回响的情境；也可以想象乐僔
"杖锡林野，行止此山"，架空凿险后在其中打坐修行的景象。二
人都通过自然而悟道——这里的"自然"既可是客观的存在也可
是绘画的山水。[16]

图1-6a，b　第285窟壁画中的山间禅定僧人

莫高窟与墓葬

今日从敦煌城前往
参观莫高窟的时候，人
们都会穿过一片广袤的
沙漠【图1-7】。此地至
少自3世纪起就一直
被当地居民作为墓地
使用。考古工作者从
20世纪40年代以来在

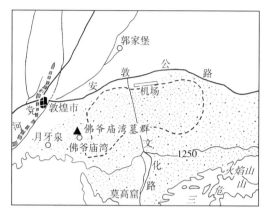

图1-7　敦煌市与敦煌石窟所在地鸣沙山相对位置图

这里进行过十次发掘，探查出"佛爷庙湾墓群"的大致范围。[17]
据介绍，这一巨大墓群位于敦煌古城以东、三危山以北的戈壁之
上，东西绵延20公里，南北纵跨5公里，分布面积超过100平方
公里，区域内分布着万余座墓葬，是敦煌地区规模最大的一处古墓
群【图1-8】。目前已发掘墓葬的时代从西晋持续至唐代，如2014
年清理的11座纪年墓，年代范围为咸宁四年（278）至麟嘉六年
（394），纵跨西晋至五凉的一百余年。2015年在新店台进而发掘了
一组隋唐时期墓葬，其中规模最大者属于隋代宁朔将军、越骑校
尉、龙勒府司马张毅。墓志中说他是瓜州敦煌人，历仕魏、周、隋
各朝，大业四年（608）从军西征，在鄯善郡司马的任上病死他
乡。四年以后，他的子孙将其灵枢迎回位于敦煌渠庄南三里的祖
茔，并将其身世军功著诸碑碣【图1-9】。[18]

以上对佛爷庙湾墓群的断代十分重要，因为它意味着这处墓地
与旁边的莫高窟在数百年内平行发展，但二者所使用的建筑、图像
和器具形式则判然有别。莫高窟中的"再现型"（representational）
造像和壁画从未出现在佛爷庙湾墓中——这里显示的是富于道教色
彩、具有强烈"反偶像"（aniconic）意味的器物和陈设方式。不少
墓葬出土了写有镇墓文的陶制斗罐，是为亡人"解注"的道教用具

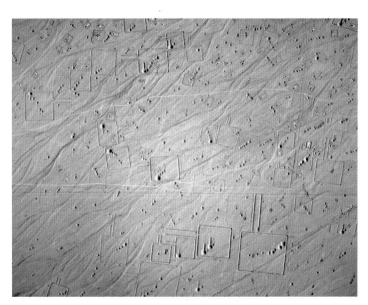

图1-8　从天空中看佛爷庙湾墓群中的墓地

图1-9　隋代宁朔将军、越骑校尉、龙勒府司马张毅碑　608年

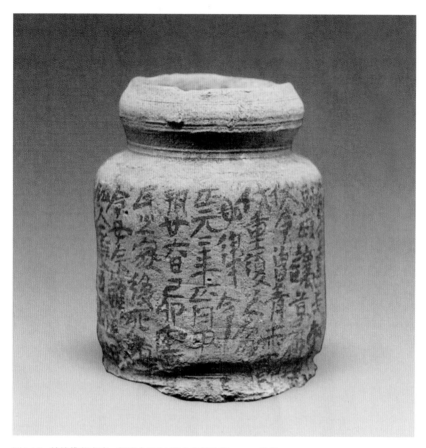

图1-10 敦煌佛爷庙湾 新店台IM30出土的解注罐 4—5世纪

【图1-10】。如2014年发掘的72号墓出土的两件，均在颈、肩和腹部朱书文字，字迹清晰的一例可释读为："麟嘉六年二月丙辰朔十日乙丑，敦煌郡敦煌县都乡里民钟满命绝身死，今下斗瓶、铅人、五谷，谷当地上之罚用，死者自受转咎，生死各异路，不得相主午，便利生人，如律令。"罐底墨书死者姓名"钟满"。

根据这则文字给出的年代，我们知道此墓的建墓时间接近莫高窟目前存在的最早的三个洞窟，编号分别为268、272、275，多数学者认为是在北凉统治敦煌时期修造的，也就是在421至439年间。如本书第二章中将要介绍的，此三窟属于一个统一规划和建造

图1-11 敦煌莫高窟275窟正壁佛像 5世纪上半叶

的建筑体组合，很可能集合了禅修、礼拜和观像的功能。三窟的建筑均结合了印度佛窟与中国建筑传统，以正壁前的巨大佛像构成内部空间的焦点【图1-11】，覆满墙壁的壁画则图绘着千佛、说法、本生、佛传、供养人等题材和图案纹样。以此对照佛爷庙湾墓葬的构造和装饰，可知二者属于两个完全不同的宗教艺术体系。如72号墓为单室墓，墓主钟满的柏木棺置于墓室南侧，棺头原来垂挂着一幅书写着墓主姓名的铭旌，但发掘时只遗留下绣作的云气花边。棺侧放置着一架高约一米、残存素纱痕迹的木框，下垫竹席，发掘者猜测是祭祀用的"灵座"或"供台"【图1-12】。[19] 这一推测无疑是正确的，木框前放置有种种祭器和祭品，这在早些时候的敦煌墓葬中也可看到。比如在佛爷庙湾的一座3至4世纪墓葬中，一个专门营建的壁龛中绘有帷帐，下有覆盖竹席的台状坐榻，榻前陈放着饮食器具和一具灯盏【图1-13】。

这类灵座都是为墓主死后的灵魂设置的，所依据的是传统的"位"的概念。笔者以往多次讨论过这个概念，提出它是中国古代礼仪文化中一种极为重要的"视觉技术"（visual technology），其精髓在于以"标记"（marking）而非"再现"的方式表现主体。在传统的祖先崇拜中，祖庙中接受祭祀的祖先神灵常以牌位示之，所标志的是"位"而非祖先的具体容貌【图1-14】。在道教信仰中，老子的在场以"华盖之座"象征。[20] 在墓葬中，马王堆1号墓和满城1号墓这些汉代高级墓葬都置有为墓主灵魂特设的座。这一丧葬礼俗普及至全社会，见于汉代和汉代以后许多案例中。[21] 敦煌墓葬所显示的是这个礼仪传统的持续，其契机无疑是中原向河西的大规模移民。史载曹魏统一北方后延续汉代河西屯戍的政策，4世纪晚期的前秦更迁江汉百姓万户、中原百姓七千余户至敦煌。中原士族和百姓的到来不但促进了敦煌经济的发展，同时也把内地文化和流行宗教带到此地。这些移民中出了不少著名人物，其中一个是前凉和前秦时的郭瑀（4世纪），在敦煌教习的门生多达三百。《晋书》说他"虽居元佐，而口咏黄老"，看来是个道教徒。[22]

这里出现的一个重要问题是，同处敦煌地区而且彼此相邻，为什么莫高窟和佛爷庙湾墓群使用了两种截然不同的建筑和视觉语言？这两种语言之间的关系又是什么？这个问题对理解莫高窟极为重要，因为它把这个佛教建筑群置于敦煌的整体礼仪空间之内，引导我们在多元宗教传统的互动和上下文中去理解它的功能和意义，以及为了实现其功能和意义而使用的建筑和视觉语言。进行这种思

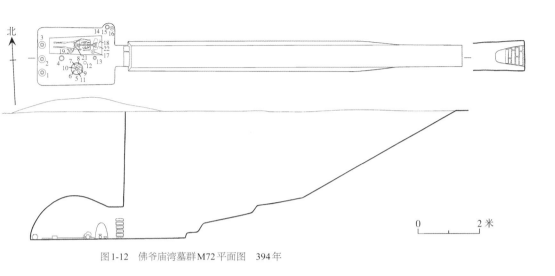

图1-12 佛爷庙湾墓群M72平面图 394年

图1-13 佛爷庙湾墓群M133中的"灵座" 3—4世纪

图1-14 （传）李公麟《孝经图》局部 11—12世纪 纽约大都会艺术博物馆藏

考的一个关键，是认识到石窟和墓葬同属于生活在当地的敦煌居民，由他们建造和使用。而在"本地人"这个宽泛身份中，"家族"在石窟和墓葬的营建和使用中都起到了关键的作用。历史学家根据对文献材料的研究，提出"自汉至宋，敦煌是个典型的家族社会。由于绿洲地域的限制、地方政权的割据以及部分时期异族的统治等因素，敦煌家族在宗族聚合与凝固、家族的盛兴与延续、参与本地政治与社会活动等诸多方面，要比中原内地显得更加突出与顽固[23]"。

反映在埋葬习俗上，考古发掘显示广袤的佛爷庙湾墓群在历史上含括了大大小小的家族茔域，各以砂石筑成的矩形坟圈围绕，有的在门旁筑有土坯砌成的双阙。1980 年在敦煌城南九公里鸣沙山北麓发掘了两个这类坟圈。[24]其中一个 85 米长、80 米宽，南向开门，中心筑有祭台，据墓中出土斗罐上的题字属于当地的一个张姓家族。茔域内从北至南依次排列七座墓葬，应属于家族内的各代家庭【图 1-15】。另一坟圈稍大，111 米长、91 米宽，属于一个姬姓家族。墓地大门和已被清理的三座墓葬均朝西，其方向可能与该家族的姓氏有关。[25]这些墓葬的规划可能都以藏经洞中发现的《葬经》或类似礼书为据，其中对家族坟墓按宗法制度做了严格规定。这种家族墓地在敦煌地区应是持久不息的，如上述隋代宁朔将军张毅的墓，据其墓志属于其家族在敦煌的祖茔。

而在莫高窟，许多的石窟也是被作为"家窟"修建的，所知者有阴家窟、翟家窟、宋家窟、李家窟、吴家窟、陈家窟、杜家窟等；其他如大王窟、天公主窟、张都衙窟、吴和尚窟、王僧统窟等由豪门大族中的显赫个人建造，往往也具有家窟性质。藏经洞出的《营窟稿》（P.3405）中写道："既虔诚而建窟，乃福荐于千龄。长幼阖家，必寿延于南岳。""九族韶睦"（P.4640）、"光照六亲"、"祖孙五支"（P.3608）等语句也不断出现在修建洞窟的功德记中。马德因而概括说："因为敦煌在历史上实际上是世家大族的敦煌，所以在某种意义上讲，莫高窟的营造历史也就实际上是敦煌世家大族的历史

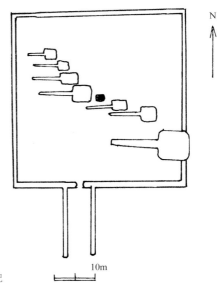

图1-15　敦煌佛爷庙湾墓群张氏茔域　5世纪

的一部分。显赫于敦煌历史上的敦煌世家大族都参与过莫高窟的营造，莫高窟的大窟基本上都是敦煌世家大族所造。"[26]上文中介绍的精美绝伦的第285窟，就是由敦煌的阴氏家族参与营造的，这个家族在以后的几百年里又修造了号称"北大像"的第96窟以及第321、217、231、138等窟，都是莫高窟的名窟。另一姓翟的敦煌望族早在6世纪就在莫高窟镌造了"圣容像"龛，至初唐又修建了著名的第220窟或"翟家窟"，该家族的成员此后不断参与对家窟的兴建和修复。"家窟"可说是一种佛教化的家庙或家族祠堂，其目的是为祖先追福并给家族带来荣耀。一些家窟名为"报恩君亲窟""报恩吉祥之窟"和"报恩之窟"，更为明确地体现出它们的世俗性质。一些家窟中绘有祖先肖像【图1-16】，或把数代家族成员的供养像画在甬道墙壁上，被家族后人参观膜拜。

　　放在整体的敦煌礼仪空间中去理解，莫高窟中的家窟、供养人像以及毗邻的广袤墓地，都与中国社会中根深蒂固的家族祖先崇拜密不可分。中国古人信奉很多神灵，但正如美国学者吉德炜（David N. Keightley）所说，其最主要的宗教形式无疑是建筑于家族血缘关

图1-16 第231窟东壁门上方祖先肖像 8世纪晚期至9世纪上叶

系之上的祖先崇拜。[27]自三代以降，祭祀和追念祖先就在两个相对固定的礼仪空间中进行，一是供奉先辈神灵的祠庙，一是埋葬家族死者的墓地。虽然同为追念和崇拜祖先的礼仪中心，二者的宗教含义和建筑形式则大相径庭。"庙"是集合性和开放性的宗教中心，"墓"则是为个人及其核心家庭成员建构的阴宅。前者崇拜的是家族或宗族的各代祖先，后者则是故去不久的近亲。[28]庙与墓的存在形式和相对地位随历史发展而不断发生变化，但二者始终在宗教礼仪中相互补充，通过规范化的宗教行为不断强化家族群体的联系。佛教的传入并没有摧毁这个体系，而是给它注入了新的血液。在莫高窟中，家族的各代祖先汇聚在佛陀的极乐世界中，被描绘成来世崇拜佛祖的信徒。这些窟庙既预示着家族的兴盛，也彰显着生者的孝道，而窟前旷地中的墓葬则为家族成员提供了死后的居所，以传统的儒教和道教礼仪安抚他们的灵魂。如此看来，传统祖先崇拜中长期存在的两个基本成分——集合性的家族祠庙和单独家族成员的墓葬——仍在此地以家窟和墓葬的方式并存互补，为莫高窟与佛爷庙湾墓群的空间关系提供了一个总体的框架。

在这个基本理解的基础上，我们可以进而聚焦于一个石窟，更近距离地观察"家窟"维系家族命运的宗教和社会学含义。以第220窟或翟家窟为例，这个建于贞观十六年（642）至龙朔二年（662）间的名窟属于敦煌的浔阳翟氏家族。[29]对此窟的介绍一般强调其创建者是"颂明经授朝议郎、行敦煌郡博士"翟通，但窟内翟道弘、翟直、翟玄迈等人的供养画像和题记，说明此窟的建造从一开始就是家族集体活动。佛龛下方初唐时期题写的"翟家窟"三字，更明确指出这是该家族的一个集合性的宗教礼仪中心。家族活动的一个基本特点是世代传承，因此翟通后人翟直在天宝十三年（754）又加立一方石碑，以纪念祖上修窟的功德。此碑现在定名为《大唐伊吾郡司马上柱国浔阳翟府君修功德碑》，残块于1963年在莫高窟前发现，其内容经史苇湘、马德、陈菊霞等学者的考订而逐渐清晰。[30]碑文起始处以家族历史作为中心话题，把浔阳翟氏的谱系追溯到三代之前的帝尧，经二十五代至修建此窟的翟通。[31]碑文撰者以极大篇幅追述各代祖先的行状和前辈修窟者的盛德，最后在碑文结尾处点出此窟"记镌诸佛菩萨、镂先亡［人］"的意义。[32]与碑阳上的历史回忆对应，碑阴则铭刻了新一代翟氏家族成员的姓名和官职，从第二、三排的兄弟辈到第四排的子侄辈均为立碑人翟直的家人。通过共同赞助此碑，他们把祖先建造家窟的功德延续到当下和将来。

又过了170年，翟通的九代孙、时任归义军节度使押衙守随军参谋银青光禄大夫、国子祭酒兼御史中丞上柱国的翟奉达，于五代时期的同光三年（925）又一次重修此窟，在甬道北壁画了一幅包含佛教偶像和家族成员的壁画【图1-17】。[33]画面中央是骑狮的"新样"文殊，东西两侧画文殊、观音立像。新样文殊下部的发愿文写道："□□□先奉为造窟亡灵，神生净土，不坠三途之灾；次［为］我过往慈父、长兄，匆（勿）溺幽间苦难，长遇善因；兼为见在老母，合家子孙，无诸灾障，报愿平安，福同萌芽，罪弃涓流。"与此

图1-17　第220窟甬道北壁壁画　925年

图1-18　第220窟甬道北壁壁画局部

对应，画幅下部通壁绘男性供养人画像七身，从左起分别为"亡父"
翟讳信、"亡兄"翟温子、翟奉达本人、翟奉达弟翟温政、"宗叔"翟
神德、"亡孙"定子，及"亡男"善□【图 1-18】。此外，翟奉达又
在此窟甬道南壁的一个小龛的南壁上书写了"检家谱"题记。美术
史家宁强注意到虽然这篇文字起自北周事迹，但从家族序列说则从
九世祖翟通开始，因而写道："将这个家窟的创造者放在首位——
家族后人将年复一年来此献上祭品——说明了这个石窟作为家庙的
本质。"〔34〕

莫高窟与其他敦煌宗教和礼仪场所

　　理解敦煌艺术内涵的另一个方式，是确定古代敦煌文化地理空
间内的多种宗教和礼仪设施及其分布。在中古时期，这些设施也是
最主要的艺术活动场所。我们刚刚谈到了这些设施中的两大类别和

场域，即佛窟和墓葬，二者或保存至今或通过考古发掘不断呈现。其他种类的宗教和礼仪场地则甚少留存，但是古代文献，特别是藏经洞中发现的遗书，提供了有关它们以往存在的珍贵记录，为重构敦煌艺术的内涵和莫高窟的文化原境提供了重要材料。

这些场地的最大一宗是佛教寺院。《魏书·释老志》载："凉州自张轨后，世信佛教。敦煌地接西域，道俗交得其旧式。村坞相属，多有塔寺"。[35] 大英图书馆存编号 S.4359 的一份归义军时期文书说："莫欺沙州是小处，若论佛法出彼所。"研究者通过爬梳敦煌文献，识别出该地区自唐至北宋的四十余处佛教寺院名号，此外"又有兰若、佛堂、佛图见诸敦煌遗书者不下数十"，详情见李正宇等学者的考证。[36] 大型僧寺和尼寺多坐落在城中或左近，如敦煌城内的崇教寺、大乘寺、大云寺、开元寺、莲台寺和圣光尼寺，城南的报恩寺，城西南的灵图寺和城西北的普光尼寺等。这些寺院在其鼎盛时期常有几十至二百余僧尼，拥有田产和寺户，收入来源除田租和布施外还有牲畜、作坊、利贷和油粮课。一些寺中设有寺学，兼授僧俗生徒，并建有藏经室收存佛典，以供寺僧诵读。敦煌本地高僧常隶属于大寺，在此出家者则包括豪门大族的男女成员，这些佛教机构因此与敦煌地方势力关系密切，唇齿相依。

寺院是佛教活动的基本场所，如礼佛、写经、设斋、转经，以及善男信女的受戒多在这里进行。许多敦煌寺院的僧尼参加了莫高窟的修造，在窟室中留下了他们的肖像和名号。如同莫高窟，这些木构寺院充满了塑像和壁画。如《李庭光莫高灵岩佛窟碑并序》（S.1523＋上博40）载："龙兴、大云之寺，斋堂梵宇之中，布千佛而咸周，礼六时而莫怠"；《龙兴寺毗沙门天王灵验记》（S.381）提到该寺的天王塑像和七佛堂；开元寺中并有唐玄宗的彩塑圣容。敦煌遗书的寺院财产账中也列有寺院库存的绘画与工艺品。[37] 有些非佛教的历史古迹坐落于寺庙左近，如著名的"张芝墨池"位于城东北的龙兴寺，旁边建有供奉这位汉代著名书家肖像的祠堂。现存巴黎

图 1-19　《僧院图》（P.T.993）　8 世纪晚期至 9 世纪上叶　法国国家图书馆藏

的 P.3866 号敦煌卷子写有一首《秋日过龙兴寺观墨池》，诗云："独
登仙馆欲从谁，闻有王君旧墨池。苔藓已侵行履迹，洼坳犹是古来
规。竹梢声认挥毫日，殿角阴疑洗砚时。叹倚坛边红叶树，霜钟欲
尽下山迟。"看来此处在晚唐时期已是文人凭吊的古迹。

　　独立的木构寺院现在都已不存，敦煌遗书也很少透露它们的结
构和形象。唯一例外是现存法国国家图书馆、编号为 P.T.993 的一
份残卷，保存部分显示了墨线描绘的一座山间佛寺【图 1-19】。
寺院建造在山谷河边的台地之上，树木和舍利塔环绕着一个方形
院落，院中有佛堂、多层塔与僧舍。学者马德通过研究卷上的藏
文题记和实地勘察，提出图中描绘的地点即为离莫高窟不远的城
城湾遗址【图 1-20】，而题记中的"讲堂"和"僧伽"则渊源于
晋代古刹仙岩寺和隋代的讲堂。[38] 藏学家德吉卓玛进而提出图
中描绘的是 9 世纪的千佛寺，由第四十二代吐蕃赞普赤祖德赞（又
称赤热巴坚）在沙州建立。[39]

　　除了这些大中型寺院之外，敦煌地区还有许多由邑社、家庭

图1-20　城城湾遗址　马德摄

和个人赞助的小型兰若和佛堂。兰若是寺院外僧俗信徒修行之所，
敦煌卷子记载的例子有多宝、军门、神角、东山、当坊、节加、敦
煌、官楼、周家、乐家、马家、索家、唐家、宋家、氾录事门前、
安清子、马长太、孔阇梨、董保德、孟受中界先祖庄西等二十余所。
佛堂亦称佛刹，是私家修建的供佛和礼佛场所，位置常在捐助者住
宅附近，在敦煌遗书中留名的有索使君佛堂、张安三佛堂、周鼎佛
堂、张家佛刹等。与大中型寺院一样，对这些供佛场所的修建包含
了塑像和绘壁的艺术活动。如题为《当坊义邑社创建伽蓝功德记》
（S.4860V）的敦煌卷子记载了当地一个邑社创置兰若的情况，修造
的神像包括"内素（塑）释迦牟尼尊佛并侍从……东壁画降魔变相，
西壁彩［画］大圣千臂千眼菩萨一铺，入门两边，画如意轮不空羂
索，门外檐下绘四天大王及侍从，四廊绘千照贤圣"。[40]《于当居创
造佛刹功德记》（P.3490）记载的是一个名叫张某乙的"清信弟子"，
在其居所旁边"建立佛刹一所。内于西壁画释迦牟尼佛一铺，南壁
画如意轮，北壁画不空羂索，东壁画文殊普贤兼药师变相，门外两
颊画护法神二躯，并二执金刚"。[41]对照敦煌遗书和碑记中对莫高窟

壁画的描写，可知敦煌地区的佛教设施，不论是寺庙、佛堂还是石窟，在内容和布局上都有相当大的一致性。

敦煌城中的兰若之一是由一位名叫董保德的敦煌居民建造的，其事迹见于现存大英图书馆的两篇《董保德功德记》中（S.3929，S.3937V）。[42] 两个因素使此事值得特别一提，一是董保德的名衔包括"画行都料"和"节度押衙"。《功德记》描述他的画艺出众，"画蝇如活，佛铺妙似于祇园。邈影如生，圣会雅同于鹫岭"，甚至上追古代大师张僧繇和曹不兴。并说他是一位"经文粗晓，礼乐兼精""谦和作志，温雅为怀"的君子，由于"每广受于缠盘，亦厚沾于赏赐"而具有"家资丰足，人食有余"的经济条件，因此得以"营善事而无停，增福因而不绝"。这些描述勾画出一个受人尊敬而富足的当地画家，进而反映出绘事这个行业在敦煌社会中可以达到中产地位。第二个因素是《功德记》比较详细地记述了董保德发起的几项建筑和艺术计划，不但提供了有关设施的地点、形态和绘画内容，而且记下了这些计划的前因后果和相互关系，以及董保德作为艺术家与赞助人的双重身份。这些计划中的一项是在位于当府子城内北街西横巷东口"联璧形胜之地"的自家旧宅创建一所佛教兰若，其规格为："刹心四廊，图塑诸妙佛铺。结脊四角，垂拽铁索鸣铃。宛然具足。"他做的另一项功德是联同画行中的其他"行侣"，在莫高窟修缮了五座佛窟，"彩绘一一妙毕"，并为北方毗沙门像的头冠重新妆金。在此之后，他协同其他行侣修治了莫高窟崖顶的普净塔，[43] 并使用塔基中发现的珍珠和璎珞制作了一幅珍珠佛像，供养于此处。

进而检索敦煌地区非佛教的宗教礼仪建筑，藏经洞卷子保留了至少十一座唐代道观的名号，最早的是唐高宗乾封元年（666）创建的灵图观。但考虑到文献和考古材料反映出道教自晋代已在敦煌地区相当流行（见上文），道教机构7世纪以前肯定在此地已经存在。灵图观的建立牵涉当年的一件大事：那年在敦煌的"李王庙"旁边发现了一块奇怪的石头，上面用古文写着"卜世三十，卜年七百"，被认为是上天预言的唐代国祚，高宗由此命令全国都建立名为"万寿"的寺观。由于敦煌是这个重要祥瑞的发生地，所立的道观特称为"灵图"。根据现存资料，唐以后敦煌地区道观的盛衰也均与国家的整体政治形势关系密切。灵图观之外，当地的紫极宫建于公元739至741年间，正是唐玄宗颁布诏令在首都和各郡县建观供奉老子的时期。根据这个命令，郡府所在地的道观称紫极宫，中设老子"真容"【图1-21】，敦煌紫极宫中也应有类似偶像。吐蕃在8世纪末占领敦煌后独尊佛教，该时期书写的敦煌卷子鲜有关于道观的记载，道教崇拜至归义军时期虽略有恢复但从未达到唐代的水平。但敦煌遗书中的六百多篇道经和四百多篇道教曲子、诗歌、医药、天文和占卜书，说明道教在此地的存在绝不局限于政治局势的变幻，其影响自始至终深入到居民日常生活之中。一个例子是在"托西大王"曹议金死后，他的两个儿子分别使用佛教和道教方式对他进行了悼念：他的继承人长子曹元德在莫高窟建造了一个宏大佛窟（很可能是现今的第100窟），而自称"孤子"的次子曹元深则在父亲的墓地举行了以道教为主的一套繁杂仪式，在上海博物馆藏的敦煌《清泰四年（934）曹元深祭神文》中有详细记载。[44]

　　一个颇有意味的现象是，目前能够确定的敦煌道观都位于敦煌城外，如上文提到的灵图观在城北二十里，其他如开元观、龙兴观、冲虚观、玉女观、老君堂、王母宫等均坐落在古沙州城外。后两处在三危山一带，与莫高窟相邻。《沙州都督府图经》等敦煌文献还记载了敦煌城内外的若干礼仪性建筑并标明与州府的距离，使我们得以进一步想象唐代敦煌城的文化地理面貌。这些非佛、道的礼仪性建筑可以被大略分为两类，一类为州县衙署、儒学设施和历史遗迹，另一类是地方上各种"杂神"的祭祀处所。前者包括位于靖恭堂原址、靠近南门的衙署。靖恭堂始建于西凉王李暠庚子三年（402），是李暠听政的场所。距州府六十步处是四尺高、周回廿四步的州社稷坛。县社稷坛规模相同，但位于城西一里。州府之西三百步是州

图1-21　老子真容像　8世纪　西安碑林博物馆藏

学所在地，院内东厢为先圣太师庙，堂中供奉孔子和颜回像。县
学在州学西边，二者院落相连，东厢也供有孔子和颜回画像。城内
外还有一些历史名人的祠庙，如汉代氾氏家庙、纪念李广的贰师
庙、三国魏故太守仓慈庙、西凉李先王和李氏家族庙、后凉沙州刺

史孟敏庙、归义军节度使张议潮的太保庙等，在不同时期被建立和崇奉。[45]

　　敦煌居民祭祀的"杂神"有土地神、风伯、雨师，以及属于外族的祆神和景教神祇，各有祭祀处所【图1-22】。风神祠位于城西北五十步，土地神祠在城南一里，雨师祠在城东二里，都供有神灵的画像。祆庙在城东一里，其中"立舍画神主，总有廿龛，其院周回一百步"，折合成现代尺度每边长约 35 米。据日本学者池田温考证，这个神庙在唐代属于敦煌从化乡的粟特人聚落，在 8 世纪中叶约有三百户、一千四百名居民。[46]根据 1907 年英国探险家斯坦因在敦煌西北长城烽燧下发现的写于西晋末年（312 年前后）的一批粟特文信

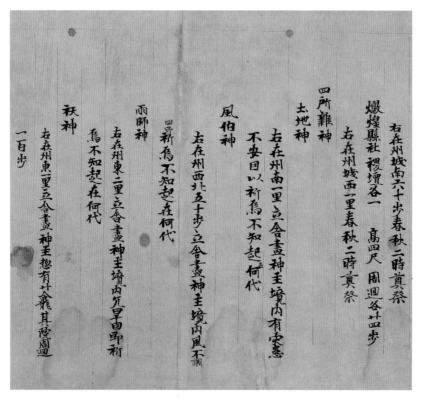

图1-22 《沙州都督府图经》部分 （P.2005，P.2695） 法国国家图书馆藏

札，敦煌在当时已是粟特商人的聚居地。这些粟特人由称为"萨宝"（s'rtp'w）的首领带领，其宗教领导则是称为"祠主"（βγnpt）的袄教（或称琐罗亚斯德教）神职人员。荣新江因此认为敦煌早在 4 世纪初叶就有以粟特商人为主体的自治聚落以及相伴随的袄教祠舍。[47]此外，藏经洞出的卷子包括至少七种景教文献，另有景教经目一卷载录景教经典三十六种。日本佐伯好郎收藏的《大秦景教宣元至本经》末尾处题："开元五年（717）十月廿六日，法徒张驹传写于沙州大秦寺。"同氏藏《大秦景教大圣通真归法赞》末题："沙州大秦寺法徒索元定传写敬读，开元八年（720）五月二日。"李正宇因此判定"开元年间沙州有此寺，信徒称为法徒"。[48]

莫高窟和礼仪时间

一旦搜寻到这些建于敦煌城内外的各种宗教礼仪建筑，我们便可以进而考虑敦煌视觉文化的另一个重要方面，即当地政府和不同宗教团体一年到头组织的各类礼仪活动和节日。这些活动对于研究艺术史的人之所以重要，一个主要原因是这常常是制作和展示图像的重要时机。上节说到敦煌州、县的先圣太师庙中供有孔子和颜回像，其使用的主要场合是官府在这两处和州县社稷坛举办的"春秋二时奠祭"。风、雨、土地等杂神的祠堂也供有神像，这些地方的拜祭则不拘于特殊时刻，但凡境内有祸患不安、风雨不调的时候，人们均可去祈祷消灾。道观举行的"斋醮"仪式则在每年的六月中举行，每次持续十天。届时建构祭坛，召请各路道教神仙到来。

与这些相对简朴肃穆的儒家和道教仪式相比，袄教与佛教节日的一个重要目的是创造视觉的盛宴。例如袄教的"赛袄"是一个充满视觉形象的狂欢节，其中的活动包括祭祀、宴饮、歌舞、幻术和化装游行等，与仲春、仲夏、仲秋、仲冬节气相应在正、四、七、十月举行。信徒们相信这些活动能够带来甘霖，在节日中使用了相

图1-23　祆教神祇（P.4518）　法国国家图书馆藏

当多的视觉形象。这后一推论根据的是当地政府为"赛祆"提供"画纸"的多项记录，[49] 学者认为是为了在节日期间绘制或版印神像。与此有关的证据还有 S.0367 号卷子，其中记载了小伊吾城的一个祆庙中有"素书形象无数"，姜伯勤认为 P.4518 号敦煌遗书即是一幅幸存下来的这类祆教绘画【图 1-23】。此画仍保留有悬挂用的条带，有可能是在祆教祠庙中举行"赛祆"活动时使用的。可能由于与"大傩"的一些类似之处，"赛祆"的一些元素被吸纳入这个传统汉族礼仪活动里。"大傩"在年终举行，主要功能是辟邪除鬼。戴着面具的表演者把头发染成红色，拿着盾和戟在街上大声叫喊，迎接钟馗和白泽神兽前来驱魔。后者图像见于 P.2682 和 P.6261 号敦煌遗书。

　　道教和祆教的礼仪活动与佛教礼仪参差、重合和互补——这些佛教礼仪无疑为敦煌地区的社会生活提供了最盛大多彩的节日，在当地的视觉文化和艺术创作中起到最重要的作用。学者谭婵雪对敦煌卷子中有关风俗节日的材料按月份进行了梳理，此处对几种最具视觉性的佛教活动加以简述。

当新的一年到来时，地方政府和当地僧团于正月初举行"四门结坛"的佛会和"安伞旋城"的游行。前者"置净坛于八表，悬佛像于四隅，中央建佛顶之场"（P.3765）；后者"于城四面安置白伞法事道场"，"命二部之僧尼大持幡盖，莲花千树，登城邑而周旋，士女王公，悉携香而布散"（P.2598，P.3405）。全城百姓都参与到这些欢庆中，为新年除灾驱孽，为全境祈求福佑。[50]

随即到来的是正月十五日的上元节，在古代称为"三元之首"而受到特殊重视。这天举行的仪式是燃灯。虽然寺院、官府、民宅各处均可点灯庆贺，但佛事的燃灯无疑以莫高窟为中心地点，在敦煌卷子中多有描述【图1-24】。在称为"燃灯文"的一类文献中，莫高窟被称作"仙岩""灵岩""灵窟""灵龛""窟上""宕泉""宕谷"等。如P.3405卷上的《正月十五日窟上供养》写道："三元之首，必燃灯以求恩；正旦三长，盖缘幡之佳节。宕泉千窟，是罗汉之指踪；危岭三峰，实圣人之遗迹。所以敦煌归敬，道俗倾心，年驰妙供于仙岩，大设馨香于万室，振虹（洪）钟于葡芦，声彻三天。灯广车轮，照谷中之万树；佛声接晓，梵响以（与）箫管同音。宝铎弦歌，唯谈佛德。观音妙旨，荐我皇之徽猷；独煞将军，化天兵于有道。"P.3461卷说："年支一度，倾城趋赴于仙岩；注想虔诚，合郡燃灯于灵谷。"至于莫高窟点满灯盏时的壮丽景观，P.3497中之《窟上岁首燃灯文》咏道："每岁初阳，灯轮不绝。于是灯花焰散，若空里之分星；习炬流晖，似高天之布月。"S.4625卷则称："千龛会座，傥然创砌琉璃；五阁仙层，忽蒙共成卞壁。遂使铁围山内，并日月而通祥；黑暗城中，迎光明而离苦。"此处所说的"五阁仙层"系指莫高窟北大

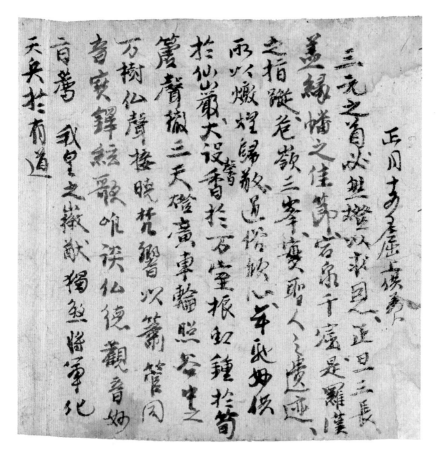

图1-24　燃灯文《正月十五日窟上供养》（P.3405）　法国国家图书馆藏

像（第96窟），窟前当时覆盖着五层木构楼阁。[51]

　　关于灯的形状制作，上引《正月十五日窟上供养》中有"灯广车轮，照谷中之万树"之语。其他燃灯文中常简称为"灯轮"，如 P.3497 卷说："情归十号，虔敬三尊，每岁初阳，灯轮不绝。"这些语句描写的都是唐代流行的一种华灯，围绕中心的主竿安装车轮般的层层圆盘，每层燃灯。最大者如唐睿宗先天二年（713）元宵节在长安安福门安置的灯轮，在二十丈高的灯体上点燃五万盏灯。敦煌壁画中有许多燃灯拜佛的图像虽然描绘的是幻象中的净土，但

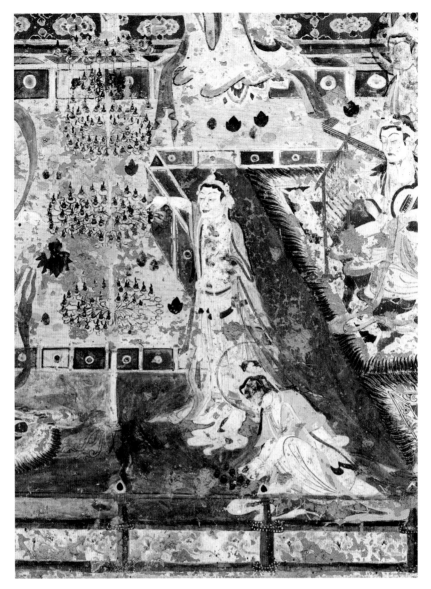

图 1-25　敦煌壁画中的"燃灯"图像　莫高窟第 220 窟　642 年　孙志军摄

依据的应该是现实中使用的植满灯盏的灯轮和灯楼形象【图 1-25，
1-26 】。[52]

　　正月之后的二月迎来另一重大佛教节日，就是在二月八日释迦
生日那天举行的称为"行像""行城"或"旋城"的宏大庆典，把寺
院中的宝贵佛像请出，肩舆车载环城游行。藏经洞所出描述行像活
动的文献有多种，题为《行城文》《四门转经文》《二月八日文》或
《二月八日逾城文》等，可见此仪式在当地的流行程度。学者罗华庆
根据这些材料对这个礼仪做了以下的描述：

图1-26　敦煌壁画中的"燃灯"图像　莫高窟第220窟　642年

　　行像仪式在佛诞日前就开始准备，行像司发给行像社仪仗和物品。二月七日晚击钟召集僧俗二众，集中在寺院中，准备行像。次日天明，环城竖幡幢，行像僧俗，各悉索幡花，竞持幡盖，在乐队的伴奏下，仿照释迦生前出游四门的经历，"出佛像于四门，绕重城而一匝"（S.6172《行城文》）。所行之像，从遗书愿文中可知，大致是释迦诞生像、出游四门巡城像、成道像等。行像的队伍，幡花溢路，宝盖旋空，笙歌赞奏，法曲争陈。"八音竞奏，声谣兜率之宫；五乐琼箫，响俨精轮之界"（S.1441《二月八日文》）。合城人众，倾城出迎，士女云集，奔腾隘路，"列四门之胜会，诞一郡之都城，像设金容，云飞鹫岭。眉开毫月，花步莲宫，倾城倾市，摇山荡谷"（S.2164《行城文》）。在行像所过的四门，各"建随求之场"（S.69233《四门转经文》），僧侣缁众会集于此，诵念佛经，"转金刚光明之部"，行像仪式声势浩大，场面壮观，行城活动后，在事先选定的地点结集，举行祈愿活动，延请诸佛菩萨、梵释四王、龙天八部护持，向佛奉献鲜花，供给物品；在音乐伴奏下，念诵佛经，转读愿文。[53]

　　与行像的欢庆构成鲜明对比的是一周后举行的"涅槃会"，纪念佛祖于二月十五日在摩罗国拘尸那城娑罗双树间的圆寂解脱。S.2832和P.2931等敦煌卷子生动地传达出人们的哀伤："仲春二月，十五半旬，双林入灭之时，诸行无常之日，人天号哭，自古兴悲，世界虚空，于今尚痛！"届时僧俗举行盛大法会进行悼念："时到双林奄神，士庶惊哀，天地失色。自日月逾深，霜星屡改，空存忌日，试用追崇。门徒才亲奉意珠，花叶相映，想象尊仪，攀慕如昨。无以远托，唯福是资，谨于此辰，追斯福佑。"莫高窟中有巨大的佛陀涅槃塑像和画像，甚至以整个窟室模拟释迦圆寂、弟子和诸天仓惶哀悼的一刻【图1-27】。可以想见这些具有强烈情感色彩、饰有生动戏

图1-27　莫高窟第158窟　佛陀涅槃塑像　8世纪晚期至9世纪上叶

剧性形象的地点，会是二月十五涅槃会的适合场地。

　　如果说涅槃会追悼释迦的逝世，四月八日的浴佛节则是纪念佛的诞生时刻。"浴佛"来源于释迦诞生时的一个奇迹：当他在蓝毗尼园中无忧树下从摩耶夫人右胁出生后，九条神龙口吐圣水，为"堕地即行七步""步步生莲花"的未来佛陀沐浴。但是根据藏经洞所出文献，敦煌地区在四月八日举行的庆典似乎并不以水浇灌佛像，而主要是写经造幡为亡者追福、建设道场供奉佛像和举行僧俗贵贱"具无遮拦"的无遮大会。P.2081号卷中的《四月八日、二月八日功德法》指示说："自今以后，诸佛弟子道俗众等，宜预择宽平清洁之地，修为道场。于先一日各送象（像）集此，种种伎乐香花供养，令一切人物得同会行道。若俗人设供请佛，……檀主与其眷属执持香花，路左奉迎，恭敬供养，如法斋会。如是斋毕，然后还寺。"根据这一记载，这天的供养也包括了类似行像的活动，把佛像从寺院中请出在外游行，请佛的俗众则在道边迎接膜拜。敦煌在四月八日不实行浴佛的可能原因，是由于文献对于佛祖诞生时间有不同记载，敦煌信众更习惯于把浴佛礼仪和二月八日的行像礼仪结合举行。[54]

　　自四月中旬到七月中旬是佛教寺院和莫高窟相对安静的时段：僧侣在这三个月中"结夏"，专注于"修习学业，缉治寺舍，建福禳灾"（P.6005《释门帖》）。七月十五日的盂兰盆节标志着这个时期的结束。当此节到来之时，人们建立巨大道场，"谨依经教，仿习目连，奉为七世先亡，敬造盂兰盆供养"（P.2807）。想必在此时刻，香花饮食也会供奉在描绘着先祖先妣画像的许多莫高窟家窟之中（见图1-16）。一般民众也会在此时聆听《盂兰盆经》和目连救母的变文故事，后者遗留的写本包括藏经洞出的S.2614、S.3704、P.2319、P.3107、P.3485、P.4988各卷。根据S.2614卷首的标题【图1-28】，我们得知这个在七月十五日上演的变文以图画作为演出辅助。一个有意思的问题是：为何"目连救母"这个中古时期最流行的佛教故事从未在莫高窟的壁画中出现？[55]其原因也许是石窟中的神圣空间并非是举行"鬼节"礼仪的合适场所。

　　画像和写经是为亡亲追福的另外两个重要手段，在敦煌文书中有大量记载。根据谭婵雪的统计，信徒此时敬绘的神祇以观音菩萨

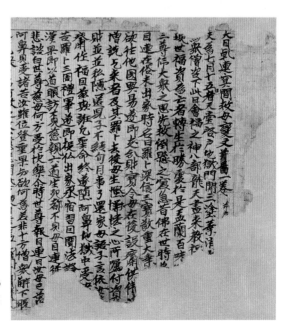

图1-28　《目连救母变文并图》抄本（S.2614）　部分　大英图书馆藏

图1-29 观音菩萨和供养人 12世纪 华盛顿弗利尔美术馆藏

图1-30　《张府君邈真赞》[P.2482（5）] 开头部分　法国国家图书馆藏

居多，写经则以《妙法莲华经》为主。[56]另一种图像是已故亲属的肖像，常作为佛教偶像中的供养人出现【图1-29】。正如盂兰盆节的流行与祖先崇拜在中国社会中的核心位置密切相关，追悼亡灵的动机也促进了敦煌肖像画的发展。通过敦煌遗书中大量的"邈真赞"【图1-30】，我们知道这一地区中的肖像画主要是在祭祀祖先和亡亲的祭奠活动中使用的。死者的"真容""真形"或"真仪"也被称为"影""貌"或"像"，或在生前预制，或在死后描绘【图1-31】。这些"邈真像"通常被安置在祠堂或家宅中特辟的房间里，这个房间因此被称为"影堂"或"真堂"。[57]莫高窟第17窟是高僧洪辩的影堂，一直保存至今。这个小小的窟室有可能是洪辩生前坐禅的地方，在他于862年死后被改建成纪念他的礼仪空间【图1-32】。

当一年逐渐接近尾声，敦煌当地举行的最有视觉效应的仪式非莫高窟的"腊八遍窟燃灯"莫属，在每年十二月八日晚间举行。这个活动纪念的是释迦牟尼的成道。据佛典记载，佛陀成道之前苦行经年，骨瘦如柴，之后端坐于菩提树下，夜睹明星，悟道成佛。此时大地震动，神人齐赞，天鼓齐鸣。天上也降下了琉璃宝花的天雨。腊八燃灯活动所庆祝的即为佛法大放光明、外道掩声消匿的此刻。现存敦煌研究院的《腊八燃灯分配窟龛名数》卷（P.0322）保存了对这一法事活动的最详细记录，对研究10世纪莫高窟的窟名和区域分划极有帮助。对于理解敦煌礼仪活动，它的价

图1-31　敦煌藏经洞中发现的死者肖像　《引路菩萨图》局部　10世纪　大英博物馆藏

图1-32　敦煌莫高窟第17窟（即洪辩影堂）　9世纪

值在于反映了遍窟燃灯礼仪的详密组织和视觉景观。根据这篇文献，燃灯活动由敦煌佛教僧团主持，但具体工作则由社官率领当地邑社承担。每窟燃灯数根据该窟的大小和等级决定，从一盏、两盏到七盏不等。此处的数量词"盏"字所指的不一定是单独的灯盘，而更可能是层层累加的灯轮或灯楼（见图 1-25，1-26）。如果说一月份的上元燃灯已是"灯花焰散，若空里之分星；习炬流晖，似高天之布月"，那么腊月初八遍窟燃灯的辉煌景观应是更胜一筹。

最后，在年终的岁末，当大傩队伍喧嚣过街、驱除疫鬼，佛庙和城中各处也结坛转经，"□□□置净坛于八表，敷佛像于四门，中尖（间）建随求之场，缁众转金光明之部"。其目的是在此"三冬总毕，正岁初临"的时刻，以"僧徒课诵于八台，灌顶神方于五日。总斯多善，莫限良缘"（S.4654《岁末结坛斋文》），由此迎来新的一年。

第二章

莫高窟的整体空间

图 2-1　吐鲁番盆地　TS 摄影

对"整体"的反思

踏着古人的足迹，我们离开敦煌城，走向莫高窟。道路尽头纳入眼帘的，是横贯一公里山崖上的隐约数百石窟，形成一个若断若续的整体【图 2-1】。但我们看到的"整体"是不是历史中的整体？我们对它的观看是否与古人的眼光和经验一致？

让我们回想一下古人的经验。首先，他们走向莫高窟的足迹是重叠而积累的，渐渐踏出通往鸣沙山的道路，而崖上的洞窟数量也随之不断增加，从一个变成两个、三个，直至数百。《李君莫高窟佛龛碑》再次引导我们追溯这个渐变和积累的过程。碑文记载乐僔建窟之后，另一名叫法良的禅僧从东方云游至此，在乐僔龛旁修建了自己的禅室。此二人所开启之莫高窟滥觞，随即被建平公、东阳王以及之后的当地统治者和僧俗居民不断发扬光大，也就是碑文紧接着说的："复有刺史建平公、东阳王等各修一大窟，而后合州黎庶造作相仍。"[1] 学者考订东阳王系北魏宗室，姓元名荣，于 525—542 年间任瓜州刺史，所筑的"一大窟"极有可能是前文提到的第 285 窟（见图 1-5）。建平公于义生活在 534—583 年左右，是北周时期的瓜州

图2-2　第428窟内景　6世纪下半叶

刺史。他所创立的大窟基本上可以确定为第428窟，是北朝洞窟中规模最为宏大的一个，墙壁上绘有1200多身供养人像【图2-2】。当此之时，莫高窟的"神秀之幽岩"已经承载了数十个窟庙，化为一处"灵奇之净域"。到了唐代，编写于7世纪中期的《法苑珠林》和《集神州三宝感通录》都记载"今沙州东南二十里三危山，崖高二里，佛像二百八十龛，光相亟发"，学者认为此数目基本可信。[2] 此后再经二百余年，莫高窟的窟龛数目在9世纪中叶增加到五百余——此信息来自865年撰写的《莫高窟记》，如前所说题写于第156窟前室北壁，亦见于法藏 P.3720V 号卷子。[3] 又过了一个世纪，951年撰写的《腊八燃灯分配窟龛名数》详细记录了当时莫高窟的窟龛分区，所涉及的石窟数目达到六百个左右。[4]

　　这一简单追溯显示：在莫高窟的漫长历史发展中，它作为"整体"的存在是一个持续变化、不断扩充的"活体"，同时也被如此观察和记录。前往该处的人众包括观瞻的行脚僧、游客，但更多的是

图2-3　20世纪初的莫高窟外景
斯坦因摄于1907年

图2-4　20世纪初的莫高窟洞
窟暴露的内景　伯希和摄于
1908年

当地亲身参与建窟和做佛事的奉献者和实践者。他们"修窟宇于仙岩，建精兰于圣境"，[5]以自己的钱财、影响和劳力年复一年地扩充这个现世中的天国。在这些人看来，他们的贡献将"不延期岁，化成宝宫，装画上层，如同忉利"；[6]莫高窟的山崖也会日益变为"嵯峨贞石，錾凿嵥峒，透耀星流，声通上界"。[7]但当莫高窟的修建在元代以后基本停顿，各种原因——包括官府和家族的忽视、战争和边境争端，以及陆上丝绸之路的衰落——造成愈演愈烈的失修和颓败。居民与窟群之间的切身认同，以及信徒对石窟的参与性的"内部视点"（intrinsic approach），[8]也在不断积聚的沉默中淡化和消失。其结果是当这个窟群在20世纪初再次引发关注时，呈现在探险家眼前的已是一个巨大废墟【图2-3】。虽然窟前尚存有两寺一观及所属的十数名僧人道士，但作为佛教艺术历史宝藏来说，它是个被世界忘却但却奇妙幸存下来的遗迹【图2-4】。[9]

　　众所周知，这个被遗忘的艺术圣地随即成为科学调查和研究保护的对象，这个发展过程赋予莫高窟一个全新的身份：它不再是与时俱进的"活体"，也不再是无人关注的"残骸"，而是成为现代学术研究与科技保护的对象。对它进行的所有维修均意图阻止它的持续蜕变，对它进行的所有研究都致力于发现其埋没的过去。换言之，这些维修和调研工作所隐含的是一个典型的"外在视点"（extrinsic approach）〔10〕，所带来是对莫高窟"整体"观念的一个全然革新：作为历史遗迹，这个建筑群被客体化和静止化，以科学的严谨词语定义为"三危山与鸣沙山交界处、鸣沙山东麓断崖上的一处古代文化遗址"。遗址分为南北两区，总长约 1500 米。由于雕塑和彩画仅出现在 1000 米左右的南区中，"莫高窟"一词常意味着此区内约五百个石窟的总和。〔11〕

　　首次对这一现代意义上的莫高窟整体进行考察的，是英国探险家、考古学家斯坦因，他在 20 世纪初期前往莫高窟时带了一个绘图员（R. S. Ram Singh），制作了这个窟群的第一张完整地形图，并附有重要洞窟的位置【图 2-5】。随后，法国学者、探险家伯希和带领的考察团于 1908 年 2 月 25 日从新疆进入敦煌，他们首先做的事情便是对所有洞窟进行编号、测绘、摄影和记录。伯希和本人负责抄录洞窟中的题记，测量师瓦扬（Louis Vaillant）和摄影师努瓦特（Charles Nouette）分别对洞窟进行测绘与拍照。考察结果于十四年后发表于《伯希和敦煌石窟图录》中，自 1922 至 1924 年在巴黎陆续面世【图 2-6】。〔12〕由此，莫高窟的整体——包括伯希和从北到南以垂直单元编号的 182 个窟——也第一次被给予文本和图片形态，离开石窟的原址，传播到世界各地【图 2-7】。

　　伯希和的调研模式被随后来此的考察队所承袭，调查的范围和对象不断扩大和细化。奥登堡（Сергей Фёдорович Ольденбург）带领的俄国团队于 1914 年 8 月抵达莫高窟，进行的一项重要工作也是对石窟整体的记录。他们补充了伯希和的洞窟编号，对窟檐、顶部、

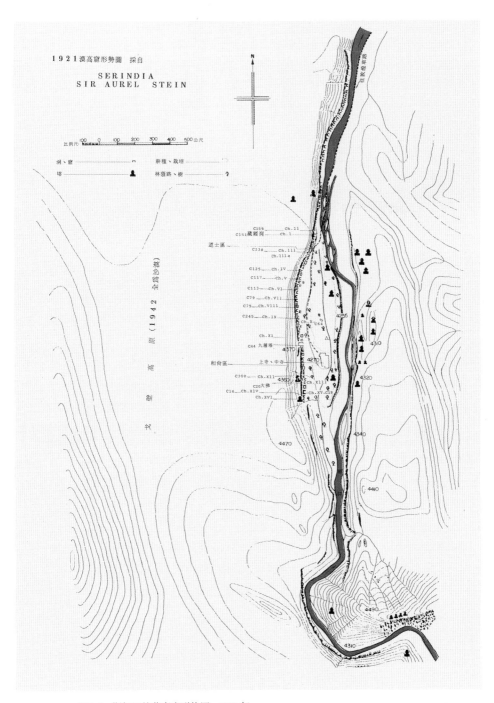

图2-5 斯坦因绘莫高窟形势图 1921年

图2-6 《伯希和敦煌石窟图录》
1922至1924年

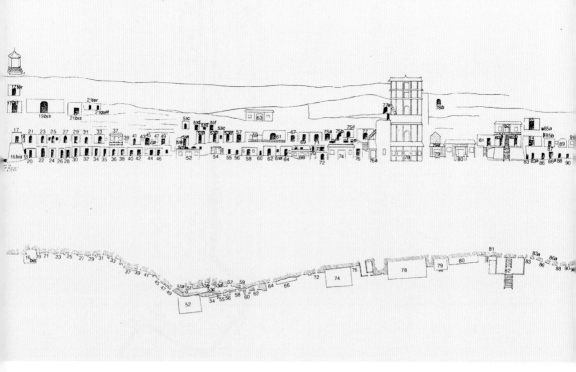

图2-7 伯希和绘莫高窟平面及立面总图 局部 1920年

图2-8　奥登堡探险队绘制的莫高窟的外景　局部　1914年

四壁、塑像进行了更细致的登记。这个考察队进而测绘了443个洞窟的平面、立面图并测绘了莫高窟的外景，制作出更为精确的莫高窟整体实测图【图2-8】。[13]

继伯希和与奥登堡之后，中国画家张大千和考古学家石璋如分别对莫高窟进行了整体编号和测绘。张大千于1941年来到敦煌，对莫高窟的309个"主窟"和147个"耳窟"进行了从南到北、由下而上的编号。[14]石璋如翌年随中央研究院历史语言研究所、中央博物院、中国地理研究所组成的西北史地考察团到达此处，依照张大千的编号以考古方法对456个主窟和耳窟（他称为"附洞"）作了平面和立面测量，并在此基础上制作了洞窟分布和莫高窟地形两幅总图【图2-9】。以一个考古学家的视点，他对莫高窟整体的理解也较以往更为扩大，包括了周边的舍利塔等建筑遗迹。[15]随后，何正璜及西北文艺考察团于1943年发表了题为《敦煌莫高窟现存佛窟概况调查》的首份莫高窟内容总录；[16]史岩于1943年完成了对莫高窟供养人题

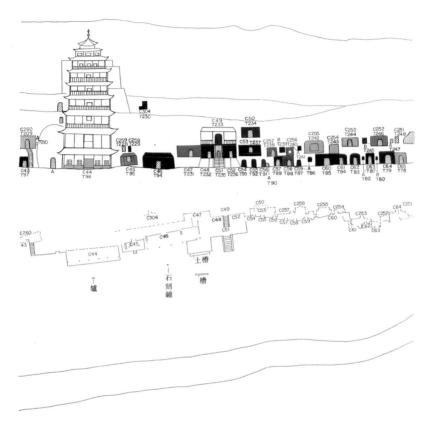

图 2-9　石璋如绘制的莫高窟总图　局部　1942 年

记的调查并于 1947 年出版《敦煌石窟画像题识》；[17] 李浴于 1944 年
完成了《莫高窟各窟内容之调查》；[18] 谢稚柳的《敦煌艺术叙录》于
1955 年出版。中华人民共和国成立之后，敦煌研究所于 1950 年正式
建立，使莫高窟的调研得以更系统和持续地开展。研究所在多年工
作的基础上编写和出版了《敦煌莫高窟内容总录》《敦煌石窟内容总
录》《敦煌莫高窟供养人题记》等著作，以此对石窟的整体信息进行
了全面整理和发布。[19] 从 1998 年开始担任敦煌研究院院长的考古学
家樊锦诗认为，这些出版物"使敦煌石窟变得条理清楚，脉络分明，
每个石窟的内容和布局详细具体，一目了然，为学术界研究敦煌石
窟提供了最权威和实用的基础资料"。[20]

图2-10 加固工程之后的莫高窟

　　与此同时，对莫高窟的整体维修也不断把这个风烛残年的历史遗迹转化为结合文保、展示、研究和旅游的现代考古据点。由于数百年的风雨剥蚀，莫高窟的所有洞窟至20世纪初期均有不同程度的开裂、剥落、倾覆甚至坍塌。1944年成立的敦煌艺术研究所在极其艰苦的条件下清理了南区窟中的流沙，围绕窟区建筑了围墙。1950年代以后国家大力加强对窟群的保护，从1958年开始了试验性的系统保护和加固工程。这一工程在1963年后得到全面开展，至2012年竣工，通过全面加固石窟崖体改变了以往残垣断壁的景象【图2-10】。这一工程带来的好处毋庸置疑：覆盖式的钢筋混凝土挡墙遏制了崖面风化，大大增强了崖体的稳定性，也防止了水分向窟内的渗入。在敦煌古建学者和保护工作者孙毅华看来，"整齐的栈道、错落的窟门，为进出石窟工作和参观的人们提供了极大的方便。特别是在改革开放的几十年间，旅游成为当今的一大经济支柱后，莫高窟的游人数量逐年增加，更显现出当年加固工程的重要性，如今的莫高窟也成为千年石窟最繁盛的时期"。[21]但从另一个角度看，她也注意到加固工程"对莫高窟崖面的改观很大"，"有很多痕迹被遮蔽了"。[22]造成这种情况的一个原因是当时对崖面遗迹的历史价值尚不够重视，因此在被征求有关莫高窟加固工程的意见时，建筑史家梁思成如此说："我没有到过敦煌，对于这样的工程结构更是外行，只觉得敦煌的一切主要都在洞内，除了少数窟廊外，外部只是留下大自然破坏的痕迹。我们的目的在保护洞内的东西——从外面加固去保护它，因此这一目的必须明确。"[23]在这个观念的影响下，加固工程在未经细致论证的情况下对莫高窟的外貌进行了整体性转化，以连续的混凝土水平走道代替了以往的断续栈道、垂直木梯和内部通道。这些以往的走道在20世纪上半叶拍摄的照片中尚依稀可见，指示着石窟之间的历史关系（见图2-3，2-4），但现在已被掩盖在新莫高窟的水泥外壳之下。

因此，无论是在概念和功能上还是在内涵和形象上，莫高窟的"整体"在20世纪都经历了本质性的变化。我们可以认为这种变化在现代化过程中是不可避免的，对于保存古代遗迹也是极为重要甚至是必须的。但是对于历史研究来说，对过往事件的发掘和对原始环境的重构永远是最基本的目的。因此，当我们在接受和理解莫高窟的现代演变时，也需要格外留意它在概念和外观上的转化，通过对考古和文献证据的不断发掘去理解和重构它的历史演变过程。正是在这个意义上，研究莫高窟的一个重要方面是发掘它作为"活体"的历史存在。这个课题之所以特别重要，正是由于在激烈的现代化过程中，莫高窟作为"整体"的历史意义已从我们的实际视觉感受中消失殆尽。

对"活体"的探寻

"崖面使用"概念的引入

如果说奥登堡和石璋如制作的测绘图记录了现代考古学家眼中的莫高窟静态整体，马德在其 1996 年出版的《敦煌莫高窟史研究》中对这个静态形象进行了首次系统解构，将其还原为一个不断进化和演变的生态过程。与以往对莫高窟的综述不同，这本书包括了"研究方法"一节，其中开宗明义的一项并不是石窟考古通常强调的洞窟形态和年代排比，而是有关洞窟位置与组合的"崖面使用"概念。[24] 这个概念源于 1983 年发表的一篇石窟考古论文，著者为文物学家初师宾，研究对象不是莫高窟，而是甘肃省东部的麦积山石窟。[25] 初师宾在这篇题为《石窟外貌与石窟研究之关系》的文章中明确提出"崖面使用"的研究方法，将其定义为通过观察洞窟的位置和组合，理解古人如何根据自然条件和社会习俗等因素，在山崖上选择特定位置修造石窟。这个观念的基础是一个看来无可争辩的事实：一个石窟群的建造和使用往往延续相当长时间，其所包含的窟龛必有建造的先后次序。在初师宾看来，这种次序必然会显示在窟龛的布局规律上。因此石窟与其他类型的考古遗址一样都含有时代层次，但其时间性不是由地层的上下叠压反映出来的，而是由它们在崖面上的并列空间位置所揭示。通过寻找石窟在空间上的相互关系，研究者遂能够获得有关单独窟龛的建造时代和整个石窟群历史发展过程的重要证据。

马德把这个概念用来观察莫高窟的历史发展，结合以往学者的观察和记录，获得了相当可观的成绩。[26] 他注意到莫高窟的早期开凿往往从山崖中部开始，然后向左右上下不断扩展。每一时期的洞窟相对集中，在崖面上形成了多个"时代区域"，按时间顺序有规律地在崖面上排列组合。在他看来，"掌握了这一规律，对崖面上所有洞窟的营造时代、每一个洞窟在崖面上出现的先后（年代）就有了了解的可能。"[27] 同时，他也指出这个规律并非是毫无例外的。特别是当莫高窟崖面逐渐达到饱和的时候，必然会出现越来越多的"见缝插针"式的洞窟，在莫高窟中晚期尤为普遍。[28] 但是由于这类晚期洞窟的建筑和艺术特点往往一目了然，它们一般不影响对早中期的"时代区域"做出判定。

作为一个专业历史学家，马德也非常注意与莫高窟营造有关的碑铭、题记，特别是藏经洞中保存的大量文献，他将这些文字材料与"崖面使用"概念进行了结合，以解决洞窟的分期、断代和排年的问题。其研究结果呈现在《敦煌莫高窟史研究》中的"莫高窟的创建"一章里。总的说来，他对莫高窟 8 世纪中期之前的崖面变化做了较为系统和富于创见的重构。在这段时间中——即从 4 世纪开窟之始至 776 年营造第 148 窟（李大宾窟）的近四个世纪中，莫高窟的"整体"从几个孤零零的窟龛发展成横跨 850 米、包含了 300 余石窟的巨大建筑群。马德将这一连续过程按照朝代顺序划分为六个阶段，分别为西晋、前凉至北凉、北魏前期、北魏后期、隋至初唐、初唐。在此之后，"崖面使用"概念在他对莫高窟营造史的讨论中逐渐淡化出局，其原因大致有三。

一是"唐代以后，莫高窟崖面上营造洞窟时，已经破除了原来的崖面利用程序，在千余米长、10 至 40 米高低不等的崖面上随意开口，因此在整个崖面上已无法区别出哪一片在前、哪一片在后"。[29] 二是"重修"和"重绘"在莫高窟的营造中起到越来越重要的作用。这一倾向在 786 年至 848 年的吐蕃占领时期已非常明显，而在 11 世纪以后成为洞窟修建的主要方式。修窟者往往"将先代壁画全部覆盖，绘上千篇一律的千佛和菩萨"；[30] 原创性新窟的设计和建造则成为偶然特例。三是有关莫高窟中晚期洞窟的文献材料远较早期丰富，马德对洞窟营造的讨论也越来越多地依靠这些文献，不断征引长篇题记、碑铭和敦煌卷子。但这并不是说"崖面使用"在他的讨论中全然消失。如叙述张氏归义军时期时，他注意到"新建的洞窟主要分布在崖面的顶层、底层和南北两头。经过这一时期的营造，最终形成了莫高窟南区窟群崖面今天的规模。"[31]在重读《腊八燃灯分配窟龛名数》时，他将这份重要历史文献与10世纪中期莫高窟崖面的区域分划相结合（见图2-29）。[32]在谈论曹氏归义军时期时，他又注意到当时对整个窟面进行了统一的重修和加绘。这些观点和发现，都对下文中从美术史视角讨论莫高窟整体的发展提供了重要的启发和证据。

美术史中的两个比较案例

初师宾和马德倡导的"崖面使用"概念在石窟考古和历史研究中引入时间维度，将后人眼中的静态石窟群解构为累积的历史层次。同一学术趋向也出现在上世纪90年代以来的中国美术史研究中。本节所介绍的笔者的两项研究，便都具有"解构静态整体"和"重构动态叙事"的类似目的，为把莫高窟作为历史"活体"的思考提供了另一个方法论渊源。两项研究之一是1995出版的《中国古代艺术与建筑中的"纪念碑性"》中对汉代长安城的讨论。[33]通过分析对这座古城的文献描写，该章区别出两种叙事模式。一种把长安看成静止整体，是其所有历史断片的总和，观察者根据某种思想原则来描述和解释这一综合形象。[34]另一种观点则把长安视为演进中的历史实体，其诞生、成长、衰退出于不同原因，也造成不断变化的城市面貌，历史研究的目的在于追踪其发展的全过程。

这两种观点都是回顾性的，在东汉时期均已出现，分别以史学家班固的《西都赋》和经学家张衡的《西京赋》为代表。对班固来说，他所回忆和重构的古城长安不仅是曾经存在的历史客体，而且包含了一系列历史事件和所体现的时间关系；张衡则根据一个抽去时间的理论模型将记忆凝聚为共时的集成。二人对长安的描述因此截然不同：班固阐明的是长安发展演变的历史过程，张衡则专注于长安的永恒形象。这两种观点可以被分别称为"历史性的"（historical）和"经典性的"（classical），都被以后对长安的重构所采纳，但"经典性的"观点始终处于主流位置。造成这一情况的主要原因是在后世观察者眼中，古代长安总是以最终的总体形象出现。其演化的漫长轨迹已经模糊不清，但历历在目的宫殿遗迹混杂在一起，指涉着一个往昔的总体存在。特别是在宋代以后的著述中，有关长安的历史信息被不断综合入总体性的重构方案：这座历史名城被想象成是一座每边有六十里长围墙的大都会，其平面形状模仿了天上的星宿，街道则按《考工记》规划为严格交错的网格。即便是提供了历史信息的一些长安复原图，也仅将营造时间和其他历史信息作为次要内容，附加于共时存在的总体建筑图中。[35]

《中国古代艺术与建筑中的"纪念碑性"》一书意在引回班固的历史眼光，对长安的"经典性的"静态形象加以分解。其核心观念可以被总结为：历史上从没有过一个单独、整体的长安，实际存在过的只是时间叠压中的一系列具体、历史的长安。基于这个观念，"长安十二城门"这一说法只是反映了这座城市在公元前190年之后的形象，因为它的城墙直到该年年底才最终完工。同样，俗云"环城十一陵"也只能是代表西汉以后的眼光，因为最后一个皇陵只是在公元6年才被建成。通过重构长安的累层发展，这一研究揭示了城市内涵的不断变化，进而引导我们探究变化背后的历史主体性。我们发现长安的构筑经历了四个关键阶段，即开国皇帝高祖、其子惠帝、第五个皇帝武帝，和公元9年篡权的王莽。每一阶段都出现了以特定建筑为焦点的建设热潮，反映出每个君主的特殊价值观以及不同社会力量的兴衰。这些阶段共同构成了长安的发展：在两个世纪的连续营建中，西汉帝国的宏伟都城不断改变着它的面貌和意义。

另一项研究是发表于2001年的《战国城市研究中的方法问题》一文。[36]随着20世纪30年代以来有组织的调查与发掘，有关战国城市的考古资料日益增多，使学者得以尝试构建这些城市的类型学，随即出现的是两个主要趋向：一是依据城墙显示的平面布局对城市进行分类，如美国建筑史家夏南悉（Nancy S. Steinhardt）认为已发掘的二十余座战国城市反映出三个基本布局模式；[37]另一趋向则着意寻找先秦城市布局中的正统，如历史学家杨宽在其《中国古代都城制度史研究》一书中提出战国中原地区的主要城市都是效仿西周成周的城郭相连的结构，由东部大郭和西部小城组成"双城"。[38]这两个观点虽然不同，但都认为战国城市是某些固定"规划"或"模式"的体现或外化。在这一前提下进行的分类不免会有静止化的形式主义倾向，而各城市之间的差异则容易被忽略或被绝对化。《战国城市研究中的方法问题》一文尝试以一个更为常识性的假设取代类型分类，即大多数东周城市存在了相当长时期，有的源自商代、西周甚至更早。在漫长时期中它们担负了变化着的政治和经济职能，其形式和结构也处于不断演进之中。

以位于今日山东滕州的薛国都城薛城为例，它的规模虽然比不上临淄或武阳等大都市，但提供了古代城市连续营建的最佳例证。1964—1993年间对薛城的考古调查和发掘发现了近两千年间层叠建造的四座城址。最早的是东西长170米、南北宽150米，以坚实夯土筑成的龙山文化城圈。当这一古城在商代末期被重新修缮时，商人在其东面又兴建了一座与其规模和形状相同的城垣，二城的组合与发现于商都安阳的两两成对的建筑非常相似。到了西周时期，一座将这两座城址环绕其中的城圈被营建，原来的龙山小城恰好位于正中。很可能如发掘者推测的那样，这一始建于先商的古城在周代成了薛城中的"宫城"。最后，一座东西约5000米、南北约3500米的巨型城垣兴建于战国时期，将以往的西周薛城并入一个比它大28倍的硕大空间中。这一战国城市沿用至汉代。

古代文献提供了支持考古资料的平行信息。《左传》记载夏代大臣奚仲最先居于薛城。商克夏以后，商王汤的左相仲虺接管该地，以其作为居所。薛随后成了周代众多的封国之一，最终在战国时期被强大的邻国齐吞并，其新主人之一孟尝君"乃改筑之，其城坚厚无比"。佐以这些文献，对薛城的考古发掘昭示出中国古代城市的持续而能动的发展演化。它证明一座城市在其扩展过程中不断改变其形状和功能，因此单独的龙山城被商代的"双城"吸收，之后又成为西周时期的"宫城"，而西周和春秋的外城墙到战国时期则成为薛城的内城。这个动态过程显示出"集聚型城市"和"双城"并非静止和孤立的城市类型，而是在历史进程中相互转化和融合。类似的情况也见于战国时期的其他著名双城，如齐国的临淄、燕国的武阳、郑国和韩国之新郑、赵国的邯郸，以及魏国的安邑。[39]

虽然这两个研究案例的对象是古代城市，但它们都通过解构静态历史客体以构造出新的动态叙事，因此与初师宾和马德提出的石窟"崖面使用"概念相互呼应，共同为从美术史角度讨论莫高窟的整体发展提供了方法论的依据。

莫高窟的"外部时间"与"内部时间"

在进行这一讨论之前，我们还需要决定以何种时间尺度衡量莫高窟的历史发展。当代哲学家吉奥乔·阿甘本（Giorgio Agamben）认为，任何历史叙事总隐含着特殊的时间概念并受其制约，新史观的引进要求对所使用的时间概念进行反思和更新。[40]如果用这个看法反观敦煌艺术史的写作，在以往几十年中，对莫高窟的历史叙事所采用的最通行和最权威的时间概念无疑是中国古代的朝代系列，它明确反映在敦煌研究院前院长段文杰总结出的以下年表中（表1）。[41]

表 1   莫高窟分期

	时代	数量	编号
1	十六国时期 （366—439）	7窟	267、268、269、270、271、272、275
2	北魏 （439—534）	8窟	251、254、257、259、260、263、265、487

续表

	时代	数量	编号
3	西魏 （535—556）	10窟	246、247、248、249、285、286、288、431、435、437
4	北周 （557—580）	15窟	250、290、294、296、297、298、299、301、428、430、438、439、440、442、461
5	隋 （581—618）	70窟	56、59、62、63、64、206、253、255、262、266、274、276、277、278、279、280、284、292、293、295、302、303、304、305、311、312、313、314、315、316、317、388、389、393、394、396、397、398、401、402、403、404、405、406、407、410、411、412、413、414、416、417、418、419、420、421、422、423、424、425、426、427、430、433、434、436、451、453、455、485
6	初唐 （618—704）	44窟	57、60、68、71、77、96、202、203、204、205、209、210、211、212、213、220、242、244、280、283、287、321、322、328、329、331、332、333、334、335、338、339、340、341、342、371、372、373、375、381、386、390、448
7	盛唐 （705—780）	80窟	23、26、28、31、32、33、34、39、41、42、44、45、46、47、48、49、50、51、52、66、74、75、79、80、91、101、103、113、115、116、117、119、120、121、122、123、124、125、126、129、130、148、162、164、165、166、170、171、172、175、176、180、182、185、194、199、208、214、215、216、217、218、219、225、264、319、320、323、374、384、387、444、445、446、458、460、482、484、490
8	中唐 （781—847）	44窟	21、92、93、112、133、134、135、153、154、155、157、158、159、179、186、188、191、197、200、201、202、222、231、236、237、238、240、258、357、358、359、360、361、365、369、370、447、469、471、472、474、475、478、479
9	晚唐 （848—906）	60窟	8、9、10、12、13、14、16、17、18、19、20、24、54、82、85、94、102、104、105、106、107、111、114、127、128、132、138、139、141、144、145、147、150、156、160、161、163、167、168、173、177、181、183、184、190、192、193、195、196、198、221、227、232、241、336、337、343、459、470、473

续表

	时代	数量	编号
10	五代 （907—960）	32窟	4、5、6、22、36、40、53、61、72、78、86、90、98、99、100、108、137、146、187、226、261、300、342、346、362、385、391、440、441、468、469、476
11	宋 （960—1035）	43窟	7、15、25、34、35、55、58、65、67、73、76、89、94、118、130、136、152、170、174、178、189、230、235、243、256、264、289、355、364、368、376、377、427、431、443、444、449、452、454、456、457、467、478
12	西夏 （1036—1226）	82窟	6、16、27、29、30、37、38、69、70、78、81、83、84、87、88、97、140、142、151、164、165、169、206、207、223、224、229、233、234、239、245、246、252、263、265、281、291、306、307、308、309、310、324、325、326、327、328、330、339、344、345、347、348、349、350、351、352、353、354、356、363、365、366、367、378、382、388、389、395、399、400、408、409、415、418、420、432、437、450、460、464、491
13	元 （1227—1368）	10窟	1、2、3、95、149、462、463、464、465、477

　　这种按朝代编年的做法在敦煌艺术研究中已是深入人心的常规模式，但我们需要意识到，朝代沿革只是多种历史时间中的一种，所根据的是特殊类型的史实也规定了特定的历史叙事模式。笼统地说，"朝代时间"（dynastic time）所依据的是中央政权的更迭，其叙事模式是选择最主要的中央政权构成一个线性结构，以其年代系列作为衡量其他社会和文化现象的计时框架。为了把莫高窟纳入这个时间框架，美术史界和考古学界的主流做法是根据建筑、绘画、雕塑的风格和文献材料，对每个含有彩绘和雕塑的洞窟进行断代，将之归入某个朝代或时期，进而将相同类型的洞窟聚合成组，最后把整个莫高窟窟群编入自十六国至元代的一个宏观的线性发展脉络——"表1"中的分期即建立在这三类工作之上。虽然学者对表中某些洞窟的断代有不同看法，但引领以上这三个研究步骤的"朝代时间"概念无

疑是建构莫高窟美术史的首要基础，不但在学术研究中，而且在公共宣传、通俗教育、旅游介绍中都起着主导作用。

　　这种分期和断代无疑是一项严肃和必要的学术工作，对理解莫高窟的历史发展有着基础性的意义。但如上所说，作为一种特定的时间概念，"朝代时间"有着自己的特殊性质和组织历史叙事的功能。对于莫高窟来说，它所提供的是一个宏观的"外部时间"（extrinsic time）坐标。之所以称为"外部"，是因为朝代史以中央政权的更迭为线索，严格说是一种"国家政治时间"。由于朝代史具有明确纪年，它为其他历史叙事——如社会史、文化史、经济史、艺术史等——提供了一个共享的计时方法。在中国，以朝代史作为专史基础的方式是一个非常古老的传统。在艺术领域中，当有关美术历史的文字在东周产生之际，写作者就已经以古代王朝作为不同艺术材质与风格的分期。9 世纪出现的第一部绘画通史——张彦远的《历代名画记》——亦从远古记述到著者生活的唐朝。这个惯例持续到现代以至当下，在不同版本中国美术史通论的"目录"页中一目了然，即便是外国人写的热门教科书——如英国美术史家苏立文的《中国艺术史》——也不例外。[42]

　　以朝代史作为美术史叙事框架的最大功效，是把不同地点、不同种类的"中国艺术"现象——包括莫高窟的创始和发展——纳入一个统一的时间坐标系，从而可以相互联系和比对，同时也将美术现象与其他文化、宗教、经济、政治现象通过"共时"和"异时"的联系置入各种原境之中，从而使美术史家得以进一步发展历史阐释和解说。但这也意味着，使用朝代史框架的最有效的场合是撰写综合性的通史或断代史，而不是对特定而具体的艺术客体进行细致考证。其原因首先是朝代史总是粗线条的，而特定艺术客体的内涵则会细致得多，与之直接有关的事件未必总是王朝更迭，而可能是地域、宗教、家庭、个人等种种因素。每种因素都具有特殊的时间性，都需要细致地衡量和描述。这些细微的时间系统不是外在和先设的，而需要从作为研究对象的艺术客体的内部提取，我将其称为"内部时间"（intrinsic time）。

这种微观的"内部时间"与宏观的"朝代时间"并不相互排斥，二者可以平行存在甚至在特殊时刻发生互动和融合。这种情况实际上不断出现在莫高窟的发展过程中，下节中将会反复提到。但在更多情况下，建筑空间的改变以及绘画和雕塑风格的演进，并无法以朝代变更或其他政治事件直接说明和严格分期。值得注意的是，当马德通过观察洞窟的崖面位置重新思考莫高窟的发展过程时，这个新的观察视角已经隐含了窟群"内部时间"的存在。但是在当时主流学术的影响下，"崖面使用"研究仅被看成是获取洞窟断代证据的一个渠道，用马德本人的话来说就是"利用石窟外貌进行分期、断代、排年研究方面的一种辅助手段"。[43]以此为纲，他笔下的莫高窟崖面历史仍在先设的"朝代时间"框架中展开，从十六国（主要是前凉、西凉和北凉）、北魏（分为前期和后期）、西魏、北周、隋、唐前期、吐蕃占领时期，到张氏和曹氏归义军以及以后的民族政权。[44]我们在这里看到的是新型历史叙事与传统时间概念的调和，使我们再次回想起阿甘本在讨论时间与历史关系时的一个告诫，即学术研究往往聚焦于历史史实而较少思考其中隐含的时间性，以至于革命性的学术发现往往和传统的时间经验相互混杂，因此也弱化了前者的彻底性。[45]

对本书来说，阿甘本的警告促使我们在制定研究方案时采取一种更谨慎和彻底的态度：与其即刻着手确定每个洞窟的绝对年代并将之纳入"朝代时间"系统，我们首先希望做的是发现莫高窟的"内部时间"，也就是如上文建议的那样，把这个窟群看作一个不断发展变化的"活体"。我们希望首先了解的是它成长变化的形式和速率，同时也希望收集不同时代观者对它的视觉感受。严格地说，对这种"内部时间"的建构可以不依靠文献，甚至不必知道赞助人和营建者的姓名，其主要根据是石窟本身的物质和视觉内涵以及变化的空间形式。把这个相对闭合的"匿名"时间进程与具有绝对年代和明确人物的政治史挂钩，是莫高窟史研究中的下一项工作：历史学家业已付出大量劳动从文献中发掘证据，使我们得以确定若干时间点，将莫高窟的物质和视觉的历史与古代中国及敦煌本地的政治和文化历史进行对接，了解二者如何相遇并交织在一起。

莫高窟的"面容"

让我们回到本章的主题，即作为一个整体的莫高窟的历史演变。本节标题中的"面容"是一个比喻，指的是窟群的正面外貌，也是访问者到达此处感受到的第一视觉印象。我们对莫高窟"内部时间"的探求即从这里开始。

直至 4 世纪中期，被后人称作莫高窟的这片河边山崖尚人迹罕至，但不排除当地僧人已去那里筑室修禅。1963 年，考古学家在崖面中部今日地表之下 4—6 米处发现了三个早期洞窟（编号为第 487、488、489 窟），说明当时大泉河边的崖前地面远较后世为低，河旁的山崖也肯定会在视觉上更显突兀。[46]根据姚鲁烽与彭金章的研究，在之后的千年中，莫高窟前的地面增高了四米以上。[47]人们对崖面的观感自然也会相应改变。

当这三个窟被发现后，学者一般根据其中第 489 窟前部的"人字披"顶将其断为北魏。[48]一个未被充分重视的特点却是它们的位置：这群早期石窟和崖面上的第 268、272、275 窟上下对应，特别是 489 窟与 272 窟从山脚到崖壁中部连成垂直一线【图 2-11】。第 268、272、275 窟是公认的莫高窟最早带有壁画和雕塑的洞窟，常被称作"北凉三窟"，但其时代实际存有争议，已故佛教考古专家宿白就屡次将其定为北魏。[49]由于本节的目的是探讨莫高窟的内部时间，我们不必卷入这一具体论争，而可径直将这组石窟作为莫高窟的最早"整体"，其出现时间是 5 世纪中期。

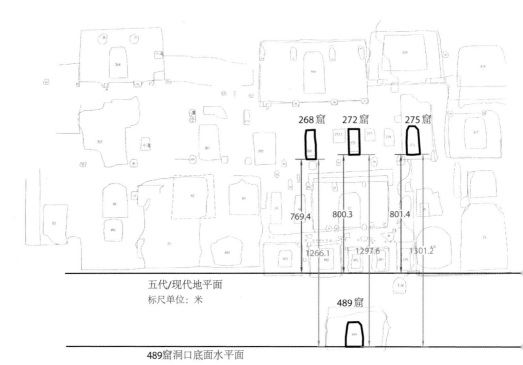

图2-11　第268、272、275窟与第489窟的对应位置和距离

　　这个初期的莫高窟有什么特点？首先需要提出来的是，它是作为一个建筑群设计、建造和使用的。第268、272、275三窟构成这个群体的核心，属于同一群体的还有第268窟两壁上开凿的四个仅可容身的禅室（编号为第267、269、270、271窟），第272窟左门两边的一对龛（北龛编号第273窟，南龛无编号），可能还有左近的第274和266窟【图2-12】。第274窟位于第275窟东南角，与第268窟中的禅窟同样规模。第266窟和第268窟毗邻，方向和深度一致，可能也是同时计划和开凿的。虽然敦煌研究院根据室内现存壁画将第274和266窟定为隋代，但它们的尺寸以及与左近洞窟的关系，说明其开凿之时属于莫高窟的最早窟群。实际上，类似的晚期壁画也见于第268及所附禅窟，有时绘于早期壁画之上。

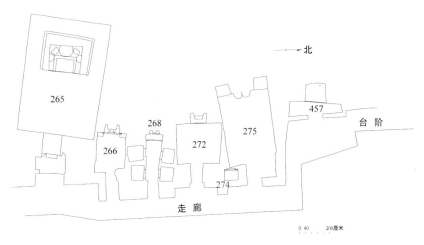

图2-12　莫高窟"原窟群"和邻近窟龛平面图

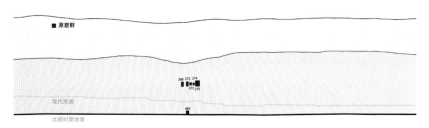

图2-13　莫高窟最早一组洞窟的崖面位置　据马德　周真如重绘

　　根据这组窟的形制和装饰，学者多认为其营建目的是实行"禅观"，即僧人坐禅和观像的所在。这一理论为窟中禅室和佛像的共存提供了理由（关于室内建筑和雕塑空间的讨论见本书第三章），也解释了为什么这组功能齐备、图像成熟的洞窟在莫高窟被首次创建的时候，所选的位置竟是在离地面 13 米高的崖壁中部，也就是《李君莫高窟佛龛碑》中所说的"架空凿险"【图2-13，参见图2-11】。〔50〕这个地点无疑给施工和观看带来了很大不便——虽然窟的尺度有限，最大的第275 窟也只有 3.4 米宽、5.8 米深，但在崖壁上开窟和绘塑明显会比平地操作困难得多，而且每次入窟都必须攀登高梯、鱼贯而入。导

图2-14 莫高窟前的大泉河 伯希和摄于1908年

图2-15 莫高窟山崖前的高树 罗寄梅摄于1943—1944年

图2-16　第272窟主尊佛像前的供养人像　6世纪末

致这一特殊选址的原因无疑是建窟者希望以此表达宗教虔诚和脱离红尘的愿望，这也是为什么甘肃境内时代接近的石窟，如金塔寺、马蹄寺、炳灵寺等地，均在悬崖峭壁上修造窟庙。禅观礼仪要求澄思寂虑、一心向佛。试想在此坐禅僧人的所见和心态：崖下宕泉河隔离了对岸的红尘世界，高树之巅的静室被转化为佛陀的天宫【图2-14，2-15】。凡有机缘来此观礼的信徒——第272和275窟佛像前也确有供养人画像【图2-16】——都必须举头瞻仰，攀援而上，在到达窟内之前已显示出自己的虔诚。

很多学者认为第268、272、275三窟构成一个功能相互搭配的佛教建筑群体，分别为禅室、佛殿和讲堂。这一解释的主要根据来自对三窟建筑和雕塑空间的分析，在下章中将详细讨论。此处希望再次强调的是：这个最初的窟群——为方便起见我称其为"原窟群"——是一个配置了禅观、拜佛等不同功能的整体。但莫高窟下一阶段的发展似乎并没有遵循这个多功能相互搭配的原则，所建构的多为并肩排列、形态相似的单窟或双窟。它们以既存的"原窟群"为起点，向南北两个方向不断伸展。马德把这个延伸过程分为四个阶段，各自在崖

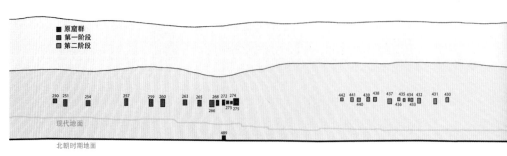

图2-17　莫高窟第一、二阶段的崖面　据马德　周真如重绘

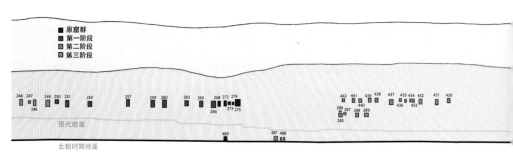

图2-18　莫高窟第三阶段的崖面　据马德　周真如重绘

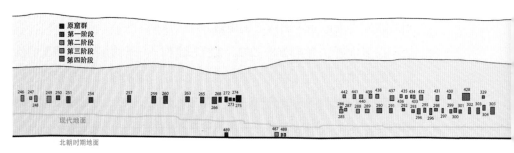

图2-19　莫高窟第四阶段的崖面　据马德　周真如重绘

面上开拓出新的领域。首先是第 268 窟以南的一排，自第 266 窟向南渐次延伸至第 246 窟（第 256 窟除外）。随之是北边的一排，自第 454 窟延伸到第 428 窟（第 275 和 454 窟之间的间隔可能是由后期崖壁塌陷造成的）【图 2-17】。两组在随后的第三阶段中都被继续扩展：南组向南增加了第 249 至 246 诸窟；北组下方则加添了新的一层，由第 285 和 288 诸窟构成【图 2-18】。此后第四阶段的特点是北组的长足扩展，增加了上层的第 428 窟和下层的第 290 至 305 诸窟【图 2-19】。

马德以"朝代时间"衡量这些变化，把这四个阶段分别定为北魏前期、北魏后期、西魏和北周。但是由于这些石窟多不具有绝对年代证据，也由于学者对不少石窟的建造时代意见相左，[51] 马德的断代只能看作是一个假说而非定论。对于本书来说，他所观察到的崖面变化隐含了莫高窟崖面使用的三个早期基本特点。一是最早建造的"原窟群"被赋予了"原点"的意味，向两旁放射出新的分支。第二个特点可称为"水平延伸"，即从"原窟群"发展出若干平行"窟列"。第三个特点是窟主对窟址的有意选择，有的跟随着已存的窟列，另一些则有意构成新窟列的起点。虽然我们无法确定这些不同选择的原因，但可以假设同列石窟的窟主之间可能存在着某种家族或社会联系。这也意味着如果一个窟主离开已存窟列营造新窟，他的这一决定很可能会包含对自我身份的考虑。一个很能说明这个现象的例子是第 285 窟：学者多认为这个形制特殊又极为华丽的大窟是东阳王元荣所建（见图 1-5），很可能他的北魏宗室身份和瓜州刺史职衔使他不甘"尾随"前人窟龛，而必须开启一个新的窟列。无独有偶的是，这个窟也是这一时期唯一题有朝代年号的洞窟，在窟内四处题写了西魏文帝大统四年和五年（538 和 539）的纪年，自觉地把这个石窟和政治史联系起来【图 2-20】。莫高窟崖面的"内部时间"和"外部时间"——石窟布局的持续变化和朝代史框架——因此在此点上首次交汇。相似的情况将继续发生，每次都显现为莫高窟历史中的一个特殊时刻。

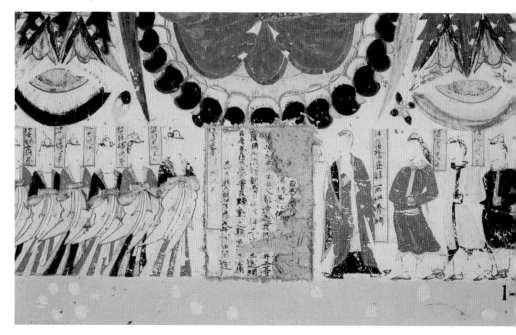

图2-20　第285窟中带有年号的发愿文　538—539年

根据马德的观察，莫高窟崖面上的石窟至6世纪晚期已形成上下两层，在随后的隋代和初唐向南北方向进一步扩展。他写道：上层"接428窟向北，营造了427窟至305窟一段，接428窟向南营建了246、244、242诸窟；下层即现在崖面上的夹层，接305窟向北营造了306窟至317窟一段，接285窟向南修建了282窟至64窟一段。"[52]这一时期还改建和重修了一些前代小窟。据马德估计，莫高

220窟 (公元642年)

窟从 589 年到 640 年的五十余年中共营造了近 90 个洞窟，将近每年两个，是莫高窟营造史上频率最高的。至此，"莫高窟已形成完整而又颇具规模的窟群崖面，上下两层洞窟悬空开凿在 600 多米长的崖面上，上层南起 242 窟，北至 376 窟，下层南起 64 窟，北至 317 窟，共计大小窟龛约 140 余"。[53]

与马德对此期洞窟的断代有所不同，樊锦诗、关友惠和刘玉权三位学者在《莫高窟隋代石窟分期》中将多达 110 个洞窟定在隋代，双倍于此前开窟的总和。[54] 由于建造石窟是费工耗时的事情，也由于这些窟中不乏规模宏大和制作精细者，很难想象隋代短短三十八年间能够完成如此巨量的石窟建设（即使其中一些是初唐完成的）。另一个存在的问题是这 110 个窟中只有三个中小型洞窟（第 302、305、282 窟）题有隋代纪年（分别为 584、605、613 年），更使我们思考是否有足够理由把这 110 个窟放在一起，置入"朝代时间"的稳固框架。本章提出的对莫高窟"内部时间"的探索，使我们可以暂时把朝代名号放在一边，转而聚焦于石窟建设的内在规律。

如果采用这个观点，我们看到的是上面提出的有关崖面利用的三个早期特点，在 6 世纪末到 7 世纪末的百年中继续发挥主导作用。首先，对已存窟列的水平延伸仍是增建新窟的主要模式。延伸的主要部分首先在北部，把已存的北段增加了一百多米。随后的建造则转向南部，以初唐翟家窟（第 220 窟）的修建为起点扩展出一个新的区域【图 2-21】。此窟位置距前代洞窟达 140 米之遥，肯定出于建窟

图 2-21　220 窟的崖面位置　据孙儒僩　周真如标注

人的着意选择。学者已经详细讨论了此窟引进的新式壁画程序。[55]
结合其特殊位置和原创图像，可以认为建造此窟的翟氏家族有意强
调其家窟的独立性，以此彰显家族的历史和功德（参见第一章中的
有关讨论）。但这一决定也影响了莫高窟整体外观的变化。

　　到 7 世纪末，已有 200 多个洞窟接续出现在莫高窟的崖壁上。
以上讨论使我们意识到，虽然莫高窟从 5 到 8 世纪间经历了多次朝
代变换，但它的扩建过程基本上遵循着一套持续的内在机制。一方
面少数窟主根据自己的意愿选择窟址，从而开拓出更多层次的窟列
和区域，另一方面所有这些层次和区域基本上都是通过水平延伸形
成，所造成的窟群也一直集中在崖壁中部，既不触及地面也不靠
近崖顶。[56]同一层次上的窟可能以外部栈道或岩体内的甬道相连，
并通过阶梯与地面及其他水平层次相接。可惜由于所有洞窟的前室
均已坍塌，因而无法复原。这种结构意味着每个窟只有进深狭窄的
窟前空间。虽然窟内空间大小差别很大，但对外显现的"只是一连
串的长方形孔洞，就和现在的榆林万佛峡相类似"。[57]由数百个带
有木构窟檐的这种单体建筑构成，整个窟群呈现为"悬浮"在崖壁
上的一个巨大蜂窝状结构，同时不断增加新的单元向两端扩展。吟
咏莫高窟的不少诗文以这一空中楼阁般的幻景为主题。《翟家碑》
碑文如此描写：

　　　嶝道遐联，云楼架回。峥嵘翠阁，张鹰翅而腾飞；栏槛
　　雕楹，接重轩而灿烂。绀窗晓露，分星月之明阶；阙藏春
　　朝，度幢彩云之［□］色。[58]

　　首次打破这一"嶝道""重轩"形象和营建机制的，是修筑于 7
世纪末、被唐代敦煌人称为"北大像"的第 96 窟【图 2-22】，其建
造见载于第 156 窟前室北壁墨书的《莫高窟记》："（武周）延载二
年（695），禅师灵隐共居士阴祖等造北大像，高一百四十尺。"此像

图2-22　20世纪初期的第96窟（北大像）外景　伯希和摄于1908年

的修建是朝代政治影响莫高窟建设的又一明证：学者一致认为它的
开凿与武则天的政治企图有直接关系。史载薛怀义等人于载初元年
（690）伪造《大云经疏》，颂扬武则天是天女下世，理应做阎浮提
主，入主天下。武则天随即敕令全国建造大云寺，北大像即为此官
方计划在敦煌的直接反映。该窟不寻常的政治意义使建窟者引进莫
高窟从未采用过的"大像窟"形式，从地面至崖顶雕凿35.5米高的
弥勒倚坐像，[59] 表面敷以膏泥然后彩绘涂金。围绕佛像依山崖建
造40余米高的四层木构建筑，从外观看如同一座雄伟壮观的楼阁。
圣历元年（698）树立的《李君莫高窟佛龛碑》如此咏叹此窟建成
之后的莫高窟：

　　碶山为塔，构层台以造天。刻石穷阿育之工，雕檀极优
　阗之妙。每至景躔丹陛，节启未明。四海士人，八方缁素，

云趋兮魤赫，波委兮沸腾。如归鸡足之山，似赴鹫头之岭。
升其栏槛，疑绝累于人间；窥其宫阙，似游神乎天上。岂异
夫龙王散馥，化作金台；梵王飞花，变成云盖。幢幡五色而
焕烂，钟磬八音而铿锵，香积之饼俱臻，纯陀之供齐至。极
于无极，共喜芬馨；人及非人，咸歆盛馔。[60]

北大像的建造不但给莫高窟增添了一个体量巨大的标志性建筑，
而且改变了莫高窟的整体面貌和建造逻辑。此前建造的数百个洞窟
中虽然不乏规模宏大者，但均从属于窟群整体，无一具有第96窟或
北大像的这种"主宰性"威力——它的出现顿时为莫高窟的崖面整
体提供了一个强大的视觉中心。在更深的层次上，这个窟在三个意
义上引进了一套新的建筑逻辑，大大丰富了莫高窟的视觉语言和象
征意义。首先，它对建筑和造像的比例进行了完全创新。其所有建
筑细节都远远大于以往的洞窟，所构建出的巨型空间将观者化为侏
儒般的存在。另一个革新是它对垂直结构的引进。如前所言，在此
窟出现以前，莫高窟的扩充是通过水平延伸实现的，历代形成的窟
列都集中在山腰中部。而作为一个具有多层楼阁立面的巨型窟，北
大像的突兀竖直形象隔断了山崖上原有洞窟的平行延伸。第三个特
点是这个纪念碑式建筑应是矗立在高大台基之上，因此与以往悬空
建造的洞窟具有本质的不同。[61]1999年在此窟前进行的考古发掘发
现了南北24.2米宽、东西9.4米深的唐代台基，以及面阔五间、进深
二间的底层殿堂。[62]礼拜者入窟后可以沿梯而上，升至不同层次观
瞻佛体（见图3-30），这种观看方式因此也改变了沿水平栈道巡览佛
窟的前例。

北大像把这种垂直的结构和运动模式引入莫高窟。二三十年后，
又一个"大像窟"——俗称"南大像"的第130窟——于开元年间
（713—741）开始营建，为莫高窟增加了另一个"顶天立地"的视觉
中心【图2-23】。此后在9世纪中出现了一系列"垂直石窟组合"，应

图2-23　第130窟（南大像）外景　8世纪中叶　伯希和摄于1908年

是受到这两个大窟的启发。其中第156和161窟组合紧邻南大像，可以看作是后者的延伸；[63]第234和237窟组合则靠近北大像。另两个"垂直石窟组合"出现在窟群的南北两端，似乎指示着此时莫高窟的边界。北端的建筑俗称"三层楼"，自下而上由第16、365和366三窟组成【图2-24】。它的建造者洪辩——又称吴僧统或吴和尚——在吐蕃占领敦煌时期（781—848）任沙州释门都法律兼摄副教授，迁释门都教授（见图1-32）。之后他于大中二年（848）协助张议潮收复敦煌，于大中五年（851）被唐宣宗敕封为京城内外临坛供奉大德、充河西释门都僧统、摄沙州僧政、法律三学教主并敕黄牒。"三层楼"最下层的"吴和尚窟"（第16窟）就是在此年建造的，与之前开凿的第365和366窟共同构成彰显自己功德和权力的纪念碑。[64]

　　这些例子使我们思考这些"垂直窟"的特殊象征意义——它们经常与特殊政治事件或人物相联系，以其不寻常的体量和醒目的视

图 2-24 "三层楼"自下而上由第 16、365 和 366 三窟组成 9 世纪 周真如摄

觉形象起到庆祝或纪念的作用，因此蕴含了与以往莫高窟窟群非常不同的时间性和纪念碑性。如果说 8 世纪以前的莫高窟通过数百年的积累造成了一个集合性壮景（collective spectacle），北大像和它的后续者则以突兀的单体建筑形象主宰着观者的视线。如果说翟家窟（第 220 窟）之类的家窟为了光耀家族历史和缅怀逝去祖先，将观者的视线和思绪引向往昔，北大像则回应着当下政治事件并预示着未来——这很可能也就是为什么此窟和第 130 窟（南大像）中的巨型佛像都以"未来佛"弥勒为题材【图 2-25】。到了 9 世纪，此时建造的"垂直石窟组合"多在崖顶竖立佛塔，进而把垂直性建筑结构引至崖面之外。[65]

图2-25　第130窟（南大像）中的弥勒像

南、北大像出现的另一个结果，是这两个核心建筑自然为莫高窟的洞窟位置引入了一种"等级"观念：离二者越近就越靠近整个石窟的中心，因此也就最被有权势的僧人和统治者需求。一个例证是称作"何法师窟"的第196窟，于9世纪中期建于南、北大像之间，接近莫高窟崖顶处，成为莫高窟位置最高的洞窟之一。据学者研究，此窟很可能是一个僧侣受戒的"戒坛"。《弥沙塞部和醯五分律》等律宗文献均强调戒坛应建造在"高胜处"，符合此窟的位置。[66] 此外，张氏归义军节度使张议潮的功德窟第156窟毗邻南大像；张淮深的功德窟第94窟紧邻北大像的底层北侧。曹氏归义军首任节度使曹议金以他们为榜样，把自己的功德窟（第98窟）建在北大像南侧。第二任河西都僧统翟法荣所开的第85窟，以及被称为"天公主窟"的第100窟，也都是围绕北大像开凿的【图2-26】。

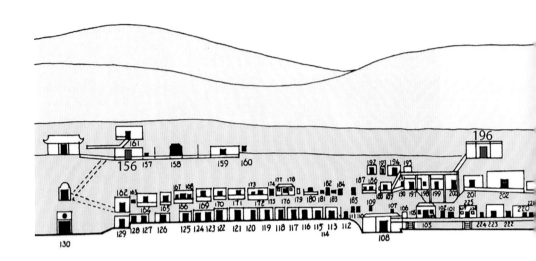

如果说南、北大像的建造标志着莫高窟整体形象的一个巨大变化，另一具有同等意义的变化发生在 9 世纪下半叶到 11 世纪之间，也就是敦煌历史上的"归义军"时期。一连串大型洞窟在这一时期出现于莫高窟崖面底层，其不同寻常的规模、窟前的华丽殿堂以及频繁的佛事活动，都给莫高窟创造了一个新的形象。[67]

根据文献资料和考古调查，这个新趋势是以第 16、94、85 和 138 等窟的建造开始的。这几个窟都属于张氏归义军时期（851—914 年，包括张承奉在 910—914 年间建立的金山国时期），其"功德主"都是和这个政权有关的重要人物。[68] 如上面谈到的第 94 窟是第二任归义军节度使张淮深的功德窟，建造在巍峨的北大像旁边，主室进深达到 16.5 米、南北宽 13.7 米，前面有宽敞的殿堂作为洞窟的入口。《张淮深碑》（即《敕河西节度兵部尚书张公德政之碑》）中的几句话——"檐飞五彩，动户迎风，碧涧清流，森林道树"——描绘出这个莫高窟底层洞窟的外景。而随后的几句话——"榆杨庆设，斋会无遮；剃度僧尼，传灯鹿苑。七珍布施，果获三坚；十善聿修，圆成五福"——则生动地描绘出在此进行的熙熙攘攘的宗教活动。[69]

第 16 窟和 85 窟是洪辩和翟法荣的功德窟，二人分别是首任和

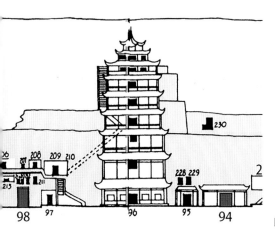

图2-26　围绕北大像建立的晚期大窟

继任都僧统，总管敦煌地区的宗教事务。上述第16窟（即"吴和尚窟"）完成了洪辩为自己建造的纪念碑。翟法荣窟主室进深11米、面宽10米，窟前殿堂遗址在1966年被发掘清理，考古工作显示窟前原来建有面阔三间的殿堂，南北接山崖筑山墙。殿内铺花砖，西壁即崖面画壁画。从平面和立面图上看，这个建筑及其地基突出于莫高窟山崖之前10米以上，形成与内部石窟相互衔接而对称的一个独立礼仪空间【图2-27a】。[70]

　　作为一种新型的莫高窟建筑，这种地面大窟在接下来的曹氏归义军时期获得了更为长足的发展，被当地的统治者和豪门大族所欣赏推崇。此期修建的这类建筑不仅数量多而且规模更大。现在参观莫高窟时看到的大型底层洞窟，如第98、100、108、85、61、55、53、22等窟，都是在这个时期开凿或扩建的，为显示其壮丽甚至不惜破坏相当数量的前代洞窟。称作"大王窟"的第98窟是"托西大王"曹议金的功德窟，建成于924年。窟内东西进深14.8米、南北宽12.6米，面积近200平方米，是当时平面面积最大的石窟。1966年发掘出殿前宽达21米的台基，上面原建有面阔三间、进深二间的殿堂【图2-27b】。[71]其南侧的第100窟是曹议金夫人回鹘天公

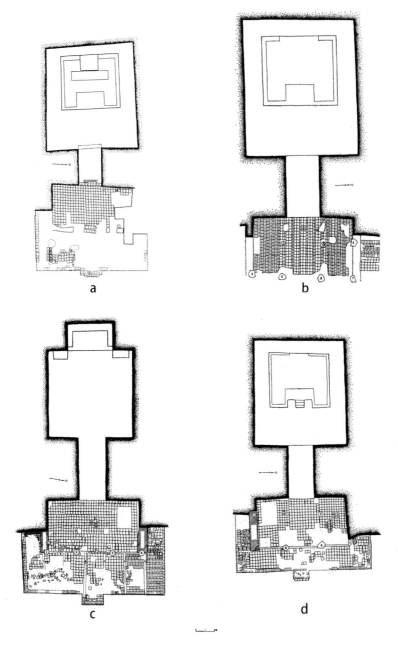

图 2-27　四个晚期大窟的窟前殿堂遗址。（a）第 85 窟（法荣窟）窟前，867 年；（b）第 98 窟（大王窟），924 年；（c）第 100 窟（天公主窟），924—925 年；（d）第 108 窟（张都衙窟），939 年

主陇西李氏的功德窟，在《腊八燃灯分配窟龛名数》中称作"天公主窟"。发掘出的窟前台基和殿基较为完整：台基高 0.6—1 米，周围立面包砖，在殿堂之外界定出一块属于此窟的开放空间【图 2-27c 】。[72] 此窟再往南是名为"张都衙窟"的第 108 窟，窟主为曹议金的妹夫张怀庆。窟前台基、殿基与第 100 窟近似【图 2-27d 】，说明在窟前建设这种宽大殿堂和平台已成为当时的定制。[73]

　　如果说这种带殿堂的大窟在 10 世纪前开始出现，它们到 10 世纪中叶已在莫高窟底层联成一气。从张都衙窟（第 108 窟）向北，天公主窟（第 100 窟）、大王窟（第 98 窟）、北大像（第 96 窟）、张淮深窟（第 94 窟）前的建筑几乎连在一起，为莫高窟的崖面提供了由木构殿堂组成的基地（见图 2-26）。窟面底层遂成为此时期之后的一个造窟集中地点。西夏统治敦煌期间（1036—1227）在崖面底层修建了第 35、39、27—30、467 等窟及窟前殿堂，并重修了南大像前的殿堂。1966 年在莫高窟前进行的发掘，又发现了元代统治敦煌时期（1227—1367）在第 61、85、21—22 等窟前建筑的殿堂遗迹。[74]

　　莫高窟崖面的另一重大变化也发生在曹氏归义军时期。1951 年6 月至 9 月，由陈明达、宿白、赵正之、莫宗江、余鸣谦五人组成的勘察组对莫高窟的自然环境、保存状况及建筑遗存做了非常重要的调查，报告由陈明达在 1954 年末执笔写出，发表于翌年的《文物参考资料》上。由于作者的专业领域是建筑史，这份报告记载了很多对莫高窟建筑遗迹的实地观察，更因为所记录的许多遗迹在以后的修复工程中消失而尤为可贵。勘察组的一项发现是莫高窟崖面上残存的大幅露天壁画。陈明达如此报告："在南区崖面由南至北有残存断续相连的大壁画一条，位置在距现在地平 6 至 10 公尺范围内。它的内容比例自成一格，有些建筑物的图画几乎和实物一样大。例如有一处绘一大佛殿和实物大小相似，柱子粗达 50 公分，在橡头及柱下段亦有建筑彩画，这是与洞内壁画绝无联系的。此项大壁画长期暴露在外，为风沙所磨蚀，模糊不清，就其模糊和褪色的程度一致来看，可以肯定这蔓延半里长的壁画是同一时期所作。由崖面所遗留整列的梁孔和壁画之能互相适应，以及各窟口宋代所作以黑、绿、白三色为主色之画面，和第 431 号窟檐宋画等相对照，又可以推断宋代曾大规模修建窟檐，改造窟门，绘作大壁画。"[75]

陈明达在此所说的"宋代"即曹氏归义军时期，特别是曹元忠、曹延恭、曹延禄执政年间（944—1002）。这一记录的重要性，在于引导我们发现崖面在此时发生的一个巨大变化：莫高窟在其历史上首次被作为一个建筑整体被修缮和改建，其背景是"曹氏统治者集军权、政权、财权、神权于归义军节度使衙，……寺院的修建，石窟的开凿，壁画、塑像的制作，都在归义军节度衙门的官吏和寺院都僧统、僧正的主持下进行。在瓜沙节度衙门内设有画院，置有都勾当画院使，下置都画行都料、都画匠、都塑匠等"[76]归义军政府得以利用这些资源和大量劳力对莫高窟进行全面修饰，建构统一的窟檐和栈道，并在崖壁上绘制露天壁画。从上引陈明达的记录和现存痕迹【图 2-28】看，这些壁画以五光十色的佛殿、祥云和天人形象，将莫高窟壁面上的真实建筑融入一个巨大的幻象，把整个山崖转化为佛国净土。

10 世纪出现的这种对莫高窟统一修缮、集中管理的局面，也解释了《腊八燃灯分配窟龛名数》的出现以及所反映的崖面管理情况。这份文书是一个名叫道真的主管僧人在 951 年腊八节前一天安排莫高窟"遍窟燃灯"仪式的布告草稿。如本书第一章中讨论到的，这个在十二月八日夜间举行的仪式是为了纪念释迦牟尼的降魔成道。从金维诺师开始，许多学者使用这份文献成功地推定了若干大窟的历史名称、崖面位置和拥有者。对本章讨论来说，这份文书非常有意义的一点是它把整个莫高窟分为由专人负责的十个区域【图 2-29】。[77]其主管既包括僧人也包括俗人，洞窟从名称看既有寺院窟（如灵图寺窟等）、社众窟（如令狐社众窟等）、家族窟（如翟家窟[78]、阴家窟、杜家窟、宋家窟、陈家窟、李家窟等），也有统治者和行政官员的功德窟（如

图2-28　莫高窟崖面壁画遗存痕迹　10世纪　周真如摄

图2-29　马德根据《腊八燃灯分配窟龛名数》绘制的莫高窟崖面区域分划　孙毅华绘

大王窟、天公主窟、司徒窟、太保窟、张都衙窟等）。后二者占绝大
多数。此外，不少窟以其建筑特征或崇拜的神祇为名，如大像（即北
大像）、南大像、大像天王、天龙八部窟、刹心佛堂、天王堂、文殊
堂、独煞神、狼子神堂、七佛堂、三圣刹心等。这些不同类型的洞
窟及其重叠交错的位置明确地显示出莫高窟的"融合"（syncretic）特
性，在佛祖光辉的笼罩下结合了不同的社会阶层与僧俗两界。在释迦
成道纪念日的晚上，整个崖面被七百多盏明灯照亮，其"圣灯照时，一
川星悬"[79]的景象最醒目地呈现出莫高窟作为一个"整体"的存在。

　　纵观莫高窟从7世纪末到10世纪末的发展，可以看到掌控当
地政治、经济和宗教权力的豪门大族对窟群的整体外观发挥了越来
越大的影响，通过建立政治性的大像窟和纪念碑性质的功德窟为这
个窟群添加了最为宏大辉煌的建筑，甚至力图将整个石窟转化成自
己政绩的记录。但所有这些雄心和努力仍不过是莫高窟建设的一部
分而非全部。另外三个自始至终的过程同时也在改变着莫高窟的面
貌——虽然以完全不同的方式。一个过程是中小型窟龛的开凿在莫
高窟从未停止，逐渐填满了窟面上的所有可用之处。另一个过程是
对旧窟的改建翻修，翻新时经常把前室和门脸加宽，使外观焕然一

孙毅华绘

新。同时也不乏毁旧窟以造新窟的情况。第三个过程是各种非计划的自然损害，与对崖面的不断营建形成持久的张力。此外，由于洞窟开凿于不同时期，而非出于通盘计划，在营造中出现损害的情形在所难免，如因排列过密以至洞窟之间的石壁太薄，不能支持崖层的重量而造成崩裂坍塌；或因上下层洞窟过于靠近而引起地面和藻井的塌陷。[80]1951 年的调查注意到历史上发生过若干次大型坍塌，造成整段崖面上栈道和前室的毁坏。所有这些人为因素和自然界的变迁都给莫高窟的整体外貌留下不可磨灭的痕迹。这个过程仍在进行：虽然莫高窟保管者的目标是使用愈益发达的科学技术将目前存在的遗迹最大程度地保存下去，但正如上世纪 60 年代的加固改建所显示的，聚焦于洞窟内部的保护造成了石窟整体外观的巨大变化。美术史家的责任因此总是在变化和保存的协商之间找到自己的位置和视点，探知业已消失的历史原状。

第三章

莫高窟的内部空间

继续走近莫高窟，窟面的整体从视野中消失，化为一排排窟门，一个个洞口，邀请我们进入它们的秘密领域。"秘密"的感觉首先来自洞窟这种古老建筑形式，以其幽暗深邃的内部唤起对另一世界的想象。开凿于山体之中，洞窟不具人为建构的三维外观，因此有别于常规建筑。在这一点上它与古代墓葬相似，仅有内部空面和构成这个空间的雕塑和绘画。但洞窟并不永久关闭，因此有别于墓葬，洞门和甬道连接着外部世界并向外开放。洞窟因此构成此世界与彼世界的交界和入口，跨过门槛便进入一个未知领域。来访者对这个领域的认知首先是通过自己的身体——这是他用以衡量洞窟空间的一个基本手段。实际上每个来访者都在不知不觉中使用自己的身体度量洞窟的维度和塑像的大小：这是个仅可容身的小窟还是个数倍于体高的巨构？塑像是与自身等大还是凌驾于视野之外，从而造成或亲和或威慑的效果？

第二个认知洞窟的手段同样来自观者自身——这次是通过他的运动，而导引运动的则是洞窟的空间结构。这个结构是把他径直带到所入洞窟的主尊之前？是引导他围绕中心柱在室中环行？抑或是通过限制身体的移动以激发出思维的穿越？对敦煌建筑有所了解的读者可以想象到这些问题隐含的三种主要洞窟类型——殿堂窟、中心柱窟和禅窟【图 3-1】。但本章希望探索的是如何把纸上的类型——常以高度理性化的平面图和立面图显示——重新内化为观者的切身经验，并在此过程中发现被类型掩蔽的更为细腻的空间感知。因此，标题中的"内部空间"不是建立在测量和数据上的理性归纳，而是对观者与洞窟之间的能动关系的想象性重构。为此目的我们将持续设想观者对特殊洞窟的主体反应，主要的根据即为上面所说的"身体"和"运动"两项。其他因素，诸如从前室透入的光线、洞窟深处升起的阴幕、烛光投下的人影、袅袅升起的香烟，都会影响人们对空间的感觉和意念，但大都只能诉诸诗意的遐想而无法切实重构。[1]与身体和运动的关系则是洞窟空间本身的特性，可以通过

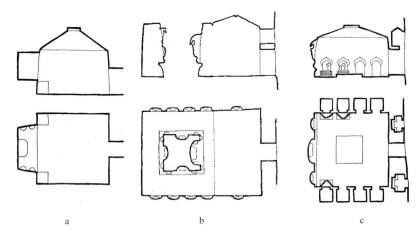

图3-1 （a）殿堂窟 （b）中心柱窟 （c）禅窟 萧默《敦煌建筑研究》 图10-2，5，9-2

观察和分析进行发掘。

　　让我们跟随一个想象的主体进入若干石窟，从他或她的不同感受中理解每个石窟的空间构成以及隐含的意图。随之需要决定的是选择哪些石窟去进入和体验——这个选择是必须的，因为我们要做的不是对莫高窟近五百个带有绘画和雕塑的窟龛做量化的类型学统计，而是希望发现单独洞窟的不同空间逻辑。为此目的我将使用我于2003年提出的一项研究敦煌艺术的方法，即选择一批具有"原创性"的石窟作为首要研究对象。我在该年发表的一篇文章中对这个方法作了这一简要解说：

　　　　所谓"原创性"，是指这些石窟的设计和装饰引进了以往不见的新样式。这些样式有的是昙花一现未能推广，有的则成为广泛模拟的对象。一旦把这类石窟大体挑选出来，我们就可以进而确定所体现的特殊建筑和图像程序（或称"样式"）的特点和内涵，并思考这种样式产生的原因或传入敦煌的社会、政治、宗教背景。[2]

　　具体到本章，我们所挑选的是在空间建构上引进了新样式的石窟。至于这些样式的来源和起因，这是更加广阔的题目，如详细讨论会牵涉到莫高窟以外的石窟和中国佛教艺术的整体发展，只能作为持续研究的目标留给将来。

原窟群：禅观之域

　　我们的起点必然是号称"北凉三窟"的一组，因为这是莫高窟现存最早带有雕塑和绘画的洞窟，作为首组"原创窟"标志着莫高窟艺术的开端，为了方便起见——也因为对这三窟的时代尚有争议——我称其为"原窟群"（见图 2-12，2-13）。我们对其创造者一无所知，但不管这些工匠是来自敦煌本地还是外地，他们肯定不是建造佛教石窟的新手：三窟共享许多建筑和图像因素但从不复制彼此，而是根据特定的宗教功能构建出相互呼应亦连续变化的建筑空间。

　　首先进入南端的第 268 窟，[3] 来访者看到的是一个纵向的长方形窟室，沿门道向内伸延，终止于西壁上券形小龛中的佛像【图 3-2】。第一感觉——就像我第一次访问此窟时感到的那样——是它的狭促尺度：1.85 米高的窟顶正好是我的身高；1.2 米宽、3.1 米长的"主室"更像一个甬道，每边墙上开凿的两个洞室进一步加强了这种印象。建造者无疑是以单独人身为参照设计了这个空间，因为只有一个成年人能够在其中回转。两壁所附的禅室将此参照系数压缩到极致：内部 1 米见方，每室只容一人盘膝蜗居其中【图 3-3】。这使我们意识到这四个孤立的禅室和整个狭促洞窟的空间设计目的，即通过最大限度地限制使用者的身体运动和彼此之间的交流，由此促进内向的精神扩张。这也解释了为什么四个禅室在建造之时都是光秃四壁，其中的壁画为后代所加。窟中的图像集中在直对窟门的正壁之上，这意味着当每名僧人进入窟中纳身禅室之前都会直面这个图像，打坐完毕出窟之前又会在此壁之前礼拜。

图3-2　第268窟内景　6世纪上半叶

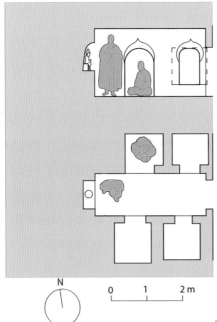

N

0　　　1　　　2m

图3-3　第268窟立面、平面图　周真如绘

图3-4 第268窟西壁

　　他们对之礼拜的是一座不大的交脚弥勒像，位于西壁上部中央
的券形浅龛之中【图3-4】。龛边缘的装饰带构成壁面上的一个内部
边框，既强化又协调了由二维壁面到三维龛像的过渡。装饰带起始
于下端的一对微型龛柱——居然装饰着希腊爱奥尼亚式柱头——然
后化为逐渐升高的火焰纹，在佛像头顶上方触及窟顶。佛像头部经

后代重修，但表情宁静的面庞与比例适中的身体仍十分协调。宽肩细腰的身体依印度式样右袒上体，紧贴躯干的袈裟若薄纱制成。佛像背后多重椭圆形背光之外，是八尊或立或跪的菩萨，上下两两成组，从龛内两侧延伸到龛外壁面。下层菩萨皆跪于莲花座上，花柄通往下方。有学者认为由于莲花生于池上，正壁下方原来应该画有莲池，[4]但也只是一种推测。目前佛龛下方的壁面被后世重新涂白，上绘僧俗男女供养人。此部分的白色基底与上方的赭红色调很不和谐，却使我们认识到西壁和窟顶共有的这种赭红色是洞窟原来的色彩基调。

其他两个因素进一步强化了西壁和窟顶在视觉和空间上联系，一是二者的同等宽度，二是其图像的联系和呼应。后者包括重复出现的飞天和莲花。飞天形象首先出现在西壁佛龛上方左右两角，似乎即将翱翔进入象征天界的窟顶。窟顶模仿木构建筑的平棋，以连续的彩绘方形天井组成。天井中部为飘荡着莲花的蓝色水池，环绕以四角中飞翔的天人，莲池与飞天之间又绘了两个从莲花中初生的童子【图3-5】。由于莲池是西方极乐世界的象征，而"化生"表现虔诚信徒正在来生进入佛国，这个建筑空间中的"窟顶"遂被转化成为宗教意义上的象征空间，即天堂或净土。西壁和窟顶之间的空间联系也从而被赋予了时间的连续性，从对佛陀的虔诚崇拜到脱离红尘上升佛国。结合此窟作为禅窟的功能，其狭促的建筑－雕塑－壁画空间因此具有了一个现实目的，即辅助礼拜者的精神升华。学者通过研究大约同期的文献和图像材料，作出习禅是当时普遍风气的结论。[5]坐禅者不但意图"断起灭以离尽，入定窟以澄神"，[6]而且希望"优游净土，常与佛会"。这后一语出于6世纪的《高昌缩曹郎中麹斌造寺铭》，碑文中还有"禅室连局，秘如兜率。……信坚者之神居，息心之妙所矣"等陈述，与此窟和"原窟群"中的另外两个窟都具有相当贴切的意旨。[7]

图3-5　第268窟窟顶第三组平棋

　　这种宗教目的把我们引到第268窟右邻的第272窟，从体量上看也是相当狭促的小窟，只有5平方米左右的地面面积【图3-6】。但如果访问者是从第268窟直接过来的话，他会有一种预想不到的豁然开朗的感觉，不但是因为窟的内部空间确有增大，而且也由于接近正方的窟形和向上升高的覆斗顶。[8] 充满墙面和窟顶的图像和雕

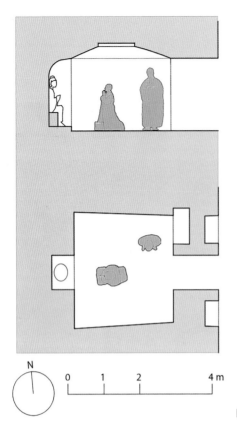

图3-6　第272窟立面、平面图　周真如绘

塑出现在井然有序、比例协调的界框中，在舞动的听法菩萨、天宫伎乐和庄严佛陀、静坐千佛之间构成视觉上的张力【图3-7】。西壁中央的券形佛龛被给予更大的进深，其中的坐佛因此缩入墙内，占据了窟中唯一的"壁后"三维空间。端坐于龛顶图绘的华盖之下，他的造型和着衣与第268窟中的佛像相似，但双足落地更增加了视觉上的稳定性【图3-8】。佛身环以四重身光和头光，其中绘有千佛、天人和光焰。在修禅僧人的意象中，这些千佛和天人正从佛身不断化现出来，处于石窟焦点上的专属佛陀的这个空间，因此也成为宗教奇迹集中发生之处。

壁龛之外的整个西壁被四十名供养菩萨填满，左右两边各构成上下四排、每排五位的听法场面。每位菩萨姿态不一，夸张的扭动姿态和飘动的绶带传达出聆听佛祖说法时的欣悦鼓舞【图3-9】。与这些生动形象形成鲜明对照的是南北两壁上的千佛：环绕着壁中心的说法图，他们以其凝固的图像和循环变化的色彩构成图案般的抽象视野

图 3-7　第 272 窟内景　6 世纪上半叶

图 3-8　第 272 窟主尊佛像

图 3-9　第 272 窟西壁佛龛旁的供养菩萨

图 3-10　第 272 窟南北壁上的千佛

【图 3-10】。这是千佛在莫高窟壁画中的首次出现，但已经具有这一题材的所有主要特性：以网格排列的无数小佛跟随同一图式，均结跏趺坐、结禅定印，其凝固的姿态打消了任何叙事意图。但它们之间的关系并非简单复制，而是形成循环往复的结构或格局。仔细观察会发现他们所穿的袈裟或通肩或双领下垂，一对对相间排列。其色彩则以八佛为一组，其中每身各不相同，不断循环，在墙面上形成斜向的平行色带。论者认为这是在表现"佛佛相次，光光相接"的意境。

　　这个窟也是莫高窟中采用"覆斗顶"的第一个，因窟顶四面呈斜披状，形如倒斗而得名（见图 3-6）。虽然此顶由于略微拱起并呈圆角相接还不构成最典型的覆斗，但它已涵盖了这类洞窟的两个基本空间特性，一是正方或接近正方的平面，二是从窟中央向上方的延伸，共同造成宽敞厅堂的感觉。这类洞窟因此也被称作"殿堂窟"，为莫高窟的未来发展提供了一个最流行的洞窟空间结构。与第268窟相比，此处顶部最高达2.7米，容许更为舒适的站立，但是从1.5米高佛像的尺度来看，设计者想象中的参拜者应该仍是采取跪拜或打坐的姿态，从这个角度仰视佛陀的面容和屋顶上描绘的天界【图3-11】。覆斗顶使设计者得以发展出更集中的空间结构，将第268窟连续的平棋天井浓缩为覆斗顶端的三重套叠的藻井。藻井中心的绿色区域表现莲池，藻井外四角绘飞翔天人，其作为天界的象征含义应与268窟一致。这个意义进而被环绕藻井的两层图像确定和丰富。首先是围绕覆斗顶底部的天宫伎乐：一带凹凸栏墙后是23个连续圆拱，其中的23位天宫乐伎或演奏各种乐器或踏歌起舞。然后是环绕洞窟顶部的一圈飞天，它们的位置和意义再一次使来访者想到268窟正壁顶端的类似形象，同样以它们的飞扬动感起到连接天顶和四壁的作用【图3-12】。

有的学者根据此窟的"殿堂窟"形制推测它的宗教功能可能是讲堂。但考虑到它长2米、宽2.5米的有限尺度，以及主尊佛像靠近地面的位置，它所提供的仍是以单独身体为参数的个人性空间。这个空间从四面八方涵容着参拜者的身躯，激发出他与佛界的交流和互动（见图3-11）。这个既精致又恢弘、充满音乐感和超验意味的小窟因此可能仍为禅观之用，四壁和天顶上的绘画、雕塑实现了参禅时"优游净土，常与佛会"的想望。这种想望在接下来的第275窟中得到了最强的体现【图3-13】。

这是三窟中最大的一个——我们忽然发现，从第268窟到第272窟再到第275窟，窟内的空间尺度几乎以成倍的速率增长，从1.85米的天顶高度到2.5米再到此处的3.6米。但增加速率更迅速的是佛像尺度，第275窟高及窟顶的主尊达3.34米，几乎是第272窟中佛像的三倍（见图1-11）。我们因此可以认为这是两个共生的变化：增大的空间允许造窟人展示硕大雄伟的佛像，而呈现这种佛像的愿望也必然促使空间扩张。

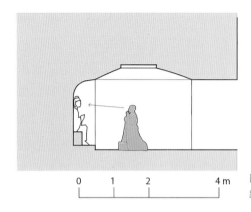

图 3-11　第 272 窟立面和想象的
跪拜者　周真如绘

图 3-12　第 272 窟窟顶

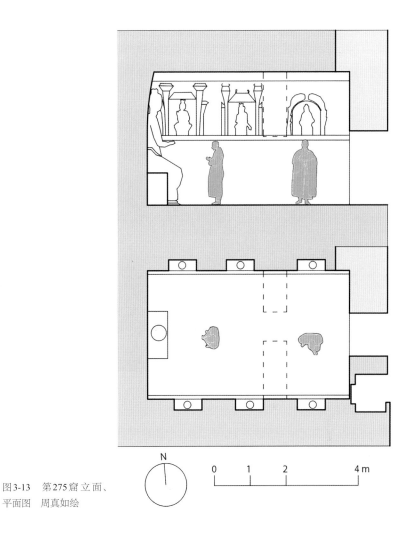

图3-13 第275窟立面、
平面图 周真如绘

　　与此相关联的是更深层次上的一个变化，即主尊和观者之间
的空间关系：第268窟的交脚弥勒坐在西壁上部远离地面的券龛中
（见图3-2）；第272窟中倚坐弥勒像的位置大大下降，但离地面尚有
一段距离（见图3-7）；第275窟的弥勒则坐在建于地面的基座上，交
叉的双脚轻触浮于地面上的两朵莲花，容纳佛像的凹陷券龛也相应
消失，这个佛教中的未来佛似乎从壁后空间浮现出来，与前来参拜
的人共处一室【图3-14】。从另一个角度看，参拜者也可以想象自己

图3-14　第275窟内景　6世纪上半叶

终于进入了弥勒的场域。这可以从此窟的设计布局中得到印证：整个窟的主题就是弥勒的"兜率天宫"，设计者在主尊两边南北壁的上半部，煞费心血地塑造了两组相对的微型阙形建筑，其中端坐着手印各异的交脚菩萨【图3-15】。学者们公认它们表现的是弥勒菩萨的天上宫阙，其中的菩萨通过不同手印向参拜者传达一系列信息。这些形象把参拜者的视线带回到主尊弥勒身上——他所施的"与愿印"意味他将满足众生所发的心愿。

把这三个窟作为一个整体观察，我们发现它们既具有许多共享因素——如第268和275窟的弥勒主尊和三窟共有的天宫图像——又显示了持续的变化。关于它们之间的连续性，除了上面谈到的空间与佛像尺度的递级增加以外，第275与268窟之间的呼应也值得注意。以往进行的莫高窟分类一般将第275窟定为殿堂窟，但它与左

图3-15　第275窟北壁

方的第 272 窟——这是一个更为典型的殿堂窟——明显有别，而与隔着第 272 窟的第 268 窟有着耐人寻味的相似之处。二者都有狭长的窟室——第 275 窟在后代被隔断，原长近 6 米，大约是宽度的两倍。观者进入二窟后的第一印象都是引向主尊的深邃空间。二者都为平顶——虽然第 275 窟窟顶的最初结构由于后代重修而不甚明确，"但大致可辨明顶部中央为纵长方形，四边有略向下倾斜的斜披顶形式"。[9] 两窟在狭长的南北壁上都开有两两相对的门洞——虽然第 268 窟的门洞通向坐禅的斗室，而第 275 窟的门洞则象征了兜率天宫的入口。在没有更多证据的情况下，我们难以决定这些类同的意义，但可以认为两窟在空间上的呼应是有意而为的——特别是因为夹在中间的第 272 窟具有明显不同的建筑和图像程序。上文的讨论引导我们设想第 268 和 275 这两个窟可能代表了禅观的起点和终点——从斗室中的艰苦实践到最终进入天宫的升华。据《佛说观弥勒上生兜率天经》，得生兜率净土者可以面见弥勒菩萨，而兜率净土犹如一座华丽宫殿，其中天女、乐器、树声、水声时时演说佛法妙音。这也正是朝拜者在第 275 窟中的切身感受。

中心柱窟：塔庙巡礼

每当一个充满绘画和雕塑的洞窟出现在莫高窟山崖上，它就成了敦煌人的永久宝藏：他们可以不断回到那里观看前人的手笔，他们之中的建窟人更可以从流传下来的建筑、雕塑和绘画样式中不断获得灵感，作为设计新窟的参照。这个持续不断的过程开始于上节讨论的"原窟群"，许多迹象表明它们在莫高窟以后的建造中发挥了持续的作用。一个例证是由第 272 窟开始的"殿堂窟"逐渐发展成为一种基本的洞窟样式，为以后上百个洞窟所采用。另一例证是这组石窟为以后的石窟设计者提供了各种建筑和装饰要素，使之得以创造出博采众长的混合形态。著名的第 285 窟或东阳王窟就是这样一个

图3-16　第285窟内景　6世纪中期　孙志军摄

标本：它带有覆斗顶的方形窟室，使人联想到不远处的第272窟，而侧壁上开凿的一系列禅室又明显反映出第268窟的影响【图3-16】。有意思的是，此窟出现在"原窟群"大约百年之后，应该是反映了某种复古意图，而这类禅窟在此之后就从莫高窟南区消失，转移到不事雕饰的北区。

　　与这种借鉴早期洞窟相对立的另一机制，是对过往模式的拒绝和对新模式的引进。这个机制的发生也和"原窟群"紧密相关，但出于对这些已存石窟的一个截然不同的态度。上章在讨论莫高窟崖面历史变化的时候，我们注意到在"原窟群"出现之后，莫高窟下一阶段的发展显示为以此窟群为核心向南北两个方向的延伸，建构了一字排列的多个单窟或双窟，主要包括自第266到246窟的南边一排（第256窟除外）和自第454到428窟的北边一段（第275和454窟之间的间隔可能由后期崖壁塌陷造成）（见图2-17）。上章没有提及的是这些新窟具有一种全新的窟内空间模式，明确显示出造

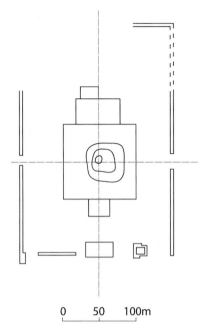

图3-17　塔庙例证：洛阳永宁寺遗址
6世纪早期　周真如绘

0　　50　　100m

窟者对传统的改辙更新。这种新模式在石窟考古和美术史写作中
一般称作"中心塔柱窟"或"中心柱窟"，但"塔庙窟"这个名称
可能更能揭示其内涵，原因是根据学者的大量研究，我们知道这种
窟的原型不仅是"塔"而且包括了以塔为中心的"庙"。如洛阳永
宁寺和河南嵩山嵩岳庙所示，这种塔庙在塔周围或后方辅以佛堂，
"院中的空地正好供僧徒绕塔回行"[10]【图3-17】。除了建筑结构上
的类似，古代文献也提供了重要材料，证明这种以塔为核心的寺院
是中心塔柱窟的原型。一个例子是下文将谈到的《李君莫高窟佛龛
碑》碑文，在描述第332窟（李克让窟）的建筑程序时说"中浮宝
刹，匝四面以环通"，明确将"宝刹"（即塔）和环塔空间作为该
窟中相辅相成的两个核心建筑元素。

　　对本章的讨论来说，这些新窟与佛寺的联系见证了一种新的空
间概念，在大约从5世纪后期至6世纪早期这一阶段以不可抗拒之
势主宰了莫高窟的建设（敦煌研究院定为"北魏"的十二个窟中，

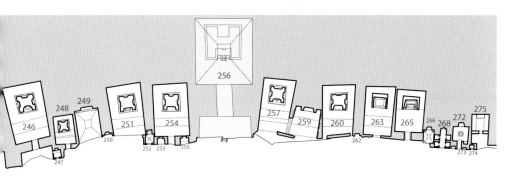

图3-18 第265和263窟 以及邻近洞窟

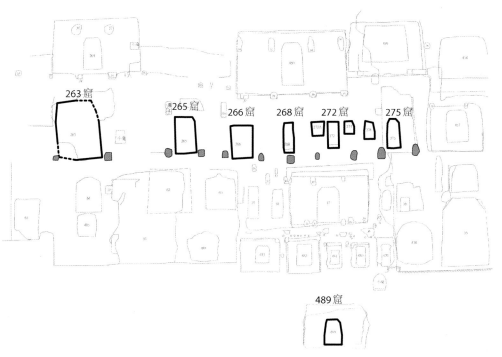

图3-19 "原窟群"与邻近洞窟的栈道在崖面上残留的孔洞 周真如绘

十个跟随了这一新风尚）。从崖面使用的角度判断，最早引进这种模式的窟应该是与"原窟群"比邻的第265和263窟【图3-18】——这两个窟的尺度和结构极为相似，可能响应了云冈北魏皇室石窟中的第1-2窟和第9-10窟的"双窟"组合。但由于这两窟在10世纪以后被全部重修重绘，原始状态难以复原，我们将以紧接它们的第260窟作为新一代"原创窟"的代表进行分析。

此窟的形制、尺度和装饰都和再往南一点的第257窟非常近似，可能也构成了一对"双窟"。二者之间的259窟则显示为一个未完成的

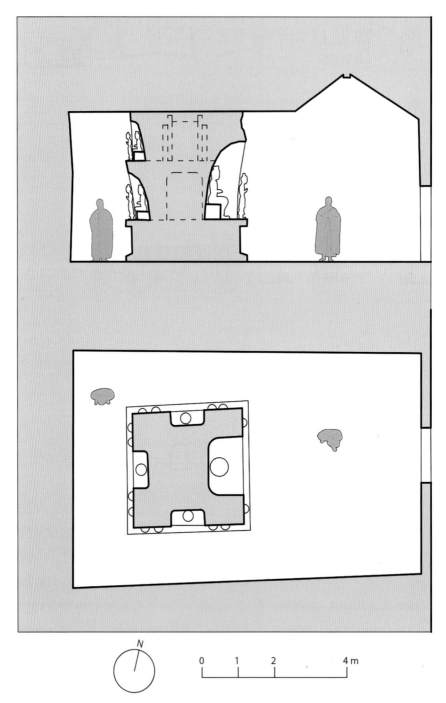

图3-20　第260窟平面、立面图　周真如绘

中心塔窟的前半部，后半部因将触及 260 窟南壁而未建（见图 3-18）。这些新窟和早期的"原窟群"处于同一水平面上，崖面上残留的孔洞表明原有栈道连接这两组窟【图 3-19】。如果参拜者从右边的"原窟群"一路过来，他进入新窟的第一印象会是空间规模的突变：第 260窟的进深近 10 米，最宽处 6.4 米，面积比"原窟群"中最大的 275 窟还要大上一倍【图 3-20】。而且，此窟前部模仿一间覆以人字披顶的木构建筑，最高处达 5 米，比 275 窟高了 1.5 米左右。虽然此窟前壁已毁，但参照保存较好的第 254 等窟，其入口上方原来开有相当大的明窗将自然光线引入窟内，也增加了室内空间宽敞通透的感觉。[11]

　　洞窟尺度的突然增长隐含着新的空间概念：这些新窟的设计不仅是为了禅观的打坐和默想，而且提供了拜佛和绕塔的场地，将整个寺院浓缩入连贯的石窟空间之中。从基本结构来看，这些窟都以人字披顶下的前部、中心塔柱和环塔回廊三部分组成。莫高窟的早

图 3-21　第 260 窟室内
6 世纪后期

图3-22 第260窟前部人字披顶

期洞窟一般不设单独前室，中心塔柱窟前端的人字披顶实际上隐含着前室的概念，与平顶的内部构成空间的对话【图 3-21】。建造者在人字披顶的两面斜披上用硬泥塑造出写实的木椽，上绘建筑装饰纹样【图 3-22】。人字披顶两端山墙上以实木制作斗拱，更强化了仿木屋顶的真实性。

　　披顶下与中心柱前的空间共同构成敞亮的前厅，在建筑形式（木构屋顶、梁柱）和礼仪功能（拜佛、参禅）上都指涉着佛堂的参拜空间，为朝拜者在窟中提供了履行这些仪式的场所。面向窟内，他们将朝着中心塔柱正面龛中的倚坐主尊，两边则是千佛围绕的佛陀说法图像，在内容和形态上都呼应着"原窟群"中的第 272 窟（见图 3-7，3-10）。这个空间进而与塔柱周围的回廊相接，引导信众进行随即的"绕塔"礼仪。佛教典籍反复教导，绕行佛塔不但能使信徒接近佛陀，开启心中佛性，而且能使众生免于堕恶。学者一般认为，在第 260 窟

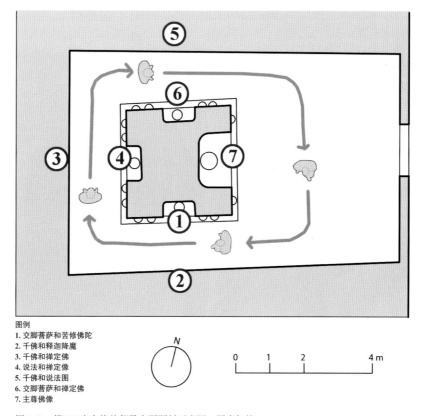

图例
1. 交脚菩萨和苦修佛陀
2. 千佛和释迦降魔
3. 千佛和禅定佛
4. 说法和禅定像
5. 千佛和说法图
6. 交脚菩萨和禅定佛
7. 主尊佛像

0   1   2   4 m

图3-23 第260窟右旋礼仪及主要题材示意图 周真如绘

这类中心塔柱窟中，信徒应从左侧开始，沿顺时针方向围绕塔柱旋览一周。在此过程中，塔柱上的雕塑与墙上的壁画逐一映入行礼者眼帘，以特定的次序和组合传达佛教教义【图3-23】。

当参拜者沿此"右旋"仪轨在窟中绕行时，他们将从中心"塔"的东边（或正面）转到南边，在那里他们将被两组佛像夹持：右手边中心柱上是以雕塑形式表现的两层佛像——上层阙形龛中的交脚菩萨和下层双树圆券龛中的苦修佛陀【图3-24】；左手边则是以绘画形式表现的千佛和释迦降魔【图3-25】。[12] 再巡至塔后的西面，此处壁面上的千佛围绕着禅定中的佛陀，而右边中心柱的上下两层则展示着说

图3-24　第260窟中心塔柱南侧佛像　伯希和摄于1908年

图3-25　第260窟南壁壁画　降魔成道

法和禅定像。走到洞窟北部，左方壁面上的佛陀被千佛环绕，在鹿野苑中说法；右方中心柱的上层再次出现阙形龛中的交脚菩萨，回应着塔柱南面上层图像，下层佛像则从苦修变为禅定。信徒们在此之后转回到中心柱正面，在敞亮的"佛堂"中再次向主尊行礼。

在这个过程中，洞窟的另外三种建筑和视觉因素也协助强化了礼拜者的空间感知。首先是石窟顶部的变化：如果说前部的人字披顶引导视线纵向升高，发现椽间彩绘的排排菩萨和枝叶相交的莲花（见图3-22），那么中心塔柱周围覆满平棋图案的平顶则显示了另一种空间秩序，引导信众沿水平方向完成绕塔礼仪（见图3-21）。其次是三维雕塑和二维绘画所造成的视觉张力。信徒在绕塔过程中将发现所有雕塑形象均集中于中心塔柱：不但四面龛中的佛像和龛外的胁侍菩萨以立塑表现，而且围绕主尊的无数供养菩萨也都以浮塑（或称影塑）方式制成，然后粘贴在中心柱上覆盖每一寸柱面（见图3-22）。与此相对，四壁上的佛像和千佛都以画笔在二维壁面上绘出。一个颇有兴趣的问题因此浮现：为什么这两种艺术形式被用在洞窟的特定地区？[13]其造成的视觉张力又意在何为？我们无法从任何典籍中找到对这些问题的回答，以繁复影塑覆盖塔柱也并非中心塔柱窟的通例（此窟是现存影塑最多的莫高窟石窟之一）。可能此窟的设计者希望赋予中心塔柱以最强烈的视觉力度和真实性，因此采用了雕塑的方式给予它突出的三维形象。最后，此窟的一个重要视觉因素是墙壁顶部和底部的连续装饰带，顶部饰带由天宫伎乐组成，底部饰带则描绘了一长列药叉。这两种图像分别与天、地相接，但在视觉上共同起到把整个洞窟纳入一个完整空间连续体的作用。

总的来说，中心塔柱窟从5世纪末至6世纪初在莫高窟的流行，应该与"绕塔"礼仪在此时的盛行相关。因此一旦在窟内实行这种礼仪的风气消退，中心塔柱窟的数量也就迅速减少，至6世纪晚期和7世纪早期已是零星出现。但数量少不等于不值得重视。实际上，此时建造的有限的中心柱窟不是形制特异就是建制宏大，修窟人对这种

图3-26　第302窟内景

"往昔"窟形的坚持必有其特殊考虑。值得注意的一个现象是，虽然这些窟仍被学者分类为中心塔柱窟，但其中"塔"的概念已经相当薄弱甚至消失殆尽。如具有明确纪年的第302窟（584）以及和它形成一对的第303窟，窟中心的塔柱被重新塑造为顶天立地的须弥山【图3-26】。但这种奇特形式仅是昙花一现，从此再未见到。大约同时期的第292和427窟虽然保存了中心柱并承袭了传统窟形，在前后分

图3-27　第427窟内景　6世纪晚期至7世纪早期

别使用人字披顶和平顶，但将窟的内部空间进行了重新划分。洞窟前部被转化成独立于后部的一个礼仪场域，由三组极其雄伟高大的塑像环绕和界定【图3-27】，[14]中心塔柱的四面因而被纳入两个空间。此窟尚保存宋代乾德八年（970）重修的木构前室，其中天王力士的身形仍显示出早期风格。从这个前室走入窟中，朝拜者感到进入了一个神秘的大殿，被高达五米的群佛和菩萨环伺和逼视。

这些例子说明当一种窟形出现之后，它的内部空间会被不断地更新和再造。"窟形"与"空间"之间的关系因此处于持续的调整和演变之中。在已存窟形中引入新空间概念和相关实践的石窟，可以被看成是次级的"原创窟"。上述的第302、303、427、292窟均属此类，因为它们都对中心塔柱窟进行了空间上的再创造。这个"再造"过程被建于圣历元年（698）的第332窟（李克让窟）延续到唐代。此窟在窟形上跟随着第427和292窟，主室前部环立巨大的

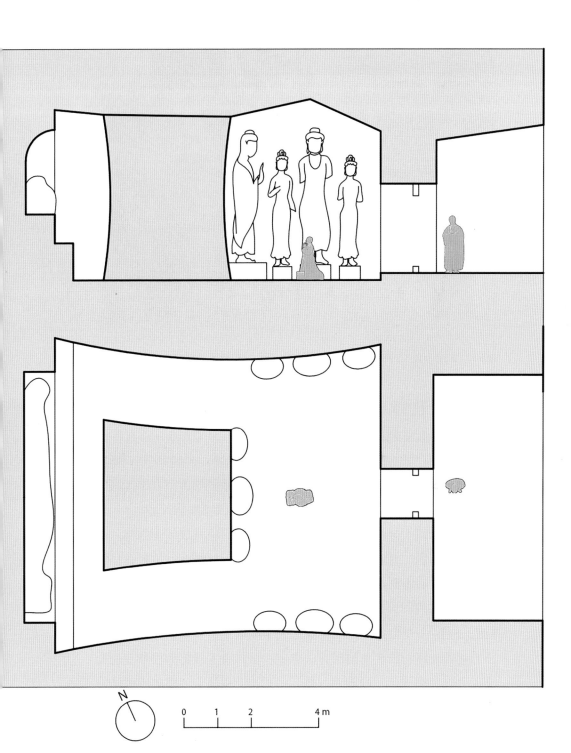

图3-28 第332窟立面、平面图 周真如绘

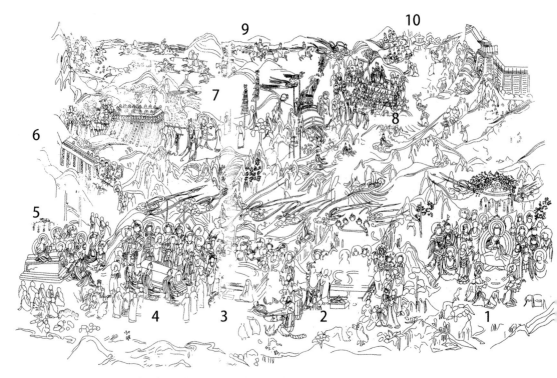

图3-29　第332窟南壁上的涅槃经变壁画线描图　图上序号表示情节的先后顺序

三世佛塑像【图3-28】，但在其他方面则对中心柱石窟作了进一步更新。最明显的是洞窟后壁上开凿了扁平佛龛，其中供奉了5.6米高的涅槃佛像。这一样式无疑取自新疆龟兹地区，那里的中心柱窟经常在后部描绘或塑造涅槃佛像，窟前壁则绘弥勒佛在兜率天宫中说法，以此表达由过去到未来的时间过渡。[15] 第332窟（698年）的主旨与此相同，但使用了新的图像和空间语汇将其进一步强化。与龟兹石窟有别，此窟南壁上绘了一幅浩大的涅槃经变，从释迦临终遗教、双树病卧到八王分舍利、起塔供养，对佛祖涅槃的始终进行了史无先例的详尽表现，同时也把"涅槃"主题从后室延续到前室【图3-29】。一个值得注意的现象是画中的叙事情节从右方向左方和上方逐渐发展，因此与绕塔方向相逆。虽然有人以此为根据建议此窟中进行的绕塔是左旋而非右旋，但从窟的整体看，更可能的情况是绕塔礼仪已经不是此窟空间设计的主要因素。设计者将中心柱窟作为一种特殊建筑词语使用，通过把这种往昔窟形与新式的大型叙事画相结合，以传达这个石窟的特殊"当下性"（contemporaneity）。

大像窟和涅槃窟：参拜佛身

第 332 窟是个非比寻常的名窟，一个重要原因是它的前室中原立有一通称作《李君莫高窟佛龛碑》或《圣历碑》的石碑，是窟主李义（字克让）于此窟在武周圣历元年（698）完成时树立的。碑文先述天地开辟至武周盛世的宏观历史，次叙莫高窟创建四百余年以来的发展过程，再追述窟主李义的祖先家世，延及李义兄弟效仿亡父榜样，在崖面上"更造佛刹"的功德，最后以"勒丰碑兮塔前，度后昆兮可悉"之语结束。[16] 在莫高窟的历史上，这是第一篇把营造独家石窟放在如此广阔历史叙事中的文字，也是第一次以树碑立石的方式纪念开凿石窟的创举，不但明确揭示出石窟作为家族和个人纪念碑的意义，而且在敦煌开启了"窟碑"的先例，成为后人效仿的对象。此窟对多种建筑和绘画形式的综合，很可能就来源于窟主对洞窟历史意义的这种自觉。我们在碑文中读到李义兄弟如何"乃招巧匠，选工师。穷天下之谲诡，尽人间之丽饰。驰心八解脱，缔想六神通。远扣寂灭之乐，后起涅槃之变。中浮宝刹，匝四面以环通；旁列金姿，严千灵而侍卫"。[17] 文中说到的塔窟建筑形式和涅槃题材，明显都出于窟主的特意选取，而非简单跟随当时的流行风尚。

编号为第 96 窟的"北大像"始建于 695 年，与李克让窟是同期工程。如上章介绍，这个纪念碑式窟庙在莫高窟崖面的发展中开创了一个新纪元，从窟形和空间设计上说都是当地一个极为重要的"原创窟"（见图 2-22）。它的产生是当时中央和地方政治互动的结果，通过以下事件展开：

天授元年（690）四月，僧法明等撰《大云经》，言太后乃弥勒佛下生，并颁于天下。该年九月，百官、沙门、道士等劝进，武氏称帝。该年十月，敕两京诸州各置大云寺一区以藏《大云经》。

天授二年（691）一月，敦煌百姓阴嗣鉴于平康乡武孝通园内见五色鸟，头上有冠，翅尾五色，丹觜赤足。同年得百姓阴守忠（阴祖之子）状称："白狼频到守忠庄边，见小儿及畜生不伤，其色如雪者。"

延载二年（695），禅师灵隐共居士阴祖等造北大像，高一百四十尺。

为了彰显其特殊的政治意义，此窟特将中原地区的"大像窟"模式引入莫高窟，以造成最大的视觉震动。在山崖上雕凿硕大佛像的实践可追溯到 4 世纪的巴米扬石窟和龟兹石窟大像，以及 5 世纪的云冈石窟。北大像则跟随唐代的新样式，以多层木构楼阁覆盖依山雕凿的巨佛。虽然经过历史上的数次修复这一建筑已难窥原貌，但从历史文献中可知初唐原构由四层组成。[18] 每层开有明窗，引入自然光线照亮庞大的内部空间【图 3-30a】。该建筑底层是一个宽阔的"大像堂殿"，其名载于藏经洞中发现的《敦煌录》（S.5448）："其山西壁南北二里，并是镌凿高大沙窟，塑画佛像。每窟动计费税百万，前设楼阁数层，有大像堂殿"。这个记载已被窟前发现的遗址证实【图 3-30b】。[19] 殿内两边原有四大天王的巨大塑像，在《腊八燃灯分配窟龛名数》卷子中被称作"大像天王"。礼拜者通过狭窄甬道瞥见主室中的佛座，走进主室则发现自己站在巨型佛像的脚下，目光随佛体向上无限延伸【图 3-31】。佛陀的体量和空间的深邃使礼拜者感到佛力之无穷与自身的渺小，就像《增一阿含经》中描写的那样：

> 如来身者，为是大身，此亦不可思议。所以然者，如来身者，不可造作，非诸天所及。……如来身者，不可摸则，不可言长、言短，音声亦不可法则。如来梵音、如来智慧，辩才不可思议，非世间人民之所能及，如是佛境界不可思议。[20]

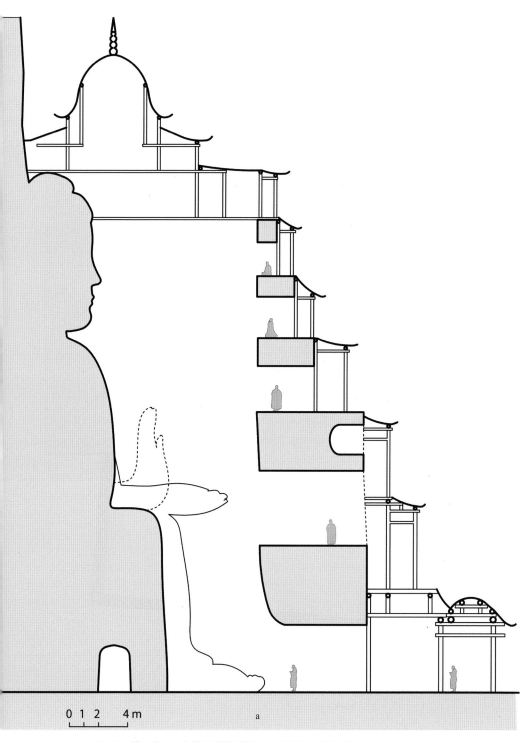

0 1 2　4m

a

图3-30　第96窟（北大像）结构示意图　（a）立面　周真如绘

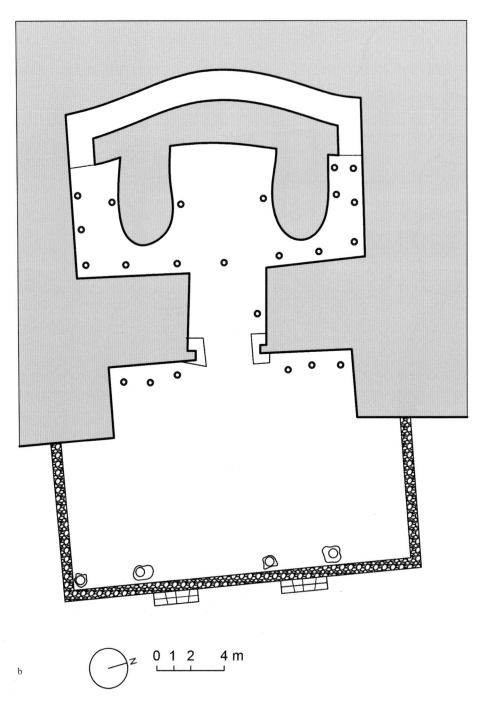

b

图 3-30　第 96 窟 (北大像窟) 结构示意图　(b) 平面　周真如绘

图3-31　从第96窟底层看主尊佛像　695年

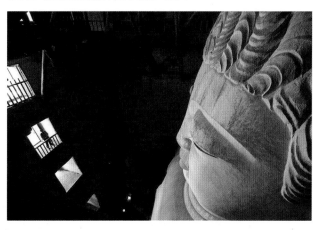

图3-32　从第96窟最上层看洞窟

　　从这个角度看，佛教艺术的最终目的就是让信徒得以接近和目击这个"不可思议"的神圣佛体。因此在掩盖大像容貌的同时，北大像窟的木构楼阁也提供了走近佛的通道：楼阁各层之间有竖梯连通使礼拜者得以逐级而上。在攀登过程中他从佛的脚下升到膝盖、胸部和头部，在不断增高的望台上巡览佛陀的身体【图3-32】。[21]当他到达最高一层直对佛面的时候，他所获得的不仅是观看过程的完成，还是自我宗教意识的升华——通过对硕大佛像的朝圣他得以观瞻佛陀"不可思议"的整体。

　　同样的视觉和空间逻辑也见于大历十一年（776）修建的李大宾窟（第 148 窟）——这是出现于盛唐时期莫高窟的又一重要的原创窟。它最大的原创性在于开启了"涅槃窟"形制。在此之前，如上面讨论过的李克让窟，涅槃图像仅构成洞窟壁画和雕塑程序的局部，大多出现于后墙上（见图 3-28）。但李大宾窟可说是为了一尊硕大涅槃像量身制作的建筑——这尊涅槃像身长 14.40 米，头南脚北，累足横卧。而石窟主室也作横长形状，长 15.8 米、宽近 7.95 米、高 7.63 米【图 3-33】。释迦像及所卧床榻占据了窟室的大部分面积，留给礼拜者一个狭长空间浏览洞中的雕塑和绘画。

　　此窟与北大像窟的相似基于两个基本特征：一是佛像尺寸的巨大，二是室内空间的局促。二者之综合造就了一种特殊的观看方式。就像在北大像窟中一样，参拜李大宾窟的信众也必须通过积累视觉经验以获得佛陀圣体的整体观感。此窟也有一个相当宽阔的前室，天王力士的塑像胁侍着通往主室的甬道。当参拜者从前室走向主室，他能够看到的只是卧佛身段的中部。即使进入主室，他也仍然无法看清卧佛的全部，而只能在佛台前的狭窄空间中左右移动，巡视横卧的佛身【图 3-34】。在行走的过程中，佛身后站立的举哀菩萨、比丘、国君和天人以及一幅巨大的《涅槃变》壁画也都一步步进入视野【图 3-35】。这幅壁画根据《大般涅槃经》绘成，横贯南、西、北三壁。巨幅画面包括由 66 个情节组成的 11 个部分，通过辨识遗留的榜题可确定为"临终遗教""纯陀供养""入般涅槃""入棺""棺盖自启为母说法""金棺自举""送殡""香楼焚棺""求分舍利""收取舍利"和"起塔供养"。这幅画高 2.5 米、长 23 米，总面积达到 58 平方米，是莫高窟最大的经变画。

　　学者公维章对此窟中的壁画做了详尽研究，指出它们在若干方面具有独特的原创性，除了上述的最大《涅槃变》壁画以外，还包括莫高窟最早的《报恩经变》和《天请问经变》，最早的三种密教观音（不空羂索观音、如意轮观音和千手千眼观音），以及最早的两旁

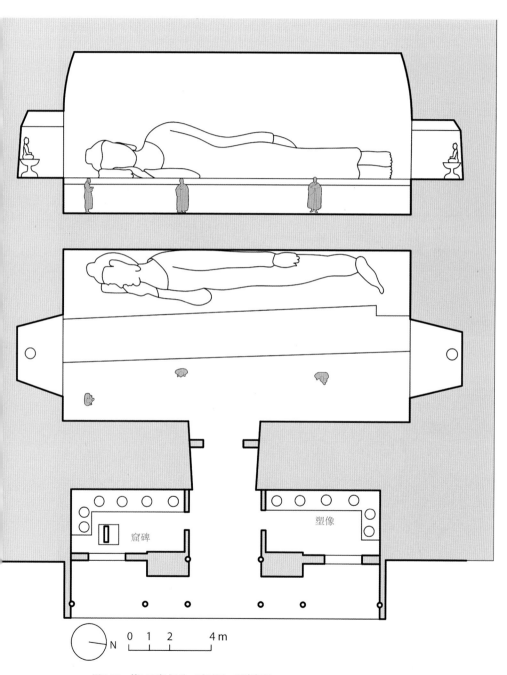

图3-33　第148窟立面、平面图　周真如绘

图3-34　第148窟内景　孙志军摄

图3-35　第148窟西壁壁画局部（焚烧金棺）

带有"九横死"和"十二大愿"的中堂式《东方药师净土变》构图。[22] 所有这些画面都被以后的洞窟模仿，成为中晚唐时期莫高窟流行壁画题材中之翘楚。一个窟中有如此众多的新题材和新形式不可能是偶然的，而必然是出于建窟者自觉的"原创"意图。颇具兴味的是，此窟窟主李大宾出身于敦煌望族陇西李氏家族，上文讨论过的李克让窟（第332窟）就是其家族先辈建造的窟庙。实际上李大宾窟在很多方面有意呼应李克让窟——诸如涅槃的主题和树碑纪事的举动。正如李克让窟前室中曾有《李君莫高窟佛龛碑》，此窟前室南厢也立有《大唐陇西李府君修功德碑记》（亦称《大历碑》），碑文结构与前碑十分相似，也特意记录了窟主本人"千金贸工，百堵兴役，奋锤聋凿，剖石聒山"的倾力投入，以及为该石窟选择的种种绘画题材。[23] 这一家族传统进而被李大宾的后人延续：他的孙子李明振在协助归义军节度使张议潮收复河西之后，对家族先辈修建的窟寺尽力修复，并于乾宁元年（894）在《大历碑》背后加刻了《大唐宗子陇西李氏再修功德记》（或称《乾宁碑》），碑文中说：

> 命驾倾城，谒先人之宝刹；回顾粉壁，念畴昔之遗踪。瞻礼玉毫，叹鸿楼之半侧。岂使林风透阔，埃尘宝座之前，峣岭阳乌，曝露茶毗之所。嶝道之南，伏有当家三窟，今亦重修，泥金华石，篆籀存焉。于是乃募良工，访其杞梓，贸材运斫，百堵俄成。鲁国班输，亲临胜境，云霞大豁，宝砌崇墉，未及星环，斯构矗立。雕檐化出，巍峨不让于龙宫；悬阁重轩，晓万层于日际。[24]

看来李氏家族不但是一个具有深厚佛教信仰、以建窟行动巩固血缘世系的家族，而且是一个富于原创雄心，立意在莫高窟引领艺术潮流的家族。我们在此看到的是敦煌家窟中所隐含的"家族时间"，作为莫高窟"内部时间"之一种激发出持续的创造欲望。

背屏窟：人界与佛界的交会

背屏窟是"背屏式殿堂窟"的简称，殿堂窟的基本特征包括四阿覆斗顶、方形窟室和开放室内空间。这种窟形与莫高窟共生，最早的代表作是"原窟群"中的 272 窟（见图 3-7），至隋唐时期发展成莫高窟的最主要洞窟形制。礼拜者进入窟室后正对西壁佛龛中的佛陀以及两侧的弟子、菩萨及天王，墙壁上的绘画亦可尽收眼底。虽然侧壁中心的说法图有时以三维雕塑表现【图 3-36】，主龛的形式也有"敞口""重层"等不同式样，但这些局部变化都只对窟内的建筑和雕塑程序进行了微调，并没有改变开放室内空间的基本性质。殿堂窟的一个重大的变化因此表现为对主体空间性质的调整：人们在佛窟中心建造了独立的佛坛，上置佛、菩萨、弟子、天王塑像。由于这个变化，宗教礼拜的对象从墙内被"请"到墙外，从窟室后部移到中心【图 3-37】。礼拜者不但在进窟瞬间就能清晰地瞻仰到这些神像，而且可以从两旁甚至四周观望，感到自己真的处身于佛陀神域之中。

这一新式样可称为"中心佛坛殿堂窟"，在唐代甚至更早时期已有出现，至 9、10 世纪成为一些大窟的样式。[25] 但也就是在这后一时期，一种新式的佛坛殿堂窟出现并迅速获得达官贵人的欢迎，成为他们为自己或家人建造功德窟的流行式样。其醒目标志是在中心佛坛后部竖起一面顶天立地的背屏，上与四阿顶的西披相接，背屏前部在立体佛像背后和两旁绘身光、头光以及菩提双树等图像【图 3-38】。这种窟因此获得"背屏式殿堂窟"或"背屏窟"的名称。建筑史家萧默在其《敦煌建筑研究》一书中提出这种形制应来源于当时的木构佛殿建筑。[26] 此说可从，因为现存唐代寺庙中的佛殿，如五台山佛光寺大殿和南禅寺大殿，都在佛坛后部设扇面墙或以主尊背光上通室顶，以此对佛像前后的室内空间进行分割，因此与莫高窟新出现的背屏式殿堂窟具有同样的空间观念。从礼拜者的实际感

图3-36 第384窟 8世纪

图3-37 第205窟内景 7时期末期至8时期早期

图3-38 第16窟内景 9世纪中期

受来说，与通常的覆斗顶殿堂窟和中心佛坛窟相比，背屏式殿堂窟
更明确地标识出视线的焦点和空间的等级：背屏前的佛陀被赋予帝
王般的威严，高踞于胁侍弟子、菩萨、天王之上并统辖整个石窟的
空间。[27]对"视觉秩序"的这种重视进一步鼓励了对称原理的普及，
贯彻洞窟建筑和装饰的每一方面。如中心佛坛前的阶陛既强化了洞
窟的中轴线概念，又把人们的视线引向坐落在中轴线上的佛像及身
后的背屏。窟室四壁和顶部的装饰也采用了严格的对称原理，以佛
坛为中心在墙壁上图绘相互对应的经变画，下部则是相向而立的供
养人像。窟顶四角被做成凹进弧面，其中绘有隔室对应、飞扬在天
的四大天王。

　　一个尚未被学者回答的问题是：是何人把这种影响极大的原创
模式介绍到敦煌？而这一模式又是通过何种途径赢得了当地统治者

和豪门大族的青睐？这两个问题其实并不难回答，因为大型背屏式殿堂窟一般都有明确的造窟人和建造年代，比较容易梳理出一个年代关系。通过这种年代学研究我们可以确定莫高窟的第一个——也是最大的——背屏式殿堂窟，即本书已提到数次的位于莫高窟崖面北端的第 16 窟或"吴和尚窟"，由生活在 9 世纪的敦煌名僧洪辩法师修建。

洪辩是敦煌地区在吐蕃占领时期和张氏归义军时期影响极大的一位高僧，对当地的政治和宗教事务都有深度卷入。根据藏经洞内的《洪辩告身碑》和其他记载，他在吐蕃占领时期任敦煌佛教教团的最高僧官都教授，当张议潮起兵推翻吐蕃统治时他率僧尼部众给予有力支持，随后派弟子悟真随张议潮使团一起入朝，于大中五年（851）获唐宣宗敕赐告身，为京城内外临坛供奉大德，充河西释门都僧统，摄沙州僧政、法律三学教主并敕黄牒。作为吐蕃时期之后的首任河西都僧统，洪辩在张氏归义军时期敦煌佛教界的地位可说是无人可比。第 16 窟就是在 851 年这个关键年份建立的，因其俗家姓氏也被称作"吴和尚窟"。

实际上，在此之前洪辩已经深度卷入莫高窟的石窟营建。敦煌卷子中的《吴僧统碑》写本（P.4640-5）记载他在吐蕃时期曾"开七佛药师之堂"，即《腊八燃灯分配窟龛名数》所说的"七佛堂"和今日的第 365 窟，又在莫高窟崖顶建"法华无（元）垢之塔"。[28] 大中五年被唐朝敕封河西都僧统后，他更是以开凿远为宏大的第 16 窟作为对这一事件的庆祝和纪念，这也就是为什么他同时在此窟甬道边的一间小室里——也就是后来的"藏经洞"和今日的第 17 窟——树立自己"告身碑"的原因。了解到这个缘由，他采用内地流行的佛殿样式设计这个纪念性建筑，在莫高窟建造一个此地从未有过的"背屏式殿堂窟"，就完全可以理解了。实际上，由于这个窟位于他在此之前营建的第 365 和 366 窟之下，三窟形成一个垂直连续建筑体【图 3-39】，可以认为这三个洞窟共同构成了洪辩为自

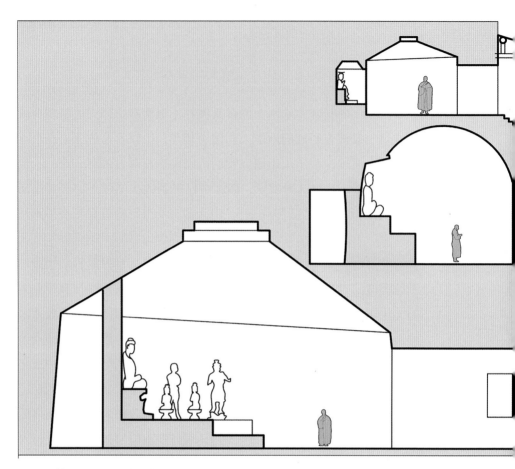

图3-39　第16、365和366窟形成的共同体

已建造的功德窟。

　　作为莫高窟的首个背屏式殿堂窟，吴和尚窟开在莫高窟崖面底层，由木构前室、甬道和主室组成【图3-40】。此窟工程量极大，一个原因是为了避开已经存在的七佛堂或第365窟，设计者把进深16.9米、宽14.5米的新窟主室建设在山崖深处，以一条7.2米长、4.6米高的甬道与前室相连（见图3-39）。这也说明将第365、366和16窟纳入一个垂直三层结构必定是有意为之，否则完全不必花费这么大力量在此处山崖深处开凿这个超大洞窟。吴和尚窟主室的中心佛坛上的背屏连接窟顶，前有马蹄形佛床（见图3-40）。目前坛上有一铺九身塑像（见图3-38），背屏正面画菩提宝盖、双凤衔环卷草背光和迦陵频伽卷草项光，四壁覆盖以千佛图像，甬道顶画棋格团花图案。

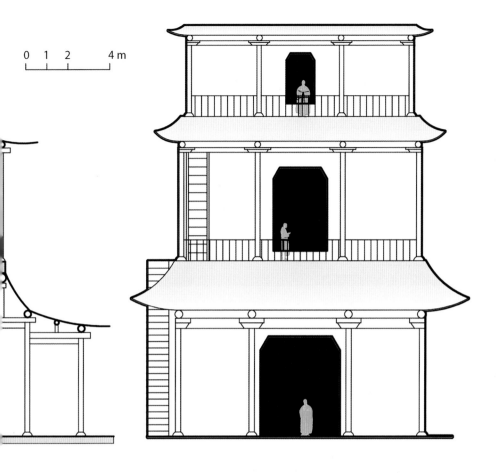

这些雕塑和绘画多为后世所制，难以作为研究原窟状态的根据。但是值得注意的是，从若干底层晚唐壁画的迹象来看，此窟没有在甬道和主室下部绘制大型供养人像，因此与以后的典型背屏式殿堂窟尚不相同。这就引出了另一个问题：在洪辩于9世纪中期将背屏式佛殿引入莫高窟之后，是哪些窟进一步完善了背屏式殿堂窟这种空间类型，将建筑、雕塑和壁画纳入程式化的形式？

这个问题把我们的目光引到第94窟（张淮深窟）和196窟（何法师窟），这两个9世纪晚期的洞窟。此二窟在莫高窟历史上都很重要，但其重要性却有所不同。第94窟的窟主是张议潮的侄子张淮深，是867年到890年间的敦煌统治者。此窟是他在中和二年（882）之前为自己建的功德窟，[29] 规模极为浩大，主室进深16.5米、宽13.7

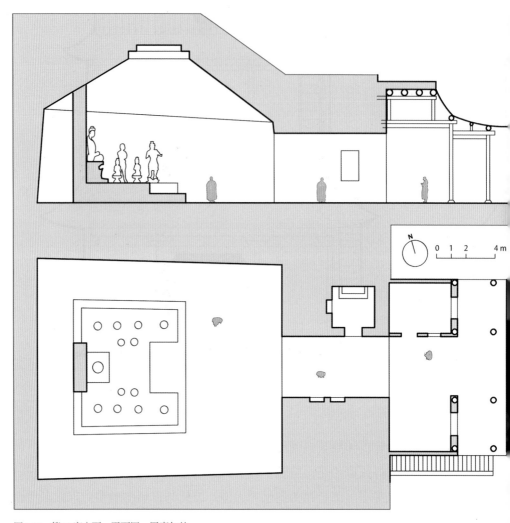

图 3-40　第16窟立面、平面图　周真如绘

米，是晚唐时期最大的洞窟【图 3-41】。坐落在"北大像"隔壁的地面一层，它的位置也显示出窟主不同寻常的身份（见图 2-26）。遗憾的是室内墙面均被后世重绘，佛坛上的塑像也都为后加，我们只能根据两类信息探知该窟原状。一类是剥出的底层壁画中的供养人像和题记，其中甬道北壁上有"前河西十一州节度"张议潮像，使用

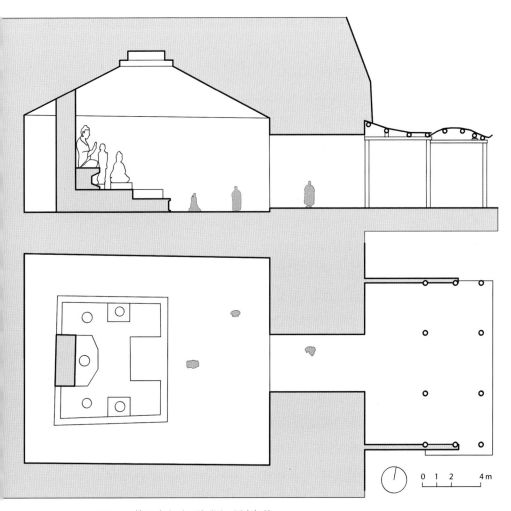

图3-41　第94窟立面、平面图　周真如绘

的称谓是"叔"；主室南壁上有"武威郡太夫人巨鹿索氏"像，使用的称谓是"母"。此窟窟主因此为张淮深无疑。另一类信息得自与此窟有关的文献，特别是将敦煌文书 S.6161、S.3329、S.6973 和 P.2762 拼接缀合而成的《敕河西节度兵部尚书张公德政之碑》碑文。其中说"□□□龛内塑释迦牟尼像，并侍从一铺，四壁图诸经变相一十六

铺"。[30] 两类材料合起来，说明主室墙壁上部原来绘制了一排排的经变图画，甬道和主室墙壁下部则是两列供养人画像，其中包括窟主张淮深的先辈和他之前的敦煌统治者。

比较吴和尚窟和张淮深窟的平面图和中心佛坛上背屏的形状（见图 3-40, 3-41），二者可说如出一辙，后者明显借鉴了前者的设计。与此类似，建于大约十年之后的何法师窟（第 196 窟）也显然参照了洪辩功德窟的样式——除了相似的窟形和背屏之外，其前室西壁门上方的"七佛"也使人想起洪辩"开七佛药师之堂"的记载。与张淮深窟不同的是，何法师窟是莫高窟少有的保存完整的晚唐石窟，因此值得较为细致的观察和介绍。

以往的美术史写作经常把这个精美洞窟的雕塑和壁画作为晚唐敦煌艺术的代表作品【图 3-42】，但未从礼仪空间的角度思考它的贡献。值得注意的一点是，这个背屏式殿堂窟是由一位僧人主持修建的。金维诺最早指出其为《腊八燃灯分配窟龛名数》中所记的"何法师窟"。他的两条根据，一是窟中所画的供养人多为"何"姓而且有"故父"这样的称谓；二是窟内东壁南侧第一身供养人手持香炉，旁边题名为"窟主管内释门都法律京城内外临坛供奉大德阐扬三教大法师沙门口智"。[31] 虽然姓名不可尽读，但根据第一条理由其俗家姓应为"何"，而其宗教职衔是"大法师"，此窟因此是"何法师窟"无疑。[32] 关于何法师其人我们知道得很少，学者梅林认为他可能就是沙州净土寺的"何老宿"，[33] 但线索也就此中断。实际上，此窟本身对他的身份提供了相当多的信息。首先他的头衔非常明确，是当地的一位地位崇高的主管和尚，"临坛供奉大德"的称呼特别指出他主持"戒坛"礼仪的职责。此外，他的画像十分高大，后面跟随了十位和尚，由题名可知大多属于乾元寺，也指示出他作为僧团领袖的地位【图 3-43】。

若干学者已著文论证此窟是一个僧人受戒的"戒坛窟"，所举证据包括前室中的《毗尼心》题记（《毗尼心》是僧人学习律学的纲领

图 3-42 　第 196 窟中的菩萨雕像 　9 世纪后期

图 3-43　第 196 窟中的"何法师"和其他僧人供养像

性撰述）、高僧传戒图，以及其他与"菩萨戒"有关的画像。[34] 所作结论相当有说服力，也可说明何法师为什么采用了早年佛教大德洪辩创修的背屏式殿堂窟为样板，以佛坛占据窟室中心。但从这个窟的整体设计和改造来看，其作为戒坛的功能只是它的一个方面，其他特征还包括整窟壁画的组合，以及非僧人供养人与此窟的关系，都对理解背屏式殿堂窟的发展过程有重要意义。

　　这个窟位于南、北大像之间，接近莫高窟崖顶处，是莫高窟位置最高的洞窟之一（见图 2-26）。这一特殊位置使它免受洪水之灾，其栈道塌毁后也很少有人能够进入，因此受到较少的自然和人为破坏。除了主室中遗留的精美雕塑和壁画之外，最难能可贵的是前室尚存大半，是目前莫高窟崖面上唯一一座唐代木构屋檐建筑【图 3-44】。这个窟因此提供给我们丰富的线索以想象历史上的朝拜者在访问它时所获得的空间感知。首先，由于此窟离地面 30 余米，对它的访问必须通过重重栈道和扶梯攀援而上，朝拜本身因此已经隐含了来访者的宗教虔诚。朝拜者进入前室后首先看到的是与

图3-44 第196窟前室

僧人受戒有关的图像和文字。在此之后，近 4 米长的甬道在建窟初期也可能展示了僧人形象。[35] 甬道之后是一个相当宽敞的空间：进深 10.4 米、横宽 9.8 米的方形主室上方的覆斗顶高达 8.5 米【见图 3-45】。礼拜者在进入这个空间后马上面对窟室中央 80 多厘米高的佛坛，上塑一佛、二弟子、二菩萨、二天王【图 3-46】。主尊释迦牟尼背倚通顶的高屏，结跏趺坐于宝座上，双手作说法印。佛身后背屏上画头光、背光及华盖，两侧是对称的菩提双树。主尊两侧站立着高大的彩塑迦叶和阿难，前面则是栩栩如生的菩萨和天王像。2 米以上的整组塑像被近 1 米高的佛坛托起，更显得高大威严，从上往下俯视着跪拜的礼佛者。

与洞窟和塑像的对称结构一致，四壁的壁画也两两相对，构成相互呼应的左右两组。从窟门开始，北边画普贤变，南边则画文殊变。再往里，北壁从东至西画三幅竖形构图的经变画，分别为弥勒经变、药师经变和华严经变，南壁按照同一方向也画三幅同样尺寸的经变，分别为金光明经变、阿弥陀经变和法华经变。后壁通壁画

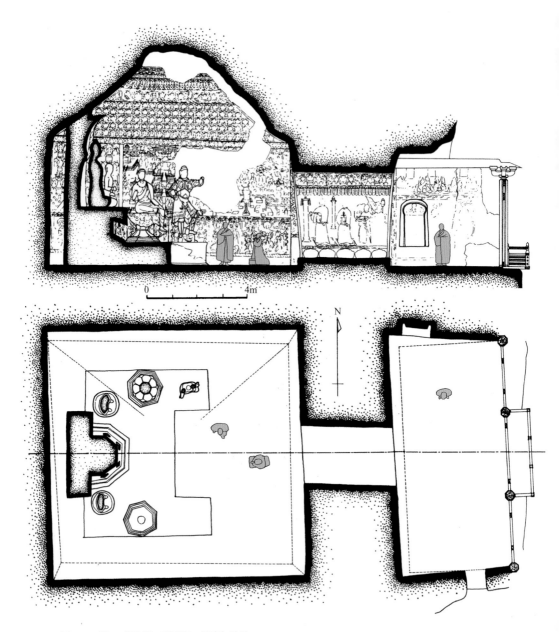

图3-45 第196窟立面、平面图 周真如改绘

图3-46　第196窟中心佛坛

劳度叉斗圣故事，如本书最后一章中将要讨论的，该画采用了敦煌壁画中最典型的"二元式构图"，因此圆满地完成了此窟的对称结构。由于洞窟主室位于甬道之后的山崖内部，礼拜者在烛光之下不可能看清壁画的所有细节。他的主要的观感来自统筹一切的对称性，引导他将注意力不断集中到洞窟中心的佛坛上。

由于文献记载此窟"四壁图诸经变相一十六铺"，它的壁画设计应该与张淮深窟（第94窟）非常相似，以对称的经变画覆盖墙壁上部。两窟墙壁下部的绘画主题也相同，都表现人间的供养人，但具体内容则有不同。细审何法师窟中的供养人像，其组合与变化的含义很值得寻味。如上文所说，目前主室门南为何法师并乾元寺僧人供养像。与之相对的门北人像则全都是"何"姓的男供养人，由于其中有三位"故父"应该表现的是一个大家族成员，这个窟因此也可以被看作是何氏家族的"家窟"。供养人像表现的第三种人既非僧侣又非家庭成员，而是敦煌地区的政治人物，根据甬道中画像的题名可知是节度使索勋父子等人。

索勋是敦煌历史上赫赫有名的一个人物：他是首任归义军节度使张议潮的女婿，在大顺元年（890）发动政变，杀了张议潮的侄子、当时的节度使张淮深及其全家，拥立张议潮亲子张淮鼎为归义军节度使。两年后张淮鼎死，索勋自立为归义军节度使，随即被张氏家族于乾宁元年（894）诛杀，敦煌政权因而回到张氏手中。何法师窟甬道索勋像旁题有"敕归义军节度沙瓜伊西等州管内观察处置押蕃落营田等使守定远将军检校吏部尚书兼御史大夫钜鹿郡开国公食邑二千户实封二百户赐紫金鱼袋上柱国索勋一心供养"【图3-47】。根据这些头衔，该画像必定绘于景福二年（892）他获得朝廷的正式任命之后，至乾宁元年他被杀的一两年之内。梅林等学者根据重绘的痕迹，认为甬道中原来画的是何法师和其他僧人的肖像，"后来为了庆祝索勋正式成为归义军节度使，所以不惜将自己的供养像抹去换上索勋。"〔36〕不论这个看法是否能够被广泛接受，索勋和他的儿子的肖像在一个"家窟"和"戒坛窟"中出现，见证了敦煌当权者与宗教界及豪族之间错综复杂的关系，这个窟也因此具有了宗教、家族和政治宣传三层意义。

张淮深窟和何法师窟在建筑、雕塑和壁画设计中的诸多共同点，说明背屏式殿堂窟在9世纪晚期已被标准化和程式化，此后发生的则是这种窟形的进一步扩散和经典化。何法师窟建成后八九年，敦煌望族阴氏家族也采用了这种窟形，在莫高窟的最南端建造了一个进深14.7米，宽12.7米，号称"阴家窟"的大窟，即今第138窟。〔37〕当曹氏家族获取敦煌政权之后，背屏式殿堂窟成为归义军领袖及其家庭成员为自己建造功德窟的"法定"窟形，由此产生了莫高窟石窟中的一系列鸿篇巨制，包括"托西大王"曹议金的功德窟第98窟（924年）、节度使曹元忠的功德窟第55窟（建于

图3-47 第196窟甬道中的索勋供养像

61窟之后）（见图4-34）、曹元忠夫人翟氏建造的"文殊堂"第61
窟（建于947—951年之间）等。[38]这些窟均属于敦煌统治者和
世家大族，都有意增大佛窟内部空间，规模可以达到200平方米
以上，都建造于崖面底层最靠近公共开放领域之处【图3-48】。以
背屏前佛坛为中心的窟室被布置得俨若寺院大殿，而甬道和窟内下
部则排列着大型供养人画像【图3-49】。通过这些画像，窟主不但
将自身置于佛殿之中，而且将上至祖辈下至儿孙的家庭男女成员及

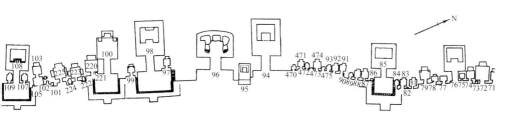

图3-48 莫高窟底层大窟位置

图3-49　第100窟甬道中的大型供养人像

政治上的同盟，全部纳入这个神圣空间。这些由归义军节度使带头修建的大型背屏式殿堂窟因此成为人界与佛界的会合点，亦是彰显自己及家族的权力与声望的纪念碑。

第四章

莫高窟空间中的图像

　　我们停留在莫高窟洞室里，继续探索其中的秘密。如果上章中我们考虑的是窟室的整合空间——特殊空间模式如何被引入莫高窟，如何由建筑、雕塑和绘画构成，又如何在礼仪过程中与施主、僧人及礼拜者互动，我们现在则被窟室中的"图像"引导——包括壁画和塑像——去思考这些人造形象如何激发出对空间的持续想象。图像具有这种激发力是因为它们在中古佛教徒眼中是有灵性的主体，其中的"瑞像"更具感通人事、预知未来的神力。6世纪初的杨衒之在《洛阳伽蓝记》中记载了若干这类瑞像。其中一尊"相好端严"的夹纻漆像由武威人孟仲晖制造，被时人赞誉为"希世所有"的艺术珍品。这尊像从529年起开始显露神奇："永安二年中，此像每夜行绕其坐，四面脚迹，隐地成文。"到了永熙三年（534）秋，该像"忽然自去，莫知所之"。[1]这一奇迹预示的是不久之后的北魏亡国，该像的原所在地洛阳也在朝夕之间化为废墟。

　　这类记载在佛教文学中被称作"灵异"或"感通"。我们不能将其作为确切历史证据使用，但这些文字的可贵之处是它们反映了当时人们对佛像的企望和想象。这些企望和想象透露了属于同一文化和宗教传统的人们共享的"内在视点"，而不是来自外界人群或其他时地的"外在视点"。通过文字书写或口耳相传，这些内在视点不断强化某些根深蒂固的观看方式和思想方式，遂成为理解其艺术创造和观看的锁匙。以这些文献作为辅助，我们可以思考有关佛教图像的历史认知，进而反思它们的造型和展示方式。联系到本章的主题，我们希望探知在莫高窟这样的宗教艺术荟萃之地，佛教图像的构成和空间陈设如何传达人们所想望的佛陀的灵验，以及如何引导信众将眼光和思绪投向窟室之外的广袤时空——不论是佛陀有生之时的诸多灵验、文殊和观音在五台山和珞珈山的显化，还是就近河西一带不断传来的佛像感应事件。对于专心佛理的僧人和文士，"瑞像"也使他们思考佛教图像的本质：这些有灵性的人造之物处于宇宙观和神学结构中的何种位置？它们的灵验来自何处？它们又为何对尘世政权斗争如此关心?

在莫高窟成千上万的佛像中,与这些问题纠缠最深的是"番合圣容像",又称"凉州瑞像""番合瑞像""御山圣容像"或"刘萨诃瑞像",因此被选作本章的主题。以下四节的讨论均从图像在窟室中的空间位置入手,因为这些位置一方面决定了它们与礼拜者的关系,另一方面也决定了它们和其他图像的关系。我们首先由西壁中央佛龛中的番合圣容像开始——这是莫高窟最早出现的供人崇拜的瑞像。随后讨论的是这种中心焦点上的瑞像如何与两旁图像发生关联,发展出以瑞像为主题的大型图像程序。第三节的主题是番合圣容像在莫高窟的一个新发展:它从主尊位置移到一些"边缘"(peripheral)和"过渡"(transitional)性空间,包括佛龛四披、甬道顶部和背屏之后。为什么这个图像从中心位置转移到这些目光难以企及之处?在这些地点它们如何与主尊及观者互动?其空间位置的变化有无更深层的宗教或哲理的原因?这些问题把我们引向最后一节,聚焦于一幅规模宏大、对瑞像进行自我反思的"元绘画"(meta-picture),其复杂构图反映出的缜密思维在世界宗教艺术中也属罕见。通过对它的内容和结构的分析,我们希望探知瑞像如何将天上和地下、神界与人间纳入一个息息相生的互动过程,又如何把偶像表现(iconic representation)和叙事图画(narrative painting)融合进一个独特的视觉模式。

焦点上的圣容像

在敦煌研究院定为初唐的 44 个莫高窟洞窟中,第 203 窟在当时人眼中应是一个与众不同的原创:虽然延续着流行的佛殿窟模式,以覆斗顶覆盖方形窟室并在西壁开龛【图 4-1】,但龛中的主尊佛像却非比寻常。其特殊性既来自其"图像志"的独特,又出于其艺术风格与其他塑像的张力。关于这后一方面,这个石窟中大部分雕塑的时代风格

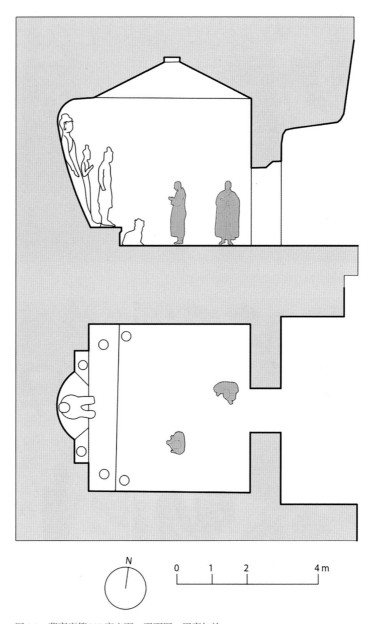

图4-1　莫高窟第203窟立面、平面图　周真如绘

图4-2　莫高窟第203窟的中心佛龛　7世纪后期

图4-3　莫高窟第203窟中心佛龛两旁的壁画　表现维摩诘（左）和文殊菩萨（右）

图4-4　莫高窟第203窟两壁上的说法图

可说是非常明确：主尊两旁立于莲台上的胁侍菩萨裸露上身、体态丰满、彩裙覆足、腰躯向一边微耸，明显是7世纪中晚期的样式，与毗邻的后世补塑力士相比更显优雅【图4-2】。[2]龛外南北两侧上方绘维摩诘和文殊菩萨，以及伴随的散花天女和舍利弗，虽然保存着传统的构图格式，但用笔更加轻灵传神【图4-3】。窟室南北两壁各以说法图为中心，天人飞至，以香花散向会众，飘逸的动势打破了画面的肃穆【图4-4】。

图4-5　莫高窟第203窟的主尊番合瑞像　伯希和摄于1908年

　　与这些生动优美的形象对照，佛龛中心的主尊佛像却有意塑造得僵硬和呆板【图4-5】。佛陀身体厚重，浑圆的头部下接粗壮脖颈；双腿直立，敦实的轮廓从连弧衣纹下透出。佛像上体按照印度样式袒露右肩，赤裸的右臂沿体侧僵直下垂，手掌张开作与愿印。左手则抬至胸前握住袈裟一角——这是他的唯一动作，却目的不明，与右手的关系也令人费解。日本学者肥田路美将此图像追溯至印度佛教艺术中的相似例证，包括笈多王朝至帕拉王朝的释迦八相浮雕以及阿旃陀石窟5、6世纪的浮雕佛像，认为"这种图像作为如来立像的一种基本样式曾被广泛流传"。[3]

但是第203窟主尊表现的却
不是佛陀本人，而是他的一个著
名的有灵验的瑞像，因此可说是
一个"图像的图像"（an image of
an image）或"再现的再现"（a
representation of a representation）。
这个判定建立在两方面证据之上。
一是带有墨书榜题的同样图像，二
是有关这个佛像的文字记录及视觉
表现。前者的一个例子出自莫高窟
本身：第237窟佛龛盝顶四披上绘
有三十六身著名瑞像，东披中央的
立像袒露右肩，右臂沿体侧下垂并
作与愿印，左手握衣角【图4-6】，
与203窟主尊有着完全相同的图像
志特征。所不同的是它旁边有两行
墨书题记，清楚指明了佛像的身份
和名称："盤和都督府御谷山番禾
（合）县北圣容瑞像。""圣容瑞像"
四字单成一行，写在靠近佛像的地
方，应是该像的名称，左边一行则
是它的地点。与此相同，本章最后
一节将讨论的第72窟中的大型壁
画也多次在榜题中把同样形态的佛
像称作"圣容像"。

　　第237和72窟均建于9世纪，
比第203窟晚了一二百年。[4]但甘
肃省博物馆收藏的一尊圣历元年

图4-6　莫高窟第237窟中的番合瑞像　9世纪前期

图4-7　石雕番合圣容像　圣历元年（698）　甘肃省博物馆藏

（698）的石造像说明初唐的人们已经把这种形式的佛像称为"圣容像"【图4-7】。[5]该像为背屏式造像，通高92.5厘米，中央的高浮雕立佛身穿右袒袈裟，裸露的右臂贴身下垂，虽小臂残断但明显和203窟主尊姿态一致。二者左手的姿态也完全相同，左臂举至胸前，手握袈裟一角。此外，两个佛像直立的双腿以及覆盖腿部的连弧状"U"形衣纹，也都说明二者有着共同的原型。甘肃省博物馆藏佛像在台座中部阴刻七行铭文，每行五字。虽然下部因石材表层脱落而不可尽读，但起首几行可以清楚读出，文曰："圣历元年戊戌弟子 □（宝）意为七代父母及法界众生造圣容 □（像）。"[6]"圣历"为武则天年号，元年即公元698年，属于初唐，与第203窟年代接近。日本学者松原三郎记此像出土于甘肃省古浪县，[7]与敦煌同属河西地区。

大量学术研究把这些"番合圣容像"复制品追溯到当时一个非常著名的瑞像，其事迹被唐初名僧道宣（596—667）反复记载在《集神州三宝感应录》《法苑珠林》等书中。根据这些文献，高僧刘萨诃（慧达）在北魏太延元年（435）西行至甘肃凉州西北番合县的御谷山时向山遥拜，预言一尊奇异的瑞像将在山崖上出现："灵相具者则世乐时平，如其有缺则世乱人苦。"这尊佛像果然在八十七年后出现了，但时值北魏末年，国道陵迟，佛像有身无首。佛头的发现是在北周立国的第一年，预示新朝的建立有望带来和平安乐。但随后的历史进程却并非如此，因此佛头又屡屡失落。这尊佛像如此灵验，名气越来越大。隋朝统一中国后弘扬佛法，重修当地瑞像寺，隋炀帝于大业五年（609）亲往观看行礼，佛像至此身首合一。到初唐时更为有名，"依图拟者非一"。[8]

北周在此像原址首创的寺院称为"瑞像寺"，由皇帝直接"敕凉、甘、肃三州力役三千人造寺，至三年功毕，肆僧七十人，置屯三"，规模已经相当惊人。十余年后该寺毁于"宇文灭法"，但在隋代得到重建，比原寺更为辉煌："开皇之始……经像大弘，庄饰尊仪，更崇寺宇。"隋炀帝本人于609年亲驾躬往，"礼敬厚施，重增荣丽，因改旧额为感通寺焉"。唐朝建立之后对此像的重视有增无减，朝廷重臣屡屡至此礼谒，如兵部尚书郭元振于神龙年间（705—707）出任安西都护时诣寺礼谒，并派人临摹圣容像，不久唐中宗又令御史霍嗣光持幡花、绣袈裟等物前往敬礼。此寺在唐代以圣容寺为名——虽然我们不太清楚这次改名的确切时间，但由于"番合圣容像"名称在初唐时期十分普及，很可能那时的寺名已经是圣容寺了。[9]

这个寺院的建筑今已大多无存，但原始的圣容像却仍依稀可见。敦煌研究院研究员孙修身于上世纪末去番合故地进行调查，在寺院遗址附近的山崖上发现一个依山雕造的巨大无首佛像，露在地面上的部分仍高达 4.4 米【图 4-8】。[10]永昌县文化馆原馆长黄兴玉也在一个当地农户的牛圈墙上发现了一个 67 厘米高的佛头，根据造像风格被断为北周或隋代【图 4-9】。佛首和山崖上的佛身比例一致，可以相接，二者联合通高约 5.5 米，接近于文献中记载的圣容像的"丈八"高度。[11]这些发现相当激动人心，但对本章的讨论来说，它们的意义并不在于证明莫高窟第 203 窟中的主尊是否直接模拟了番合故地的原始瑞像（原因之一是山崖上的佛身因长期暴露在外而失去了所有细节），而在于帮助我们理解二者之间更为广义的几个联系。

首先，由于敦煌和番合同处河西地域，第 203 窟中的主尊应来源于这个本地的瑞像原型，而不太可能直接模拟印度或中原佛像，虽然它的图像志特征可能映射出某种古典样式。再者，由于番合圣容像的最主要灵迹是它于北朝时期从山崖上自行"挺出"，第 203 窟主尊的拙朴风格应是对这种历史时间性的有意表现。[12]由于它与窟中其他初唐风格的塑像判然有别，观者能马上意识到它所表现的是一尊来自"往昔"的特殊尊像，而不是无时不在的佛陀本人。最后，203 窟龛内主尊四周充满了山峦形象，上部影塑、下部彩绘，佛身明显后仰，似乎是依靠在山崖之上（见图 4-5）。类似的浮塑或绘画山峦也围绕着上面提到的第 237 窟和甘肃省博物馆收藏的圣容像（见图 4-6，4-7），以及莫高窟第 300 窟中的另一尊圣容像——此窟可能建

图4-8　甘肃永昌县无头圣容像　4.4米高　6世纪

图4-9 圣容像头 67厘米高 6世纪 永昌县文化馆藏

于8世纪前期，比第203窟略晚【图4-10】。以宗教美术的观念看，圣容像本身属于"偶像性"（iconic）表现，而山峦形象则指涉着"山裂出像"的"叙事"（narrative）情节。这些雕塑和绘画因此将这两种艺术形式融为一体，以表现番合瑞像最重要的灵验事迹。

图4-10 莫高窟第300窟的番合瑞像 7世纪晚期至8世纪早期

瑞像的历史叙事

番合圣容像是莫高窟唯一以雕塑山峦为背景的佛像，这个特征为两个方向上的研究提供了重要线索，一是帮助我们确定一个重要洞窟中的遗失主尊和探索此窟的艺术表现主题；二是引导我们注意到敦煌艺术中的一个重要现象，即瑞像从单独偶像逐渐发展为大型图像程序的核心因素。

这个重要洞窟是第 323 窟，它独特的壁画内容从很早就吸引了学者对其内容及榜题进行详尽的调研，进而对其画像程序和宗教、政治内涵进行发掘。[13]此窟历来被定为初唐或盛唐早期，也就是 7 世纪至 8 世纪上半叶。[14]学者一般把南北两壁上层的壁画称为"佛教史迹画"或"感应故事画"，这两个不同名称实际上反映了壁画中的两个平行展开、此起彼伏的主题。一方面，这组绘画的整体叙事结构以朝代史为蓝本，所绘人物也多为史传中记载的真实历史人物。另一方面，壁画描绘的故事又多表现感应和灵迹，带有强烈的宗教神秘主义意味，这种对"历史"和"超历史"的混合体现了当时的一种特殊的历史观念和叙事模式。从构图看，虽然南北壁上层绘画适应着窟室的对称结构而左右呼应，但同时又组成一幅篇幅浩大的历时性全景图，在统一的山水背景上展开。实际上我们可以把整套壁画看成是一幅分成两段的巨大横卷，从北壁西端延伸到东端，再接着从南壁西端延伸到东端【图 4-11】。虽然画中情节有其不同的时代和主角，也各有不同的历史文献依据，但它们在这个石窟中被用作建构一个新的图像叙事的素材，其中一个持续的主题是瑞像的灵验和其他佛教感应故事。

瑞像题材在此窟中的重要性首先反映在表现此题材画面的位置：它们被安排在紧挨中心佛龛的左右两边【图 4-12】。佛龛北边的墙上——即整个壁画程序开始处——描绘了"汉武帝获金人"事迹【图 4-13】。在传统观念中，佛教进入中国的首要标志并不是经典的

图4-11　莫高窟第323窟两壁上层壁画线描图　（上）北壁（下）南壁　周真如绘

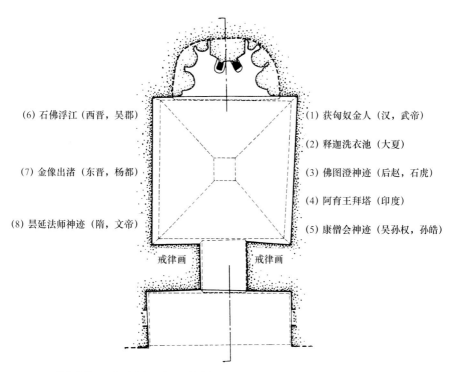

（6）石佛浮江（西晋，吴郡）

（7）金像出渚（东晋，杨都）

（8）昙延法师神迹（隋，文帝）

戒律画　　戒律画

（1）获匈奴金人（汉，武帝）

（2）释迦洗衣池（大夏）

（3）佛图澄神迹（后赵，石虎）

（4）阿育王拜塔（印度）

（5）康僧会神迹（吴孙权，孙皓）

图4-12　莫高窟第323窟两壁上层壁画题材分布

图4-13 "汉武帝获金人" 莫高窟第323窟北壁

输入而是佛像的传入，史书记载的"汉武帝获金人""明帝感梦"等
事迹都是明证。这个历史事迹由三个画面表现，在统一的山水环境
中连续展开。右上方画面中最醒目的形象是一座挂着"甘泉宫"匾
额的宫殿，其中立着两尊金像。一位帝王正带着群臣在宫殿前对之
礼拜，旁边的榜题写道："汉武帝将其部众讨匈奴并获得二金人长丈
余，列之于甘泉宫，帝为大神常行拜谒时。"随后的情节出现在壁画
前景，我们看到高头大马上的武帝身后跟随着一干侍从，张骞持笏
板在马前跪拜。二者之间的榜题说明了所绘情节："前汉中宗既获金
人莫知名号，乃使博望侯张骞往西域大夏国问名号时。"接下来的第
三个场景移到画面左上角，人物和建筑的缩小尺寸既显示了地域的
遥远又透露出叙事的顺序。这里我们看到张骞带着两位持旌节的侍
从，由山峦之间向一座城池进发。城中立着一座佛塔，城门口站着
两名僧人。画面表现的是张骞到达大夏得知汉武帝所获金人为佛像，
由此确定了佛教在中国的传播。

如果说这个故事接近于正史中的记事，佛龛左方南壁上的两个画面则更富于灵异的色彩，以巨大篇幅描绘"石佛浮江"和"金像出渚"这两个佛教感应故事。前者表现的是数部中古著作中记载的两石佛于西晋末年从印度来到中国的事迹。道宣在《集神州三宝感应录》中写道：

西晋愍帝建兴元年，吴郡吴县松江沪渎口渔者萃焉，遥见海中有二人现浮游水上。渔人疑为海神，延巫祝备牲牢以迎之，风涛弥盛，骇惧而返。复有奉五斗米道黄老之徒曰："斯天师也。"复共往接，风浪如初。有奉佛居士吴县华里朱膺闻之叹曰："将非大觉之垂降乎？"乃洁斋共东云寺帛尼及信佛者数人至渎口，稽首延之，风波遂静。浮江二人随潮入浦，渐近渐明，乃知石像。将欲捧接，人力未展，聊试擎之，飘然而起。便举还通玄寺，看像背铭：一名惟卫，二名迦叶，莫测帝代而辞迹分明，举高七尺。施设法座欲安二像，人虽数十而了不可动，复重启请，欻然得起。以事表闻，朝庭士庶归心者十室而九。沙门释法渊来自西域，称经记东方有二石像，及阿育王塔有供养礼觐者，除积劫罪云。又别传云天竺沙门一十二人送像至郡，像乃立水上不没不行。以状奏闻，下敕听留吴郡（见《高僧传》及《旌异记》等）。今京邑咸阳长公主闻斯瑞迹，故遣人往通玄寺图之，在京起模方欲显相云。[15]

壁画相当忠实地图绘了这段记载的前半【图4-14】。画面中部有两个佛像立于水面上，其黝黑色调和白色勾线显示出它们的石头质料。岸上两个戴斗笠的渔夫指着浮水而来的雕像，似有所争辩。佛像下方的一个道士正在扬幡设醮，迎接石像。这个画面把渔人和天师道信徒在吴淞江口迎接石像的两个情节结合在了一起。斋醮场面

图4-14 "石佛浮江" 莫高窟第323窟南壁

下方写有一方题记："石佛浮江，天下希瑞，请□□□谓□道来降。章醮迎之，数旬不获而归。"明显由《集神州三宝感应录》脱衍而来。画面左下方画石像抵达江边的情况：二像已被置于舟上，被若干信士左右把护，站在舟首的一个僧人似乎正在指点着靠岸的地点，而江岸上则是往迎跪拜的僧俗老幼妇孺，还有祖孙三代人前往江边观看迎佛的情景。舟下方的榜题写道："灵应所之，不在人事。有信佛法者以为佛降，风波遂静，迎送向通云寺供养迄至于今。"

"金像出渚"的故事也在《集神州三宝感应录》等书中有详细记载，文曰：

> 东晋成帝咸和中，丹阳尹高悝往还帝阙，每见张侯桥浦有异光现。乃使吏寻之，获金像一，西域古制，光趺并缺。悝下车载像，至长干巷口，牛不复行。悝止御者，任牛所往，遂径趣长干寺，因安置之。扬都翕然观拜，悟者甚众。像于中宵必放金光。岁余，临海县渔人张侯世于海上见铜莲花趺丹光游泛，乃驰舟接取，具送上台。帝令试安悝足，恰然符合。久之有西域五僧振锡诣悝云：'昔游天竺得阿育王像，至邺遭乱，藏于河滨，王路既通，寻觅失所，近感梦云：吾出江东为高悝所得，在阿育王寺，故远来相投，欲一礼拜。'悝引至寺，五僧见像歔欷涕泣，像为之放光，照于堂内及绕僧形。僧云：'本有圆光，今在远处，亦寻当至。'五僧即住供养。至咸安元年，南海交州合浦采珠人董宗之每见海底有光浮于水上，寻之得佛光。以事上闻，简文帝敕施其像，孔穴悬同，光色无异。凡四十余年，东西祥感光趺方具。[16]

在第323窟中，描绘这个瑞像故事的壁画从远方天际间的一组画面开始：大海之中，一个金色立像放出五色光芒，两只小艇正从右侧接近金人，随后将此瑞像放在一艘大船上，沿河口渐行渐近

图4-15 "金像出渚" 莫高窟第323窟南壁 由现存哈佛艺术博物馆的部分与原画拼合

【图4-15】。金人旁边的榜题为："东晋扬都水中，昼夜常有五色光明出现于水上，鱼父云：'善哉，我之善交，得见光明，必是如来济育群生，发愿寻之。'度育令寻之，得一金铜古育王像，长丈六，空身，不久光趺而至。"壁画中部被美国人华尔纳于1924年用胶布粘走，现存于哈佛艺术博物馆。将劫走画面与窟内壁画拼合，我们看到的是金像接近岸边的热烈情况：小舟在前引导，岸边纤夫用力拉拽，僧俗信徒伫立迎接，善男信女、妇孺老少均赶至岸边迎观【图4-16】。

　　在表现下一情节时，画家把观者的视线再次推向天际：一个束腰莲花佛座漂浮在遥远的海面上，放射出五色光芒【图4-17】。下方小舟中的船工和比丘正在观看这个奇迹，佛座旁的题记写道："东晋海中浮一金铜佛趺有光，舟人接得还至扬都，乃是育王像趺。勘之宛然符合，其佛见在扬都西灵寺供养。"此画面右方的图像描绘了这个故事的最后情节：一个硕大的桃形背光从海中升起，放出五色光

图4-16　"金像出渚"壁画局部　莫高窟第323窟南壁

图4-17　"金像出渚"壁画
局部　莫高窟第323窟南壁

图4-18 "金像出渚"壁画局部 莫高窟第323窟南壁

芒【图4-18】。右侧城郭外站立着僧俗七八人指向水中佛光，城上写"交州"，城外水中写"洛浦水"。佛光下有一则较长题记："东晋时交州合浦水中有五色光现，其时道俗等见水发□皆称善哉，我背世之得□见如是五色光现应时寻之，得一佛，佛光艳，子驰勘之，乃□扬都育王像之光。"

这三个瑞像故事在第323窟中被画在西壁中心佛龛两边，使我们进而思考它们与龛中主尊佛像的关系。遗憾的是，由于西壁龛像均在后世被重塑和重绘，学者在讨论这个窟的时候一般对其忽略不谈。但敦煌学者史苇湘在1983年提出了一个重要见解，即龛中影塑的山峦与南、北、东三壁上的山水背景构成一个连续的整体。[17]受此意见引导，笔者在莫高窟对这些影塑山峦进行了仔细观察并将之与其他唐代雕塑和绘画中的山形进行了对比，证实其确为初唐原作，龛两侧边缘上并保存着连接两壁山水背景的迹象【图4-19】。这一理解为推测龛中的原来佛像提供了重要线索。如上所说，初唐到盛唐时期唯一以雕塑山峦为背景的佛像是番合圣容像（见图4-1，4-10），其他若干方面的证据也支持原来的主尊即为此像。[18]首先，第323窟现存倚坐像比例失调，头大腿细，身光下部突然截止，明

图4-19 第323窟中心龛中的山水雕塑（龛中的晚期雕塑涂黑）

显并不属于这个洞窟。笔者于2004年在敦煌研究院作了有关此窟的学术报告之后，曾与几位研究院学者赴此窟实地勘察，发现此像与后壁不联，而后壁上遗有固定原来佛像头部的木桩，据其位置可以估计是一靠墙立像，与龛中的影塑山峦联为一气。此外，由于龛两旁的壁画均以瑞像为主题，在龛中塑造番合圣容像不但可能，而且极其合理。

上文说到此像在北魏年间从山崖上挺出后的一系列感应灵迹：先是由于当时国道陵迟因此有身无首，随后虽然佛头被发现但因为政治局势动荡而屡屡失落，只是在隋唐统一后才身首合一并被广泛摹写传布。这些灵迹显示出这尊瑞像在两个方面的象征性。从一方面看，这是一尊具有强烈政治意义的佛像，其形象的完整和受尊崇意味着国家的统一和人民的安居乐业，其作为统一国家象征的意义与三代时期的九鼎类似。从另一方面看，这尊像与浮海而来的天竺石佛和金像不同，原因在于它是一尊本土的瑞像，预言它将出现的刘萨诃也是北方人，因此其出现象征了一个强大政治力量在中国北方的崛起。基于这两方面意义，我们完全可以理解为什么这尊像在隋和初唐时期受到如此崇奉，因为它所代表的正是隋唐的中央政权和统一国家，因此也最适合这个初唐石窟的中心位置。

由此反思第 323 窟的整体设计，我们进而发现这尊瑞像所具有的其他两个意义。上文说到南北两壁上的"佛教史迹画"或"感应故事画"在统一山水背景上逐渐展开，从北壁西部发展到东部，再接着从南壁西部发展到东部，可以被认为是一幅分成两段的巨大横卷（见图 4-11）。绘画设计者显然非常重视整组绘画的历史连贯性和阶段性，为此选择了特定题材并往往在榜题中著明所绘事件的时代。壁画共描绘了八个历史场景，其中六幅与中国直接有关。在武帝获匈奴金人后，北壁上是后赵时期的佛图澄洗肠、听铃声断吉凶、以酒变雨灭火等灵异故事【图 4-20】，以及东吴康僧会获舍利、造建初寺等事迹【图 4-21】。南壁在"金像出渚"画面后则是描绘隋代昙延法师祈雨及为皇帝讲经、感舍利塔放光等神迹【图 4-22】。连起来观看，壁画从汉代开始，经三国、两晋、南北朝至隋，所绘人物和事件恰恰涵盖了从佛教传入中国到唐代之前近一千年的历史进程（见图 4-12）。对于生活在 7 世纪的唐代人来说，两壁上的这些画面所描绘的是往昔的"历史"，而中央的番合圣容像则象征着统一唐帝国的当下"现实"。

在构成这个历史叙事的同时，两壁上的图画还彰显了两个互为表里的主题，一是高僧显圣，一是明主皈佛。八个故事中的五个与著名高僧有关，分别是三国时期的康僧会、后赵的佛图澄、西晋的刘萨诃或慧达，以及隋代的昙延法师。八个故事中的六个讲述了皈依佛法，为民造福的君王业绩——如汉武帝在甘泉宫拜谒佛像、吴主孙权和孙皓建造建初寺、西晋皇帝崇奉表彰瑞像、隋文帝受戒后

图4-20　"佛图澄洗肠""听铃声断吉凶""以酒变雨灭火"　莫高窟第323窟壁画

图4-21　"康僧会获舍利""造
建初寺"　莫高窟第323窟壁画

图4-22　"昙延法师祈雨及为皇帝讲经" "感舍利塔放光"　莫高窟第323窟壁画

天降甘霖等。特别值得注意的是这些图画所表现的君王与高僧的关系：吴主孙皓与隋文帝分别跪在康僧会和昙延面前，明显表达了神权高于君权的思想。考虑到中国佛教史上"沙门是否拜王者"的争论，这些绘画明显地反映了佛教僧侣的立场。这两个主题也是主龛中番合圣容像的意义所在：这个像一方面象征了唐代君王统一天下、崇尚佛法的业绩，一方面也体现出唐初高僧道宣对它的大力表彰。

　　道宣是初唐时期影响极大的僧人，于高宗显庆三年（657）成为西明寺上座【图4-23】。西明寺为皇帝所建，"凡有十院，屋四千余间，庄严之盛，虽梁之同泰、魏之永宁所不能及也"，该寺之上座及寺主、维那均由皇帝亲自任命。居于这样的位置，道宣得以参与最高级的宗教事务决策。如高宗在662年下令僧道必须致敬父母，道宣为了维护僧侣的独立地位率二百余人至宫中争辩，并著《白朝宰

图4-23　道宣像　14世纪
日本奈良国立美术馆藏

群公启》向朝廷权贵求助。又于同年五月在皇帝召开的大会上代表僧侣方面论争，致使高宗于六月下诏废除要求僧侣致敬父母的原案。但道宣对后世最大的影响还是通过他的写作。特别值得注意的是，他的许多著作记述了历史上的"感应"事迹以及他自己与天人交往的神秘经验，在他编纂的《集神州历代三宝感应录》中得到最集中的表现。此书记录的一大类"感应"故事以瑞像为主角，共五十例，道宣称之为"本像"，其中三十二例为非人工创造的佛像。第323窟中绘塑的各种瑞像均可在此书和他的其他著述中找到依据，番合圣容像尤其是他不遗余力宣传的对象。他对此像的记录既频繁又详细，在《集神州历代三宝感应录》《广弘明集》《续高僧传》中都可以读到。[19]这种态度与他的自身经历有关，《续高僧传》记载了他对此像的实地调查："余以贞观之初，历游关表，故谒（慧）达之本庙。图像严肃，日有隆敬。自石、隰、慈、丹、延、绥、威、岚等州，并图写其形，所在供养，号为刘师佛焉。"[20]在《道宣律师感通录》中他又记述了自己与天人讨论此像，询问此像来源和山裂像出原因的神秘经验。由于道宣对此瑞像非同寻常的重视以及其他因素，笔者曾提出第323窟可能是他的追随者在敦煌"图写其形，所在供养"的结果。[21]

瑞像的观念化

第203窟将番合圣容像作为主尊，第323窟更围绕着它发展出一个结合以壁画和雕塑的宏大图像程序。但在这两个创举之后，将此瑞像置于洞窟中心的做法却在莫高窟戛然而止——稍后第300窟中的圣容像只是1米来高的一座龛像，其微缩的规模和简化的图像有若前二窟的微弱回声（见图4-10）。一个值得思考的问题出现在我们面前：为什么这个表现模式没有得到持续的发展？敦煌人为什么没有沿着第323窟指出的方向，围绕番合圣容像创造出更丰富和复杂的图像组合？

在笔者看来，一个最可能的原因是以此像作为主尊引起某种概念混淆：以正面姿态威严地呈现于洞窟的空间焦点上，该像明显是宗教礼拜的主要对象；拜窟的僧俗信徒把虔诚的信仰献给它，并从它那里祈愿今生和来世的福佑，因此这尊像的中心位置和仪礼功能使它等同于佛陀。但另一方面，它又明显不是佛陀本人，甚至不是道宣称为"本像"的原始瑞像。它只是一个"图像的图像"，是对去敦煌不远处的一个著名石像的摹写。第 203 窟主尊身体后斜，不自然地仰靠在泥塑山崖上（见图 4-5），明显是对番合圣容寺中摩崖像的刻意模仿（见图 4-8）。虽然这种模仿显示了该瑞像在河西地区的流行，但对莫高窟艺术来说却引进了一种观念上的模棱两可：一方面，第 203 和 323 窟中的番合圣容像既是对一尊业已存在的佛像之翻版，又被作为真实的佛陀置于礼仪崇拜的空间焦点；另一方面，许多佛教文献告诉人们真正的瑞像是无法被凡人精确复制的，道宣本人就说过当隋炀帝派人给番合瑞像"模写传形"时，竟发现此神秘瑞像"量不可测"。[22] 了解这些文献的佛教徒完全可能对这两个窟中"模拟瑞像"的真实性（authenticity）提出质疑——如果它们连原始瑞像都无法准确传摹的话，又怎能取代佛陀位置在石窟里接受信徒的礼敬呢？

这些矛盾很可能在当时已经引起注意，一个重要原创性洞窟的设计者似乎有意将其从主尊位置上移到一个不太显眼的位置，并以绘画形象代替三维立体雕塑。这个窟就是李克让于圣历元年（698）建成的著名的第 332 窟（见图 3-28）。前面多次讨论过这个窟的原创特征，包括在前室中树立《重修莫高窟佛龛碑》、采用"古风"的中心柱窟形式但又在后壁开龛安置佛陀涅槃像，以及在紧接涅槃像的南壁上绘制大幅涅槃变壁画等（见图 3-29）。前面没有提到的一点，是其中心柱的设计及在洞窟中的作用。非常有意思的是，设计者极有匠心地在这个窟里安排了三个相互衔接转化的空间：一是前室中由三组大型立佛及胁侍菩萨围绕的礼拜空间，二是后壁龛中的涅槃像空间，三是一个过渡空间，由中心柱两侧和后壁上以绘画形式描绘的三个巨大立佛及胁侍菩萨组成【图4-24】。这三尊佛像在以往著录中曾被称作是卢舍那佛（南）、药师佛（西）和释迦灵鹫山说法像（北），但语焉不详。[23]北面佛像之所以被认为是灵鹫山说法像，明显是由于佛像站立在山石之前。但正如一些学者已经注意到的，这类佛像实际上多为番合瑞像，由两臂的姿态和手势明确指示出来。[24]从这个观点重新考虑此像，它所表现的应是番合圣容像无疑【图4-25】。这个结论也可以通过进一步的图像志比较得到证明：它与第203窟主尊以及藏经洞出的一件刺绣番合圣容像【图4-26】出于同一底本：三者都为立像；都作番合圣容像的典型姿势，右臂僵直下垂，左手握袈裟一角；也都有两个胁侍菩萨。由于第332窟有确切年代，我们也可把另两件作品的时代定为7世纪末至8世纪初。

但番合圣容像在李克让窟中的这种处理并未流行，原因可能在于它并没有真正解决如何在洞窟里呈现这尊圣像的难题：是把它作为佛祖本人还是作为一个著名佛像的翻版？其结果是洞窟设计者在8世纪初之后基本停止了对这个形象的表现。当百年之后他们再次把此瑞像引入莫高窟时，他们采取了一种更为理性的态度，对"佛之表现"和"像之表现"进行了清晰的观念区分。尤为重要的是，在9世纪上半叶出现的这一新的努力中，瑞像作为"像之表现"的本体论意义是通过视觉形式的转化和特殊空间位置实现的：这种佛像不再以立体雕塑的形式出现在佛龛中，而是被转化为二维图画绘于龛内四披、甬道顶部或立屏背后，在这些位置上与主尊佛陀进行空间和观念上的互动，通过环绕、界框、对应位于中心的尊像发挥辅助性的宗教意义。7世纪的"瑞像窟"所可能引起的概念混淆因此不复存在。特别是新出现的"瑞像图"往往带有墨书题记，标明每个瑞像的特殊地点和历史灵迹。通过这些文字，人们可以清楚了解这些图像表现的是以不同质料制作、位于不同地点的著名佛像。它们

图4-24　第332窟中心柱

图 4-25　第 332 窟中心柱北面的番合圣容像

图4-26　刺绣番合圣容像　7世末至8世纪初　大英博物馆藏

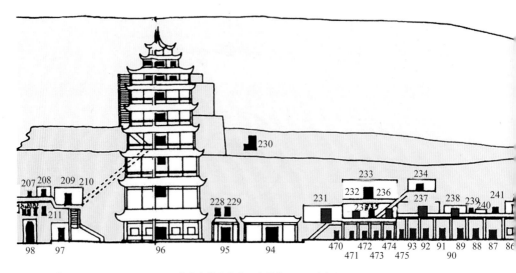

图4-27　第231、232、236、237、238等窟在莫高窟崖面上的位置　周真如绘

都是佛陀教化的媒介，其灵迹验证了无边的佛法，不断弘扬着佛法的无边广大。这种概念的明晰性为敦煌艺术的继续发展提供了一个新的基础，从9世纪30年代开始引出一系列新的表现模式和陈设空间，促成接下来百年之中的一个图绘瑞像的高潮。

这个高潮有一个明确的起点：9世纪30至40年代修建的一组洞窟引进了一种新式样的集合型瑞像图，以多个带有题记的瑞像围绕于主龛盝顶的四披上。这批洞窟多建于北大像（第96窟）北边不远处的第二层崖面上，从南至北包括第231、232、236、237、238等窟【图4-27】。其相似的建筑结构、壁画题材和装饰程序——特别是第231、237和236窟共有的新式瑞像图——使学者认为它们是同期修建。金维诺师进而将离北大像最近的第231窟判定为《腊八燃灯分配窟龛名数》中记载的"第二层阴家窟"，并根据敦煌卷子《大番（蕃）故敦煌郡莫高窟阴处士公修功德记》（P.4638）将窟主确定为阴嘉政，建窟时间为唐开成四年（839）。[25]日本学者藤枝晃继而在《吐蕃统治时期的敦煌》和《敦煌千佛洞的中兴——9世纪以张氏诸窟为中心的佛窟营造》等论文中指出该窟代表了9世纪上半叶莫高窟图像布局

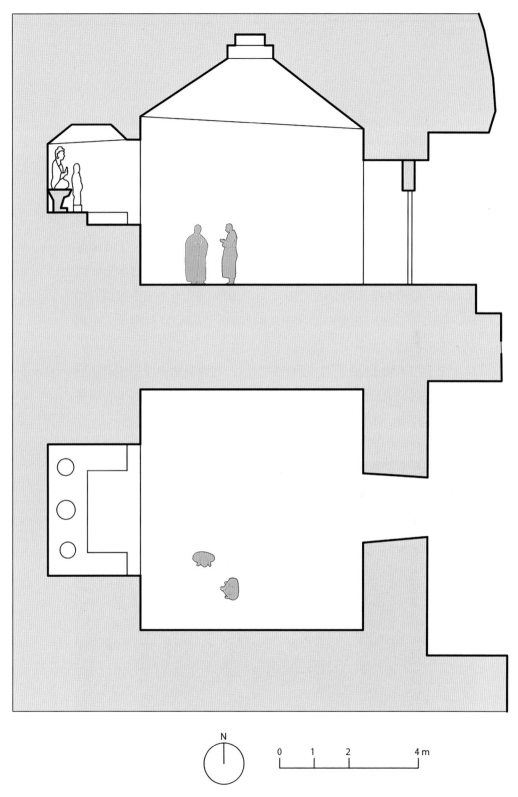

N

0   1   2   4 m

图 4-28 莫高窟第 231 窟的中心佛龛

的典型样式。比起同组中的其他洞窟，此窟不但离北大像的位置最近，对一些图像的题记也更为详尽，学者张景峰因此在其近著中提出"此窟的年代在这一层洞窟中应该是最早的。西壁龛内四披绘制的瑞像图应该是首创"。[26]

阴嘉政窟（第 231 窟）为覆斗顶殿堂式窟，前后室以甬道相连【图 4-28】。后室正壁开一方形深龛，内设马蹄形佛床，上置佛像【图 4-29】。帐形的盝顶是当时的一种流行龛顶样式，中部平延，四边倾斜，模仿为尊者所设的"帐"。这从其装饰也可看出：帐顶在棋格中饰团花图案，周边围以垂幔。盝顶四披上共画 37 种瑞像，出现在长方形的连续栏格中，我将这种形式称为"集成式"（collective）瑞像图【图 4-30】。由于四披的倾斜形状，每披两端形成三角或梯形的格，一般填充以佛塔或情节性画面，如优填王迎接释迦像、阿育王造塔等故事，作为瑞像图的陪衬。

图 4-29　莫高窟第 231 窟立面、平面图　周真如绘

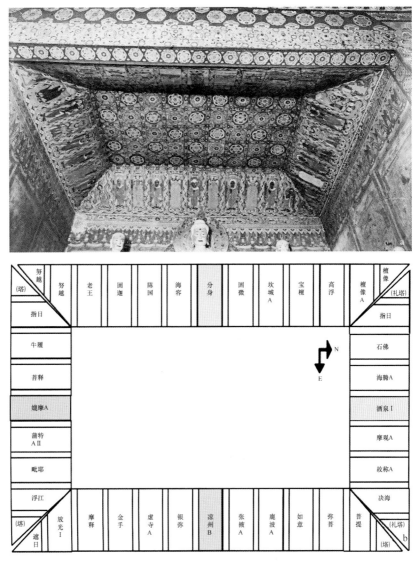

图4-30　莫高窟第231窟盝顶四披上的瑞像图（a）伯希和摄于1908年（b）张小刚提供

　　我们尚不清楚这种集成式瑞像图的发生过程，但它应该在此窟建造以前就已以单幅样式存在了。藏经洞发现的一幅瑞像图（Ch.xxii0023）是这种单幅图像的唯一现存例证。此图为绢本，发现时已碎成多块，学者估计原画高3米出头，宽约2米。最新的拼接显示其描绘了近20身瑞像，均正面朝向观众，构成大略的横竖网格【图 4-31】。[27]画中没有明显的中心主导形象，众多瑞像构成的更像是一幅集成式瑞像图录。大部分学者认为这幅画创造于 7 至 8 世纪，[28]但张广达和荣新江二学者将其定为 9 世纪下半叶至 11 世纪间的作品。[29]笔者认为不管此画是什么时候制作的，它代表了这一题材的早期单幅绢画形式，是石窟壁画中集成式瑞像的图像来源。同样重要的一点是，不管是壁画还是绢画，这种集成式瑞像反映出一种强烈的跨地域观念：瑞像旁的榜题特别强调它们各自的来源和所在地，由此我们得知它们分属于印度、中亚、西域、河西、中原等不同地区，[30]而且由于瑞像有自行运动的神秘能力，可以从一个地方飞到另一个地方，它们的作用是把佛法传播到越来越广大的地域。

由此看来，阴嘉政窟的设计者并没有发明这种瑞像图，而是把它在石窟里进行了"空间化"：将单幅画面上的瑞像分成四组，绘在龛内盝顶四披上以围绕中央的主尊塑像（见图 4-30）。沿顺时针方向检阅，这些图像是：

西披上从南至北：奴越寺朱俱半国瑞像、老王痤北佛瑞像、于阗固城住舍卫国迦叶佛瑞像、陈国圣容像、于阗海眼寺释迦圣容像、犍陀罗国分身瑞像、于阗固城住舍卫国微波施佛瑞像、于阗坎城瑞像、中天竺侨焰弥国宝檀刻瑞像（即优填王瑞像）、高浮图寺放光佛瑞像；

北披从西至东：于阗国石瑞像、王舍城腾空住海眼寺释迦牟尼真容、酒泉郡释迦牟尼瑞像、天竺摩伽陀国观世音瑞像、于阗古城瑞像；

东披从北至南：朱滔城住弥勒菩萨瑞像、汉城住弥勒菩萨瑞像、中天竺鹿野苑瑞像、张掖郡佛影瑞像、番合县北圣容瑞像、天竺白银弥勒瑞像、西玉河萨迦耶倦寺住虚空藏菩萨瑞像、摩竭国银菩萨瑞像、摩竭国须弥座释迦瑞像、中天竺摩伽陀国放光瑞像；

南披从东往西：佛在毗沙门耶离城巡城行化紫檀瑞像、蒲特山

图4-31　藏经洞发现的瑞像图局部　8世纪　印度国家美术馆藏

观世音放光成道瑞像、于阗媲摩城中雕檀瑞像、中天竺摩诃菩提寺释迦瑞像、牛头山释迦瑞像。[31]

这些像尺度相同，姿态近似。虽然东西披中部的犍陀罗国分身瑞像和番合圣容像似乎显示出某种有意安排，但整套图像并不构成明显的等级秩序，其传达的主要信息是佛法之弘大无边，从印度发源后在西域和河西等地获得越来越广的普及。它们的艺术风格也强调这种跨地域性质：瑞像身体的强烈晕染造成有若三维雕塑的效果，与龛内屏风上的中国传统山水图像形成强烈对照，所引起的是对身处异地的各种瑞像的想象。

此窟窟主阴嘉政（阴处士）出身于一个与莫高窟渊源极深的敦煌大族。[32]据研究，这个家族在7世纪初已参与对前代洞窟的重修，将新式样的"观无量寿佛经变"引进了第431窟。[33]至7世纪末，名叫阴祖的一个家族成员和出身同族的灵隐禅师主持修建了著名的北大像（见图3-30）。这个"秉承上意"的浩大工程以及阴嗣鉴和阴守忠向官府"献瑞"的举动，都反映出该家族参与政治活动的倾向。大约同一时期，阴氏家族又在莫高窟开凿了带有明确原创性的第217窟，引进了多幅构图不同凡响、艺术水平极高的原创性经变画，成为武周时期"最具艺术特色及宗教内涵的洞窟"。[34]到了8世纪初，该家族的阴守忠、阴修己父子开凿了第321窟，再次呈现了多种原创性内容，包括《十轮经变》（原定名为《宝雨经变》）和该家族献给官府的瑞兽塑像。[35]

考虑到阴氏家族的这个持续传统，我们可以想象当阴嘉政在9世纪30年代计划在莫高窟建造一个新的家窟——即第231窟——的时候，他所企望的绝不会是简单地跟随时尚，模拟当时的流行样式和题材，而更可能是如他的前辈们一样建造一个带有新意的家族纪念碑。此时敦煌已被吐蕃占据四十余年，阴氏家族的成员也由开始的抵制转而与当权者合作，在吐蕃政权内为官。[36]这个政治环境可以用来解释该窟壁画中高调出现的赞普形象，也可能与新式瑞像图所传达的跨地域兴趣有关。但后一种解释也有难以自圆之处：因为画在龛内盝顶的四披上，这些瑞像中的许多——特别是东披上朝内的画像——基本上无法被朝拜者看到。换言之，能够看到这些图像的并非是实际生活中的信众，而是端坐于龛中的佛陀本人。把它们绘在此处的决定因素不应是基于观者的实际视觉接受和反应，而更主要是它们所处空间与主尊佛像的互动。以此为契机，我们可以将此窟的设计与建窟时所写的功德记进行对照，探索石窟的原创意图。以下是这篇长篇文字中的一段，描述了窟内的建筑和装饰：

> 龛内塑释迦牟尼像并声闻菩萨神等共七躯。帐门两面画文殊、普贤菩萨并侍从。南墙画西方净土、法华、天请问、报恩变各一铺。北墙画药师、净土、华严、弥勒、维摩变各一铺。门外护法善神。然则金乌东谷，随佛日以施仁；玉兔西山，引慈云而布润。龙飞天界，绘合四王；象海寰真，工移十地。化身菩萨，馨馨石钵之飧；满愿药师，湛湛琉璃之水。八十种好，感空落之花园；万变应身，散珠星而焕彩。轻纱浅绿，对细雾而未开；重锦深红，本无风而似动。因亲帝释，尚贵在于报恩；厚德文殊，补处询于诘疾。

这段描述起始于主龛中的佛陀，即窟室的空间焦点和精神核心。随之提到的是一系列经变壁画，两两对称地排列在左右墙上【图 4-32】。这些绘画之所以重要，是因为每幅都概括、阐释和象征了一部重要佛经，绘画所传达的是由佛祖亲口传授的佛教精义。同时，我们也可以认为莫高窟中经变画的流行很可能直接受到大乘佛典中特别推崇的"法供养"的影响。据鸠摩罗什译《维摩诘所说经》，"法供养者，诸佛所说深经……十方三世诸佛所说，若闻如是等经，信解、受持、读诵，以方便力为诸众生分别解说，显示分明，守护法故，是名法之供养。"[37] 这种供养比任何其他类型的供养，如

图4-32　莫高窟第231窟南北壁经变画　839年

衣服卧具、香花幡盖、修行戒行等，都要重要和深刻，同一《维摩诘所说经》因此反复强调"以法供养于诸供养为上、为最，第一无比"。[38] 从这个角度看，此窟和莫高窟中的许多经变的意义并不一定在于向朝拜者解释佛经（实际上在幽暗的洞室中很难看清这些图画），而在于以图经的形式实践这种最高水平的对佛供养。[39]

功德记在此之后采用了诗意叙述的模式，将窟中各种雕塑和绘画形象融混在一起，描绘出一个神妙的宗教空间。那是一个充满神迹的宇宙整体，日月交辉，飞龙在天地间畅游，天王、菩萨、帝释等诸种神灵现身于琉璃般的流光之中。特别值得注意的是"八十种好，感空落之花园；万变应身，散珠星而焕彩"这两个对句。"八十种好"指的是佛陀的身体特征，在此指龛中的主尊佛像；"万变应身"则指佛为众生说法而演化出来的无穷身相，在此指涉的就是绘于龛中的种种瑞像。浮现于"轻纱浅绿""重锦深红"的幔帐顶部，它们对应和环绕着佛陀本尊，作为后者的显现（manifestations）和衍生（derivations），以烘托主尊的荣耀。如果说墙壁上的经变画强调的是"经"——以文字为媒介的佛陀教导，这些瑞像所强调的则是"像"——以形象为媒介的佛陀法力，这也就是它们的题记不断使用"放光""放光成道""光如火""腾空""履空而来""飞往""来住""地中出""巡城"等词语的缘故，都在不断强调着瑞像的超自然功能。

一旦理解了隐藏在此窟瑞像图之后的这种新的概念逻辑，我们就获得了一把钥匙，进而解释瑞像图随后发展出来的两种空间变体：一种把单独的瑞像——主要是番合圣容像——绘于佛像身后大型背屏的背面，另一种则把集成式瑞像图从中心佛龛转移到前后室之间的甬道顶上。前者的首例是 9 世纪下半叶建造的第 138 窟，很有可能是阴氏家族成员在张氏归义军时期为自己家族建造的一个新的"纪念碑式"大型洞窟。[40] 由于此窟采用了出现不久的背屏中央佛坛窟的样式，把佛像从凹陷的佛龛里推至窟室中央，集成式瑞像图的

图4-33　莫高窟第55窟背屏之
后的番合圣容像　10世纪中期

原有位置——佛龛的盝顶四披——不复存在。设计者需要找到一种
新的方式来区分"佛之表现"和"像之表现"，并将二者带入空间的
互动。他的办法是使用主尊佛像身后顶天立地的背屏，把瑞像画在
背屏背面。

　　在进行这个创造时，设计者很可能从百年以前的一个重要洞
窟——第332窟（李克让窟）——中获得了灵感。我们在前面谈到
这个建于698年的洞窟在中心柱的北面绘了一幅巨大的番合圣容像
（见图4-25）。在把这个形象移植到第138窟的背屏背面时，此窟设
计者更明确地建立了这个绘画图像和背屏前的雕塑佛像的对应。而
且，由于背屏和洞窟后壁之间只有一个相当狭窄的空间，画在背屏
后壁的瑞像几乎无法看到【图4-33】。这种位置移动的一个先例见
于离敦煌一百多公里的榆林窟。那里现存的第28窟是初唐建立的一
个中心柱窟，虽然前部已经崩毁，但是中心柱的左、右、后三面尚
保存完整。每面各有一券形佛龛，背面的北龛中塑有一个硕大立像，

图4-34　莫高窟第55窟中央佛坛和佛像

图4-35　猎人李施仁逐鹿来到御谷山面见刘萨诃　第98窟背屏背面壁画　10世纪上半叶

虽经后代重绘，但其姿态和山岳背景明确显示这是一尊番合圣容像。我们没有直接证据显示莫高窟第138窟的设计者参考了榆林窟中的这个形象，但它们在窟中的共同位置显示出相同的理念。与阴嘉政窟龛中的集成式瑞像相同，画于背屏背面上的圣容像也主要是在概念层面而非视觉层面上发挥作用：虽然在此位置上难以被人看到，它却更为直接地与背屏前方的主尊佛像发生了空间和观念上的互动【图4-34】。换言之，背屏前方的主尊代表佛陀本人，呈现于信众面前并决定了仪式空间的焦点。而画于背屏背面的二维圣容像则成为佛的"像"或"影"。在第98窟（曹议金窟）和第61窟（文殊堂）这些曹氏归义军时期的大窟中，叙事性画面被进而加到背屏背面的瑞像旁边，表现新出现的有关番合圣容像的传说：猎人李施仁逐鹿来到御谷山，目睹此瑞像和刘萨诃本人的显现【图4-35】。[41]这些叙事场景进一步加强了瑞像的历史特殊性，与背屏前面的超越时空的佛陀形成更深一层的对比。

　　这种围绕着佛坛中央背屏建构的图像程序在曹氏归义军时期

受到敦煌统治阶层的特别欢迎，不但出现在曹议金、曹元忠夫妇本人的功德窟里（第 98、61、55 窟），也被第 146、4 窟等其他大型洞窟模仿。与此同时，洞窟内的另一建筑部分——前后室之间的甬道——也被开发成表现瑞像的特殊空间。我们可以将这个模式追溯到 9 世纪 60 年代的第 85 窟，为洪辩之后的第二任河西都僧统翟法荣于咸通三年至八年（862—867）建造，因此也被称为"法荣窟"或"翟僧统窟"。[42] 论者认为张议潮为了纪念收复河西、封为归义军节度使而建造了自己的功德窟第 156 窟，之后法荣作为当地宗教界领袖，也为纪念自己荣升都僧统修建了第 85 窟。这也就是敦煌卷子中的《前河西都僧统京城内外临坛大德三学教授兼毗尼藏主赐紫故翟和尚邈真赞》（P.4660）所记述的："名驰帝阙，恩被遐荒。迁加僧统，位处当阳。符告紫绶，晶日争光。机变绝伦，韵合宫商。灵山镌窟，纯以金庄。龙兴塔庙，再缉行廊。"[43] 由于此窟采用了无背屏中央佛坛窟的建筑样式，设计者既无法承袭阴嘉政窟开启的先例把集成式瑞像图绘于佛龛内部，也无法按照第 138 窟的样式把单独瑞像画在背屏背面。他的解决方式是把这些形象移至连接前后室的甬道顶上，将 28 身瑞像分列于甬道两旁的斜披上【图 4-36】。这些瑞像都出现在屏风式的长方形界格中，对阴嘉政窟集成式瑞像图的借鉴非常明显，甬道中部的平顶上则画千佛围绕着莲池中的说法佛陀。

　　这个不太引人注意的决策造成了相当深远的后果：可能由于法荣的特殊地位，这个窟为集成式瑞像图提供了一个新的标准空间，此后完全取代了在龛内图绘这一题材的做法。大约三十年后建构的第 9 窟进而利用甬道顶部发展出一种新的图像程序：集成式瑞像图仍出现在甬道顶部两披的界格之中，但两披之间的平顶则以番合圣容像和牛首山瑞像为中心，综合其他各种各样与感通和灵验有关的图像【图 4-37】。这个新图式随即成为一大批甬道壁画的基础，被增益以越来越多的图画题材和组合，包括圣迹、神僧、瑞像、传说等，

图4-36　莫高窟第85窟甬道顶部的集成式瑞像　9世纪中期

图4-37 莫高窟第9窟甬道顶部壁画 9世纪晚期

在之后近一世纪中不断花样翻新。[44]

　　一个有意思的问题是：为什么甬道这个空间在此时激起画家如此蓬勃的想象力，不断更新和丰富此处的图像？一个答案是主室中的绘画程序在这一时期已经高度标准化和程式化，而甬道则提供了一尚可发挥想象力、创造新图像的"边缘"空间。这个空间的主要特性是连接前室和后室，它所隐含的知觉模式是"转化"（transformation）和发生（happening），因此特别适合描绘瑞像和神迹。也正是在这同一空间里，甬道下部的壁画描绘着前往拜佛的供养人，正在穿越这条充满瑞像和感应的甬道，从纷繁喧扰的外界进入佛陀的神圣领域。

《番合圣容像变》

　　莫高窟共有六个殿堂式洞窟在中心龛内的盝顶四披上绘有集成式瑞像，[45] 其中第 72 窟建造时间最晚，大约在 9 世纪 60 至 70 年代。[46] 很可能由于这个原因，除了盝顶四披上的瑞像，还在南壁上展示了一幅 6.5 米宽、以番合瑞像为主题的大型壁画，反映了窟主或画家对于瑞像概念详密而精深的思考。由于这个原因，我们将对这幅壁画进行集中分析，最后总结出它所隐含的一个中古时期的"瑞像观念系统"。本节因此担负着承上启下的作用，将我们的注意力从洞窟空间中的画像程序逐渐引导到壁画内部的空间结构——这是本书下章的内容。

　　让我们先总览一下这个洞窟。建造在莫高窟山崖底层，第 72 窟是一个相当典型的方形佛殿窟，四壁长度在 6.2—6.5 米之间，覆斗顶高 5.8 米，西壁开盝顶帐形龛，龛中有五尊塑像，但都经过后代的重塑和重修【图 4-38】。引起我们兴趣的是窟中的三组图像，都和瑞像及感应有关。一是龛中所绘的集成式瑞像，如阴嘉政窟那样也画在盝顶四披上的长方竖格里【图 4-39】。这里值得注意的一个现象是，

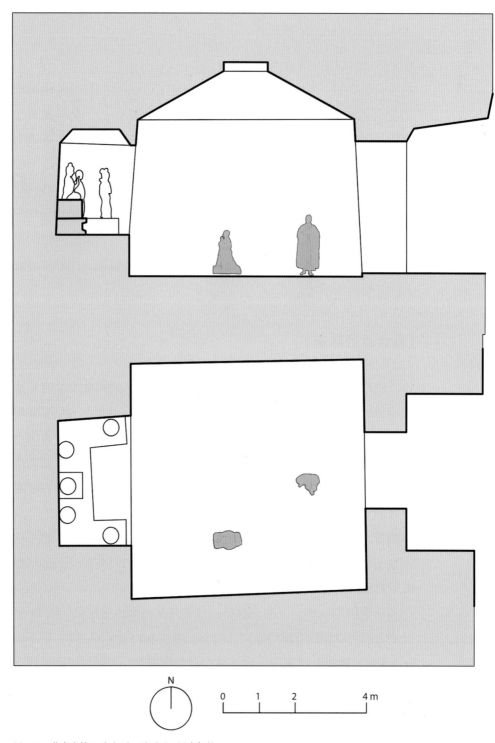

图4-38 莫高窟第72窟立面、平面图 周真如绘

图 4-39　莫高窟第 72 窟窟顶瑞像图

瑞像榜题倾向于标准化和概念化：有关确切地点和具体圣迹的描述虽有但数量减少，更多的仅仅标注佛名或填以"圣容诸像来住山"这类程式化表述。独立的瑞像在面向龛内的东披上完全消失，代以一组八躯相同的药师佛立像。[47]

　　与瑞像及感应有关的另一组形象出现在佛龛的南北两侧：帐门北侧上方画山间打坐的刘萨诃，旁边的榜题为"圣者刘萨诃和尚"；与他对应的帐门南侧则是由榜题标明的"圣者泗州和尚"。后者生活在 7 世纪到 8 世纪初，泗州在今日江苏淮安一代。这两位高僧在时代和地望上都毫无关系，他们在这里被组成"一对"以辅佐龛内的佛陀，应该是由于他们在晚唐佛教信仰中的类似身份，都是著名的"奇迹创造者"（miracle workers），也都与神迹和感应有着密切联系。

　　最后，覆盖了洞窟南墙的硕大壁画构成了这个洞窟与瑞像及感应联系的最强纽带。与佛龛内的集成型瑞像相辅相成，这幅画聚焦在一个特殊的瑞像上，对它的宗教意义进行深入的表现。这幅壁画本身没有题名，现代学者称之为《刘萨诃与凉州圣容佛瑞像史迹变》

或《刘萨诃与凉州瑞像变》，均将刘萨诃与凉州瑞像（即番合圣容像）作为它的"双主题"。但正如下文显示的，刘萨诃在画里只占很小位置，整幅构图的主要角色无疑是在画中占中心位置并在榜题中不断提到的"圣容像"，笔者因此建议将画名改为《番合圣容像变》。这一改动含有一个有关研究方法和观念的更广阔的建议，即我们在研究中应该根据具体材料，把刘萨诃与番合圣容像作为两个既密切联系又互有区别的主题看待。实际上从初唐开始，此二者就已经成为文学写作的两个不同重心：道宣在《续高僧传》中以刘萨诃为主体，讲述了他预言番合圣容像出现的事迹，但在《集神州三宝感通录》中则以"像"为主线重新编写了这个故事。此后的文学和艺术创作于是分为两支，一支属于传记体，以刘萨诃为中心，如敦煌卷子中的三件《刘萨诃因缘记》（P.3570，P.2680，P.3727）；另一支则贯穿于艺术创作中，以圣容像为中心。本章分析的所有例子——从7世纪的第203窟到9世纪的阴嘉政窟（第231窟）、法荣窟（第85窟）和第138窟——都是沿着这后一线索发展的。出于藏经洞，现存于大英博物馆的一幅精美刺绣和另一幅残损画幡也是如此，都以标准姿势的番合瑞像为中心，由重重山崖环绕，刘萨诃在这些画面中或阙如或作为次要角色出现。[48]第72窟南壁壁画继承了这一传统并将其发挥到极致。

这幅壁画是目前所知最复杂的表现番合瑞像的绘画。虽然它久为人知，但研究者直到1993年以前一直受到一个不幸现实的局限：这个窟在开凿之后不久就为洪水浸泡，之后又被风沙淹没大半，使壁画下部的线描和色彩大部分消失【图4-40a】。1989年，敦煌研究院研究员霍熙亮做出了艰巨的努力，力图通过临摹重新"发掘"出原画的内容。由于墙壁表面没有遭到硬性破坏，依然带有原来色彩和墨线的轻微痕迹，他在烛光之下仔细辨识这些残迹，通过几个月的艰苦工作，终于完成了一幅线描图，显示出壁画中的大部分形象和题记【图4-40b】。该图于1993年发表，并附有绘者对画中情节的

图4-40 莫高窟第72窟南壁《番合圣容像变》(a)摄影 (b)霍熙亮绘线图

考证。[49]但这里的问题是：我们到底应该如何去"阅读"这样一幅
极其复杂，可能是传统中国艺术中对宗教偶像思考最为深刻的绘画？
通常使用的方法是将画中场景与文献中描写的事件进行一一对照，
以便重述图画所描绘的"故事"。但如我在下一章中将要谈到的，艺
术创作和文学创作有各自不同的规律，文学作品中以线性方式展开
的事件经常以似乎混乱的方式出现在图画里。[50]艺术史家因此不但
需要确定单幅场景的内容及来源，而且还需要揭示画家用以重新组
合这些场景的空间和图画叙事结构。这一方法论提案也将体现在以
下对第 72 窟壁画的解说中。

　　按照宗教偶像画的通常做法，此画作者在构图的中央部位描绘
了主要偶像。但这里我们所发现的不是一个，而是两个完全相同的
佛像，沿中轴线上下排列【图 4-41】。两像均采用了番合圣容像的标
准姿态，右臂下垂，左手握袈裟的一角。所不同的是上方佛像的周
围环绕着一大群菩萨、罗汉和天王，诸多天人正驾云前来赴会。一
则榜题写道："大菩萨观音势至赴圣容会时"，"圣容会"三字透露出
此会的性质，也解释了为何佛陀采用圣容像的特定姿势。这一姿态
被下方的佛像重复，但这个佛像出现在一座三角形山峰之前，表现
的因此是御谷山中的番合圣容像。这两尊佛像的相同姿势说明了它
们之间的关系：上方尊像所表现的是天上的佛陀，是地上的番合瑞
像的原型。两像在画面中心的成对出现点明了该画的主题，也就是
此像的宗教学含义。画中的其他部分进而说明这一含义的两个主要
方面，一是瑞像通过感应对人类事件作出反应，二是瑞像在人类世
界中所受到的不同对待。

　　画面底部描绘的是番合地区的真实地理情况：中间是瑞像所在
的御谷山；左下角一座城门旁有"（焉）支山张掖县"榜题，城外是
表现"农人耕种时"的劳作场面；右下角则涌出一列朝山进香的马
队，朝着御谷山中的圣容像行进（见图 4-40）。队伍跨越一座小桥到
达瑞像脚下，一名合手拜谒佛像的官吏被旁边的榜题称作"天使"，

图4-41 《番合圣容像变》
中部

所表现的因此很可能是唐中宗（705—709 年在位）派遣御史霍嗣光
礼拜圣容像一事，此事载于《凉州御山石佛瑞像因缘记》。[51] 站在圣
容像脚下相对位置的僧人是"焚香启愿"的刘萨诃；虽然他生活在
几百年前的西晋，但却与唐朝御史在这幅跨越时空的宗教画中构成
一对，象征朝廷和僧伽对此瑞像的一致崇敬（见图 4-40，4-41）。

　　前景之后的画面被沿中线的两身佛像分为左右两部，上方为
"天"、下方为"地"，其间的崇山峻岭则成为表现各种神话和历史事
件的场所。画面右部描绘的是圣容像的种种灵验。靠近右下方边缘的
一则榜题写道："七里涧口（圣）容像头现时"，若干与佛头有关的场
景由此开始构成一个局部叙事序列，蜿蜒向左上方延伸【图 4-42】。
此榜题旁的场景显示佛头正在乘云降落并被大众膜拜，之后人们将它
放在精致的轿子里，被"大众持花迎（接）"，运至一座耸立于山间的
巨像之前【图 4-43】。众人随后登上高梯将佛头安置在佛身上，这个
场面与相伴的"却得圣容像本头安置仍旧时"榜题完全切合。有意思

图 4-42　《番合圣容像变》中的佛头奇迹

图4-43　《番合圣容像变》中的佛像奇迹

的是，这个图像既作为"佛头"叙事系列的终点，又在此处与由左上方发展而来的另一叙事序列相遇，后者表现的是圣容像初现后的一系列感应事件。我们看到一尊无头雕像，旁边写着"圣容像初下无头时"的榜题，脚下摆着三个并置佛头。这里描绘的是圣容像从山崖上自行挺出后的一系列事件：由于北魏国运不济，该朝多次安装佛头的努力均告失败。从这里往右方阅读，表现"却得圣容像本头安置仍旧时"的画面描绘的是北周立国时带来的期望，但随后发生的却是武帝灭法的灾祸，这个佛像脚下放置的佛头指示出佛头随即失落的应验。

　　上述无头雕像旁的榜题很值得玩味，"圣容像初下无头时"中的主语是"圣容像"，作为动词的"下"则说明这尊像是一个可以自由行动的主体，刚刚从天上来到人间。道宣在其题为《道宣律师感通录》的最后著作中记述了他与某位"天人"的一番对话，请教有关番合圣容像的一些未解问题。天人告诉他这个瑞像是迦叶成佛时神灵所造，大菩萨利宾以神奇法力使此像能够巡化四方，教导人民，就像佛陀本人那样。数千年后邪恶势力控制了这一地域，安放这尊神像的寺庙被毁。但是山神将像举到空中，将它安置在一座石室之中，之后渐渐沉入悬崖石壁之间。刘萨诃之所以能指出像的所在，是因为他是利宾菩萨的转生。[52]虽然第 72 窟壁画并不直接图绘这个传说，但它反映出同样的瑞像观念，把番合圣容像想象成如佛陀本人一样四处巡行的灵体。在这幅画里，圣容像以缩小的形式数次在画面顶部的云中显现，伴随的榜题包括："圣容像乘五色云赴会时"，"圣容像真身乘云来时"，"释迦圣容像现时"，"圣容像入龙阁时"等。这些微型佛像都以典型的圣容像样式出现，右臂直垂，左手捻袈裟一角。承载他们的浮云都拖着一条云尾，显示出飞翔的动势【图 4-44】。放在这个上下文中观看，上面提到的"初下无头时"的圣容像应是刚刚从云端下落，其持续的动势由上方的云朵和两名胁侍的天人指示出来（见图 4-43）。

当我们将视线转移到画面左半部时，我们发现画的主题由圣容像的灵验转变为人类对它的两种对立反应，或是尊崇和礼敬它，或是破坏和摧毁它。尊崇它的一个主要方式是通过复制它的形象以传播它的神明。因此我们看到在中轴线上层佛像的左边，圣容像正被复制为长方形画框中的一个二维图形（榜题为"请丹青巧匠邈圣容真身时"），旁边的场景则描绘雕塑师在僧人的监督下丈量佛像（榜题为"请工人巧匠量真身造容像时"）【图 4-45】。因此，这组画面展示的是复制佛像的两种主要艺术形式，使神奇的瑞像得以被复制和传播。与此形成鲜明对比的是下两个画面，表现的是榜题所记的"蕃人无惭愧盗佛宝珠扑落而死时"和"蕃人放火烧寺天降雷鸣时以霹雳打煞时"的事件【图 4-46】。这些情节不见于任何与番合瑞像有关的文献，很可能是画师的添加。

壁画左右部分的这两个主题——圣容像的灵验与世人对它的态

图4-44 《番合圣容像变》中飞翔在云端的微型圣容像

度——构成了这幅作品的主要叙事内容，但其他三组零散形象也扮演了不容忽视的角色。其中一组包括各种施主和礼拜者，除皇帝使臣还有地方官员耆宿以及外国香客和商人，均前来礼敬圣容像。第二组形象和刘萨诃有关：这位高僧或在天国中"坐禅入定"，或"赴会思发修僧"，或"见猎师对以劝化"，或面对圣容像"焚香启愿"。这些分散的微小人像并不构成连贯的视觉叙事。它们的一个作用是提醒观者这个圣僧和番合圣容像的不解之缘，另一个作用则是帮助

图4-45 《番合圣容像变》中人们描摹圣容像场面

建立这幅画和整个石窟的联系。如上文说到的，此窟佛龛外右上角画有刘萨诃像，与左上角的泗州和尚构成一对。刘萨诃因此既出现在《番合圣容像变》里又出现在画外，在两个空间中都辅佐和崇敬着中央的佛陀。

第三组——也是最后一组——中的零散形象表现各种飞翔的神灵，如"罗汉乘云现身时""龙王现楼阁时""二菩萨来会时""大菩萨观音势至赴圣容会时""千佛现时""大释迦赴会现云中时""释迦

图4-46 《番合圣容像变》中蕃人盗宝场面

图4-47 《番合圣容像变》中的以圣容像姿态出现的佛像 黄色：灵鹫山上的佛祖；蓝色：作为神灵飞翔的圣容像；红色：降落到地上的圣容像；棕色：人们复制的圣容像

牟尼佛从空而下时""观音菩萨现时""十方诸佛赴会时""金钟现时""铁像从空而来现时"等。上面说到的"乘五色云赴会"和"真身乘云来时"的圣容像，实际上也是这些天界神灵之一员。此组形象对理解这幅壁画具有关键的意义：它显示了一种特殊的宗教图像理念，即人世间的著名瑞像是由它们在天上的"原型"派生出来的。这些"原型"具有佛教神祇的地位，是佛教万神殿中的常规成员，也是灵鹫山上法会的常客。

总结一下这幅壁画中的所有"番合圣容像"，我们发现共有十四身佛像具有此像的标准图像志特征【图4-47】。虽然它们的图像相同，其宗教含义则各有差异，从而组成一个"意义的网络"（semiotic network）。以上分析显示它们表现了四种不同主体，同时也指示出它

们之间的连续性。这四种主体是：（1）作为灵鹫山主人的"真实"佛陀，（2）陪伴佛陀、巡游天上的圣容像，（3）天上圣容像在人间演化出的番合圣容像，以及（4）由此瑞像复制而来的绘画和雕塑。这十四身佛像所共同构成的是有关瑞像的一个理念系统——从瑞像的概念到物化，从它的宗教学根源到尘世间无休止的复制。这个系统的基本观念是"表现"而非"再现"：当一身瑞像被认为是天上形象的自我显现时，人间画匠和雕塑师的作用只能是复制者，而他们的任务是复制一个不可能被复制的对象。

第五章

莫高窟绘画中的空间

经营位置

上章的最后一个例子——第72窟中的《番合圣容像变》——带领我们跨过了一条无形界阈，从窟室的建筑空间进入到壁画的绘画空间，由此开启了本章的先声。与三维雕像不同，壁画总是处于这两个空间的节点上，既属于物质的窟室又超越墙壁的限制，不知不觉把观者的身体运动转化为视线的运动，甚至在刹那之间忘却洞室的存在。视线的运动总是被图画空间所引导——虽然大部分观者并不对此自觉。这是因为图画空间（pictorial space）把一堵墙转化为具有特殊视觉逻辑的图像。这种逻辑既丰富又持续，构成石窟美术史研究的一大领域。

这里需要对"图画空间"做一些说明。传统欧洲美术史写作常在形式分析和视觉心理学的意义上使用这个概念，关注的主要是再现形式和视觉感知的模式。这个兴趣是整个欧洲美术史叙事的基础：在这个叙事中，绘画再现中使用的透视技术和造成的错视效果使画家得以征服二维画面，将之转化成三维视觉图像。西方美术史中最重大的革命，不论是从古代埃及艺术到希腊美术还是从中世纪艺术到文艺复兴艺术，都是在这个基础框架中被观察和定义的。虽然学者针对这些视觉革命发展出不同的阐释系统，但二维和三维的关系往往处于论述的核心。[1]当欧洲美术史家开始把眼光转向中国艺术的时候，这一学术传统很自然地主宰了他们的思维。如路德维格·巴赫霍夫（Ludwig Bachhofer, 1894—1976）就以"二维表现与三维再现"这对概念作为基本尺度，把中国画像艺术的产生和发展划分为若干首尾相接的阶段，从"空间意识尚未形成"的汉代画像到对空间作出"统一和总括"表现的唐代《西方净土变》。[2]这类研究的一个效果，是把中国美术史按照欧洲美术史的模式设想成具有明确目的论（teleological）的进化过程，因此不免成为西方艺术史的不完美的影子。

　　但是，虽然二维和三维的互动在任何绘画传统都存在，但这却并不是中国传统绘画的重心，中国古代评论家也没有把这对概念作为衡量艺术发展的圭臬。他们谈到图画空间时使用的一个重要概念是"经营位置"，与之意义相近的术语还包括"章法布局""置陈布势"，等等。了解中国美术史的人都知道，"经营位置"是著名南朝艺术理论家谢赫（479—502）提出的"六法"之一。后代美术史家对"六法"中的"气韵生动""骨法用笔"讨论很多，往往各执己见。但对"经营位置"的理解则相当一致，都认为指的是图像在画面中的安排，有的学者因此将之等同于现代汉语中的"构图布局"。

　　中国传统绘画文献提供了很多"经营位置"的例子，显示的常常是艺术家根据长期积累的实践经验，对绘画形象的位置进行适当的选择和搭配，以达到视觉效果的平衡与变化。如传为王维（701—761）写的《画学秘诀》说："初铺水际，忌为浮泛之山；次布路歧，莫作连绵之道。主峰最宜高耸，客山须是奔趋。回抱处僧舍可安，水陆边人家可置。"[3]有些论述含有更为明显的"图画空间"意味，如署名李成（919—967）的《山水诀》中写道："凡画山水，先立宾主之位，次定远近之形，然后穿凿景物，摆布高低。"[4]

　　虽然这两段文字不一定真是出于王维和李成之手，但它们都反映出画家对形式和内容两方面的考虑。因此，中国绘画中的空间性不纯粹是形式和视觉心理上的，也包括内容或图像的意义。这一点非常重要，因为"图像"和"形式"是传统欧洲美术史中的两个基础概念，由此发展出"图像志"和"形式分析"两种主要研究方法。"经营位置"则涵盖了图像和形式，综合了视觉形式和图像意义。另外值得注意的一点是，虽然宋代以降的文人画家把"六法"中的"气韵生动"推崇为中国绘画的精髓所在，但唐代的张彦远（815—907）在其《历代名画记》中给予"经营位置"极为重要的地位，甚至说："至于经营位置，则画之总要。"[5]上引传李成《山水诀》为理解这个说法提供了一个实际解说：根据这段话，画家在作画之始

图5-1　"降魔成道"壁画　第254窟　5世纪早期

必须首先决定画面的总体空间结构（"先立宾主之位，次定远近之形"），然后逐渐丰富这个空间的细节（"穿凿景物，摆布高低"）。所谈的绘画程序为我们提供了一个分析中国绘画的路子：面对一个画面，我们需要首先注意的是它的总体空间结构，也就是它的基本视觉逻辑。

　　从这个角度综览莫高窟壁画，我们可以认为其图画空间大体属于三种基本类型：一是焦点式的偶像类图像，二是线性的叙事类表现，三是二元性的"对立构图"。偶像类图像可能开始时配合禅观使用，但从很早起也为"降魔成道"等情节式主题提供了构图模式【图5-1】。这种构图在唐代以后变得日益复杂，其目的也从表现单独神祇转为阐释重要佛教经典。这个发展极大地改变了莫高窟美术的

图5-2a 《法华经》变相 第61窟

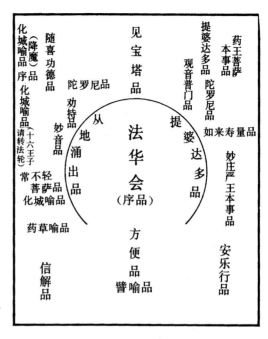

图5-2b　第61窟《法华经》
变相题材分布

面貌，其背景是当时一场声势浩大的宗教运动——一批强有力的中国本土佛教流派纷纷兴起，各以特定佛教经文为基础。这场运动在佛教美术中的直接结果便是"经变画"的出现，上章中的讨论进而把这类绘画与"法供养"的概念和实践联系起来理解。

与早期偶像型图像有别，经变画的核心目的是表现、概括和阐释佛经——即佛陀亲口传授的教义。跟随善导（613—681）"依经画变"的主张，经变画家选择性地描绘了佛经中的内容，以这类图像伴同或环绕核心佛像，由此产生的图画空间结构可被称为"经变空间"。论者常将这些空间中围绕佛像的场景混同于叙事型故事画。但如果仔细观察的话，就会发现它们大多是图像化的比喻和诠释，所表现的并非独立的故事而是佛经的核心要义。

以典型的《法华经》变相为例，其图画空间由佛像和多个场景组成。讲述经文的佛陀和围绕他的会众位居中央，对应着经中的《序品》，随后的各品则由单独场景表现，在总的方向上围绕主尊右旋展开，引导观者的视线环绕一周，在这个过程中也就概括了佛经的内容，实现了"依经画变"的意图【图5-2】。《药师经》变相采

图5-3 《药师经》变相　第148窟　9世纪

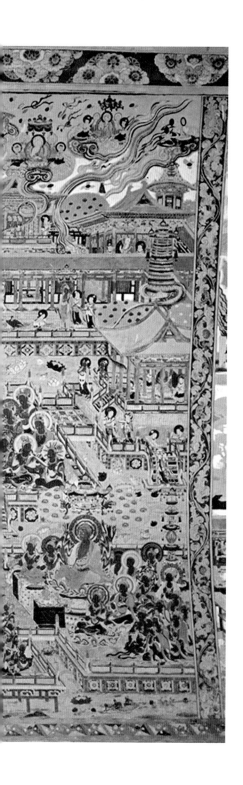

用了另一种"经营位置"方式，以中央主幅显示药师佛东方净琉璃世界的景观，两侧安置纵向画幅以表现"九横死"和"十二大愿"【图5-3】。这些场景的名称已经说明它们的作用并非叙事，而在于强调药师经救人于危苦的中心宗旨。《观无量寿经》变相也经常使用类似的三分式空间规划，但以两旁的垂直画面描绘"未生愿"和"十六观"内容【图5-4】。根据亚瑟·威利（Arthur Waley）的看法，这两个垂直画面所体现的是善导对这部佛典的解释。[6]一幅《观无量寿经》变相以三种相互搭配的方式——中央的西方净土、两侧的"图像诠释"以及"九品往生"图像——宣讲了净土宗的基本教义。这些空间模式为经变画的持续发展奠定了基础，在之后的数百年间演化出大量的新形式和变体。这一发展过程吸引我们去发掘其图画空间的细节和丰富性，也促使我们思考经变画与有关的宗教仪式和讲唱表演——特别是"讲

图5-4 《观无量寿经》变相 第172窟 8世纪

经"或"俗讲"——在结构上的联系。[7]

线性的叙事类壁画和偶像型壁画在目的、内容和视觉逻辑上都
有重大区别。偶像型表现——无论是单独的说法图或是大型的经变
画——从根本上说基于象征性而非描述性图式，其画面空间总是聚
焦于一个中心图像——佛陀或菩萨。这种视觉上的高度集中不仅源
于偶像的中心位置和特殊尺度，而且也由周边人物和建筑环境得以
加强——这些附属形象无不引导观者将视线聚集于画面中心，而画
面中的中心神祇则被描绘成静默的正面形象，无视周边人群而直接
注视着画外的观者。[8]这种绘画所包含的情节因素——不论是佛陀
的生平还是对佛经的诠释——总是第二位的，画师为它们"经营"
的位置总是属于主像周围的从属空间。但在创作叙事类画面时，画
师首先考虑的不再是神灵的统摄力量，而是对事件的直接表现，是
角色的活动和相互之间的互动。

莫高窟壁画从内容上看包括三大类叙事画，一是"本生"或佛
陀的前世，二是表现释迦牟尼生平事迹的"佛传"，三是称为"本
缘"的佛教因缘故事画。它们的主要功能都是讲故事，但采用的空
间结构则层出不穷，充分反映出画家的自主性。如第254窟中的早
期《萨埵本生》表现了萨埵太子舍身饲虎的事迹，将几个连续情节
组织在一个近于方形的画面中，自上而下延续发展，最后转回画面
中心【图5-5】。描绘同一故事的一幅略晚壁画则采取了典型的连
环画形式，在长幅构图中排列多个情节【图5-6】。以这些叙事画
为研究对象，敦煌艺术研究者发现了多种讲述佛教故事的视觉空间
样式，有的由两端向中部发展，在画面中央达到故事高潮。其他的
则形成波浪式、回转式、倒叙式、横卷式、屏风式等各种画面结构
【图5-7】[9]但不管画家如何"经营"叙事情节的位置，这些空间样
式都通过建立具体情节之间的联系来讲述故事，因此既区别于焦点
式的偶像类图像，又与二元性的"对立构图"不同。

本节讨论的重点是这最后一种空间模式——即二元性的"对立

图5-5　"萨埵本生"壁画　第254窟　6世纪早期

图5-6　"萨埵本生"壁画　第428窟　6世纪后期

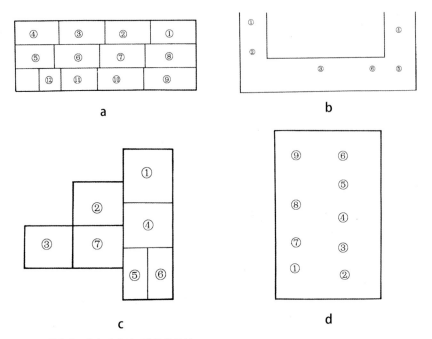

图5-7　莫高窟早期叙事类壁画的结构举例

构图"，选择这个主题的原因是比起典型的敦煌经变画和叙事画来说，这种构图引起的学术讨论尚属有限。另一个原因是所使用的中心案例——描绘"降魔"或"劳度叉斗圣"故事的绘画——汇聚了极为丰富多样的材料，包括至少二十铺壁画、一卷变文画卷、一件画幡残片和一些线描白画，创作时代也持续了数百年，从6世纪延续到10世纪甚至更晚。这些材料使我们得以深入探讨敦煌绘画中的空间构成，一方面引导我们探索绘画、文本、说唱之间的关系，一方面促使我们观察不同图画空间模式之间的互动。如下文将会谈到的，最早的"降魔"壁画采用了文学性的线性模式，之后才发展出非线性的二元空间模式。而这一变化又受到壁画在洞窟中位置的影响，与偶像型的中心佛龛相辅相成。因此对这组材料的讨论也可以把焦点、线性、二元这三种空间模式联系起来，在历史发展中观察它们的互动。

线性图画空间

全本"降魔"故事包括两个松散连接的部分。第一部分讲述创建佛教圣地祇园的故事：舍卫城国的大臣须达为了安排儿子的婚姻赶去王舍城国，途中听说佛陀是一位得道圣人，便向佛陀进献贡物，在佛陀的教诲下成为一名虔诚的佛教徒。他希望邀请佛陀到他的城邦去布道，但实现这个愿望必须首先选择良址建造一座精舍。佛陀派遣门徒舍利弗前往帮助，指导须达选址。经过不少波折他们终于找到属于祇陀太子的一个花园，须达以黄金铺地，买下这片土地奉献给佛陀。

故事第二部分情节发生了急剧变化，出现了两个对立的核心人物——佛徒舍利弗和外道劳度叉，以及一个新的叙事主题——二人通过幻术斗法以分高下。须达计划在祇园为佛陀建寺的消息传到外道耳中，后者自恃长于魔法，向国王建议在精舍建设之前与佛教徒举行一场斗法。比赛由国王和官员作证，在连续六轮争斗中，舍利弗每次都以化出的鸟兽和神祇战胜了外道魔头劳度叉。故事以外道的屈服与皈依佛法结束。当佛陀最后到达舍卫城，全国齐奉佛教为唯一真谛。

以上概述所根据的是题为《须达起精舍》的早期"降魔"故事版本，见于《贤愚经》这部典籍。[10]《贤愚经》并非常规意义上的佛经，而是八位中国僧人赴于阗参加一个大型佛事集会后编纂的佛教故事集。该集流传到吐鲁番之后，又于 435 年由僧人慧朗带到凉州，并加上了现在的题目。这个版本随即为以后的文学和艺术创作提供了底本，包括藏经洞发现的情节远为复杂的"降魔"变文。[11]最能表明变文和《贤愚经》版本沿袭关系的证据，是二者都由"须达起精舍"和"降魔"两个部分组成，而其他唐以前的版本，如昙果（2 世纪）的《中本起经·须达品》、昙无谶（385—433）的《大般涅槃经·师子吼菩萨品》和《佛所行赞·化给孤独品》，以及慧岩（5 世纪）的《大般涅槃经·师子吼菩萨品》等，都只包括故事的第一部分。

值得我们注意的另一个事实是，敦煌地区最早描绘"降魔"故事的壁画也包括了"须达起精舍"和"降魔"这两个部分，因此明显是根据《贤愚经》绘出的。这幅壁画位于西千佛洞第 12 窟入口处的右墙上，其年代在 6 世纪中期。[12] 画面分为上下两列，每列由宽度不等的数个情节组成【图 5-8】。上列情节从左向右展开，下列则转而从右向左，构成一个横 U 型的线性图画空间。尽管部分画面被烟熏黑或损毁，但其中的十二个情节与题记仍可大体辨清，它们的位置在附图中以编号指示出来【图 5-9】。

从上列左端开始，我们看到的是这幅壁画中空间最大的画面（情节 1）：释迦牟尼佛坐在绿树环绕的一座建筑前，舍利弗立于一侧，须达向佛陀跪拜。旁边的榜题为："须达长者辞佛□向舍卫国□精舍，佛□舍利弗共□建造精舍辞佛之时。"以一棵树为界，下一画面中的两个人物正向右方缓步走去，榜题明确点出他们的身份："须达长者共舍利弗向舍卫国为佛造立精舍□□行……"（情节 2）。接下来的画面和题记均不清晰，只能勉强辨出舍利弗坐在一座建筑中（情节 3）。在随后的画面中，舍利弗和须达正站在一片茂盛的树林中对话。虽然榜题难以辨认，但画面表现的应该是他们终于找到了祇园这一理想场所（情节 4）。[13]

转至下列，右方首先看到的是一只巨虎正和一头水牛搏斗，旁边的榜题写道"劳度差化作牛，舍利弗化作□□"（情节 5）。下一个画面和榜题全被熏黑，表现的应该是斗法的一个环节，可能是外道化为水池，舍利弗化为白象将水吸干（情节 6）。接下来的榜题也不可读，残存画面显示舍利弗正在接受一个状似魔怪的人物跪拜（情节 7）。再往下的场面显示大鸟擒龙，榜题为"劳度差化作龙，舍利弗化作金翅鸟"（情节 8）。然后是一棵摇曳倾倒的大树，旁边写着"劳度差化作大树，舍利弗化作□风吹时"（情节 9）。接下来的榜题污损，但画面描绘的明显为舍利弗化为金刚力士，正在击毁劳度叉又变

图 5-8　"降魔"壁画　西千佛洞第12窟　6世纪中期

图 5-9　带有情节编号的西千佛洞第12窟"降魔"壁画线图　巫鸿绘

化的山岳（情节 10 ）。

　　从空间布置看，我们发现"金翅鸟擒拿恶龙"之后的画面变得越来越紧凑狭窄，似乎画者意识到所余空间不多，要想完成对整个故事的图绘必须压缩单独情节的长度。但虽然如此，他在画完"金刚力士击山"之后，仍然发现剩余空面不足以描绘故事的最后两个情节。他的解决方法是把下一斗法情节——榜题为"劳度差化作夜叉，舍利弗化作比沙门，使身火焚时"（情节 11）——插入上层第一情节左侧的空白处。这个救急之策使他得以把图画故事的结尾——劳度叉在舍利弗面前五体投地（情节 12）——仍旧安排在整幅壁画的左下角，因此在总体形式上保证了线性叙事的始终。

仔细比较一下这幅壁画和《贤愚经》故事的原始文本，我们发现图像和文字之间虽然大体相同但仍有一些值得注意的差异，尤其是壁画中的六次斗法显示出与《贤愚经》不同的顺序。在《贤愚经》中，劳度叉先化为大树，舍利弗随即化为旋风将之吹倒。以后的情节分别为白象吸干水池、金刚力士摧毁宝山、金翅鸟击败毒龙、狮子吞食水牛，最后是毗沙门天王降服夜叉鬼。壁画则是从狮子吞食水牛开始，随后是白象吸干水池、金翅鸟击败毒龙、旋风吹倒大树、金刚力士摧毁宝山、毗沙门天王降服夜叉鬼。下表总结了这二个不同的顺序：

《贤愚经》	西千佛洞第 12 窟壁画
① 树——旋风	① 水牛——狮子
② 水池——白象	② 水池——白象
③ 山——金刚力士	③ 龙——金翅鸟
④ 龙——金翅鸟	④ 树——旋风
⑤ 水牛——狮子	⑤ 山——金刚力士
⑥ 夜叉鬼——毗沙门天王	⑥ 夜叉鬼——毗沙门天王

论者曾认为这种不一致是由于"这一题材采取连续性的画面出现还是刚开始，没能得到成熟的处理"。[14] 但是按照常理，图解文本的最简单方式是保存其原有次序，而不是对其进行调整。而且，

由于壁画前半相当忠实地遵循了《贤愚经》故事的情节次序，画家显然对此版本十分熟悉，后半画面对斗法次序的调整应该是有意而为，意在增加故事的戏剧效果。我们注意到从狮子到白象、金翅鸟、旋风、金刚力士和毗沙门天王，舍利弗在这个新次序中化为越来越有威力的兽、鸟和神祇。下文还将谈到，六次斗法的次序在"降魔"故事视觉表现的发展中不断发生变化，以造成最强烈的叙事效果。这个过程在这第一幅壁画中已经开始了。

但虽说有这些细微差别，壁画在总体上相当严格地保持了文学叙述的线性顺序。二者的内部结构也完全一致：壁画的空间划分跟随着文本的双主题结构，以上列场景表现须达寻找圣地，下列表现斗法和佛家的胜利。而且，由于壁画省略了文学描写的许多细节，它的双层图画空间更加凸显出文学作品前后两部的线性构成。

金维诺师曾提出这幅壁画的构图方式来源于水平分层的汉代画像。[15]这种可能性是存在的，但我们也需要注意到在汉代叙事绘画和石刻中，一个故事多以单幅画面来表现，其表现方式与这幅壁画的连续性构图不同。也有人认为这幅壁画的叙事结构来源于魏晋时期的手卷绘画，如传为顾恺之的《洛神赋图》。的确，这类手卷常把故事情节横向排列并分段配以文字说明，但手卷都是从右向左观看的，故事进程也按同一方向展开。西千佛洞"降魔"壁画的顺序则明显有别，其线性叙事先从左向右发展然后转为相反方向。笔者认为这种形式更有可能起源于印度佛教艺术，如一些犍陀罗浮雕中的叙事画面就从左向右布置。这种结构在传入中国后受到本地绘画的影响而变得更加丰富。在西千佛洞壁画中，不仅人物、建筑、树木的形象明显吸收了本地的绘画语言，而且使用树木将画面划分为若干空间单元——这种建构图画空间的方法也见于南朝"竹林七贤与荣启期"模印砖画【图 5-10】和北魏"孝子棺"画像中【图 5-11】。

图5-10 "竹林七贤与荣启期"模印砖画局部拓片 人物从左往右：嵇康、阮籍、山涛、王戎

图5-11 "孝子棺"画像局部 6世纪早期 美国纳尔逊-阿特金斯艺术博物馆藏

二元图画空间的出现

如果说最早的"降魔"壁画模仿了线性的文学叙事模式，随后出现在莫高窟的同一题材壁画则一反文学原型，以非线性的"二元"方式为这个故事的视觉表现建构起新的空间框架。这幅新壁画——包括了相互呼应的两组画面——位于莫高窟第 335 窟，根据北壁上的一则题记可知为 686 年所建，属于初唐时期【图 5-12】。该窟西壁（即后壁）上建有一个大型长方形佛龛，龛中央塑主尊佛陀，两旁原有弟子和菩萨塑像，现在除一尊外均已消失，只在龛壁上留下依稀身影【图 5-13】。团团云霞沿佛陀背光两侧升腾而上，直通窟顶。云端现出多宝塔，释迦与多宝二佛并坐其中【图 5-14】。龛内两侧墙上绘"降魔"故事，其空间结构和叙事方式均与西千佛洞的 6 世纪壁画大相径庭。

创作此幅壁画的 7 世纪晚期画家所作的一个重要改变，是完全省略了故事的第一部分：这里没有任何表现须达寻找祇园的画面，所有情节都取自于舍利弗与劳度叉的斗法。这幅画因此不能再以"须达起精舍"为题，而只能被称作"降魔"或"劳度叉斗圣"——这也是这类壁画在唐宋绘画典籍中所使用的名称。[16] 由于这个故事的所有文学版本——无论是经文还是后出的变文——都包含"须达起精舍"部分，从来没有只讲斗法的，我们有理由认为这一新的侧重点产生于视觉艺术领域，第 335 窟壁画为这个设论提供了重要证据。

这个新的叙事重点与壁画的空间模式密切相关，笔者把这种模式称为"二元结构"或"对立结构"。与以佛陀或菩萨为中心的"偶像型"经变画不同，"二元结构"总含有左右并列的两个人物，处于辩论或争斗之中。他们构成图画空间的双中心，其他人物和情节则作为次等因素安排在二者周围。第 335 窟壁画代表了这种空间模式的初期形态——虽然隶属于以佛陀为中心的佛龛，它被分割为左右相对的两组图像（见图 5-13）。一组出现于龛内北壁上，以坐在华盖

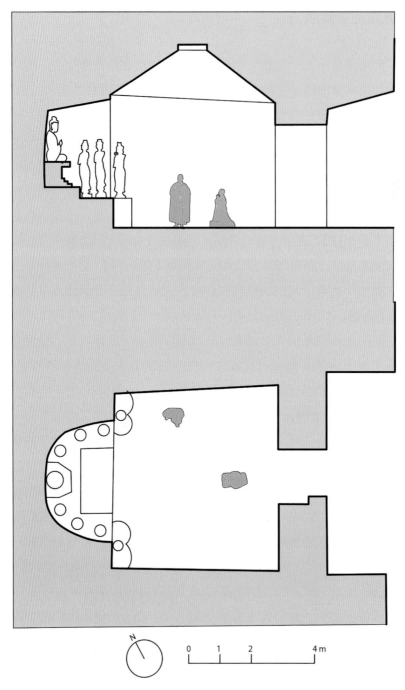

图 5-12　第 335 窟立面、平面图　周真如绘

图5-13　第335窟佛龛

图5-14　第335窟西壁上的佛龛　巫鸿绘

之下的舍利弗为核心，围绕以数位僧人。在与之相对的南壁上，男女外道拥簇的劳度叉正被飓风袭击。这两组人物之间散布着斗法情节：靠近舍利弗处是金刚力士击山、白象吸干水池；靠近劳度叉处则有金翅鸟战胜毒龙、狮子吞食水牛、飓风吹倒大树。毗沙门天王与恶鬼争斗的情节不见于此——可能由于恶鬼形象不宜出现在佛龛之中，抑或右方添加的劳度叉皈依佛法场面已使画面空间取得形式上的平衡。

被龛中央的佛陀塑像及背光分隔，这两组图像不以线性顺序连接，因而也就无法作为连续性的叙事绘画观看。它们的空间对称——或更恰当地说是二者的空间对立——显示为对舍利弗与劳度叉数次斗法的"抽象"或"浓缩"。为了突出"对立"这一主题，画家遵循了完全不同于前幅"降魔"壁画的逻辑。如上节所说，虽然 6 世纪画家将文本进行了图像化和空间化处理，他仍然跟随着文学叙述的线性逻辑。第 335 窟的初唐画家则全然离开了这个逻辑：他的设计过程由两个竞争的人物开始，将他们从故事中抽取出来，放在相对的空间位置上，然后在这一对称格局中填入单独斗法场面。因此，如果说 6 世纪壁画是线性和时间性的，这幅初唐壁画则是二元和空间性的。二者差异如此之大，很难想象后者由前者发展而来，更为可能的是：某种业已存在于莫高窟的壁画为画家提供了图画空间模式。这个设论把我们的注意力引到表现维摩诘与文殊师利斗法的图像——这是初唐敦煌壁画中唯一具有明确"二元"空间结构的作品。

莫高窟中共有 58 幅《维摩变》壁画，产生于自 6 世纪到 11 世纪的长期发展过程中。[17]《维摩诘经》讲述佛陀令其弟子去探望维摩诘居士，文殊师利最后承命担当起这一使命，但不出所料马上陷入与这位著名雄辩家的论战——维摩诘幻化出种种心障探测文殊的恒力与心智。不难看出，这一辩论与"降魔"故事有许多共同之处：二者都有一对"二元"对立人物，也都有众多的魔术变现场面。这些共性可以解释"维摩"与"降魔"画像的相似，也可以解释为什么

图5-15　早期《维摩变》壁画　第420窟　6世纪晚期

从初唐开始，莫高窟中的这两类壁画就被画在类似位置上并具有相同的构图风格，其并行发展持续了四个世纪之久。

尽管晚期的《维摩变》壁画发展得异常繁复华丽，其早期的表现则十分简洁，只描绘了两位辩论者及其追随者。这个程式可能发明于6世纪中期之后，首先出现在洞窟顶部，但不久就与中心佛龛发生了持续的联系，先被画在龛两侧的墙壁上【图5-15】，[18]继而转至龛内，每组人物占据一侧。[19]与此同时，表现维摩诘施演法术的图像也被不断引进这个基本的二元结构，出现在两位主要人物之间。

图5-16　第335窟"降魔"壁画右半边　伯希和摄于1908年

　　第335窟的"降魔"壁画明显参照了当时的"维摩"壁画程
式：舍利弗与劳度叉在其追随者的护拥之下分别占据龛内一侧（见
图5-14）。舍利弗一边有四位僧人【图5-16】。为了取得构图平衡，劳
度叉亦由男女外道护持——这些人物均不见于《贤愚经》故事，应是
画家为了保持画面的平衡添加的。[20]"维摩"壁画中两位主角的居处
常生有枝叶茂盛的大树，与之相似的形象也出现在初唐"降魔"壁画
中，但劳度叉身旁的大树不再是简单的环境因素，而成为他在故事中

图5-17　第335窟"降魔"壁画中劳度叉和身旁大树被飓风攻击的场面

的化现，正被舍利弗化出的飓风攻击【图 5-17】。值得注意的是无论在《贤愚经》文本还是在 6 世纪壁画中，树与风的斗争都是相对次要的情节，远不如其他五项斗法的戏剧性强烈。但这一情节在第 335 窟初唐壁画中占据了更为突出的地位，而其他斗法场面却半隐在塑像背后。这一侧重点的转换也与壁画的总体空间结构相关：当舍利弗和劳度叉被分置于龛中两壁上，只有飓风能把二者联系起来：风虽无形，却可穿越空间距离袭击恶魔。因此在这幅壁画中，飓风不仅把大树吹得摇摇欲倒，也同时袭击着劳度叉和他的随从。画家煞费苦心地描绘了这一攻击如何使外道陷入一片混乱：劳度叉双目难睁，其追随者以手护面【图 5-18】（参见图 5-17）。而舍利弗的安详自信遂与外道的惊慌狂乱形成强烈对比，成为绘画表现的焦点（见图 5-16）。为了强调这一情节的重要性，画家进一步对飓风作了拟人化处理：一个新创造出来的风神正用力挤压着一只皮囊，对着劳度叉阵营施放出强劲的狂风。

　　这幅 7 世纪壁画对敦煌艺术的发展具有两方面的重要性，一是

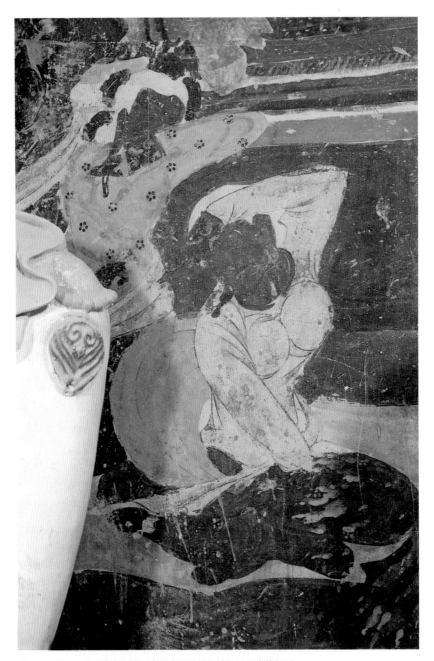

图5-18　第335窟"降魔"壁画中劳度叉的随从被飓风攻击的场面

其"经营位置"的方式成为后来所有大型《降魔变》壁画的蓝本；二是其图像为讲述这个故事的说唱演出提供了新的情节和语汇。为了证明第二点，我们可以比较一下往旧《贤愚经》故事和出现在这幅壁画之后的《降魔变文》如何描写大树与飓风的争斗。在《贤愚经》中，这一最先发生的斗法情节只被简要描写，以引出后边的斗法。[21]但在《降魔变文》中，这个情节被转移到故事最后，把佛教徒和外道的斗法引到最高潮。在劳度叉化出眩目的大树之后，"舍利弗忽于众里化出风神，叉手向前，启言和尚：三千大千世界，须臾吹却不难；况此小树纤毫，敢能当我风道！出言已讫，解袋即吹。于时地卷如绵，石同尘碎，枝条迸散他方，茎干莫知所在。外道无地容身，四众一时唱快处……"

风神这一角色不见于《贤愚经》文本，首次出现在第335窟壁画中后，随即成为故事情节的一个中心角色。不仅如此，变文版本在这段白话叙事之后又有一段韵文唱词，读上去有如对第335窟壁画（见图5-17, 5-18）的直接描述："六师被吹脚距地，香炉宝子逐风飞，宝座顷（倾）危而欲倒，外道怕急总扶之。"

我们可以进一步在更深的层次上考虑7世纪"降魔"壁画与8世纪《降魔变文》之间的关系。在《贤愚经》文本中，六次斗法中的五次都是由舍利弗与劳度叉自身变化为各种动物和神祇——描写这些变化的语词是"化作""复变其身"和"自化其身"。西千佛洞壁画与之相应，也以一对一的争斗形象表现这些斗法——两位斗法的人物在这些画面中没有出现，因为他们已经"化作"了各自变化的形象。然而在8世纪的《降魔变文》中，舍利弗与劳度叉不再是"自化其身"，而是在各自的注视下化现出各种形象，描写这些事件的动词一律是"化出"。这一改变的原因可以从初唐壁画中找到：当整个斗法过程被浓缩进一幅空间性的二元构图时，舍利弗和劳度叉在斗法过程中持续在场。他们的所为是不断"化出"各种动物和神祇，作为他们的代理人在二人面前交战。

图5-19 《降魔变文》画卷　8世纪　法国国家图书馆藏

线性空间与二元空间的结合

至8世纪中叶以前，敦煌地区至少存在着"降魔"故事的两种文学版本（《贤愚经》与《降魔变文》）和两种绘画表现模式（6世纪与7世纪壁画）。此后对这一题材的绘画表现沿着两条不同线索继续发展。一方面，在敦煌地区出现了一种直接用于讲唱变文的画卷，其画面反映了线性叙事手法的复兴和复杂化。另一方面，至少有18幅大型壁画延续了初唐壁画确立的二元模式，将其发展为独立的《降魔变》图画。[22]这两种传统并非全然独立而不受彼此影响：一方面，变文画卷把二元式构图结合入时间性的线性叙事之中；另一方面，变相壁画也从新出现的变文中吸收了大量情节以丰富自身。本节聚焦于前一方面，即著名的《降魔变文》画卷所显示出的发展。下节则聚焦于变相壁画如何吸取变文情节，以丰富空间型的"对立"构图。

　　该画卷发现于敦煌藏经洞，被伯希和携至巴黎，现存于法国国家图书馆，编号为 P.4524【图 5-19】。在过去四十年中它被许多学者讨论，年代被定为 8 至 9 世纪。[23]画卷由 12 张纸联结而成，虽然开头与结尾部分已残，但仍有 571.3 厘米长。有关"须达起精舍"的内容全然不见，长卷描绘的只是舍利弗与劳度叉的六次斗法。如此看来，这件作品融合了以往的两种"降魔"壁画：在总体形式上，它把若干画面安排在一个线性的水平长幅中，因此与西千佛洞的 6 世纪壁画相似。但在内容方面它又遵循了莫高窟第 335 窟壁画的传统，只描绘了斗法的部分。

　　这种融合在画卷的空间构图上表现得更为明显。如 6 世纪壁画，画家对这个超长画面进行了内部分割，以如同电影"帧格"（frames）的若干画面组成整个叙事，随着画卷的展开，一段段出现在观众面前。同样如 6 世纪壁画，画家也采用了风景要素来划分这些帧格：画中不断出现的树木与故事内容并无直接关系，它们的作用是把画卷分为六个部分，每部分表现一次斗法。另外一些细节反映出画家

图5-20 《降魔变文》画卷细节　显示斗法观众中的一些人物转头朝向下一场景

更为细腻的构图手段，比如每部分结尾处总有一两个人物转头面向下一场景【图 5-20】。我们需要记住"下一场景"尚未打开，这些人物的作用因此是使观众期待将要展开的部分。中国美术史上的一些著名画作也运用了这种手法，如在画于 10 世纪的《韩熙载夜宴图》中，画家顾闳中巧妙地运用一系列立屏将手卷划分为若干空间，以展示一系列欢宴活动。他进而用次要人物将这些分隔的空间联系成一个整体——最显著的例子是在最后两个空间之间，一个年轻女子隔着一扇屏风与一位男子谈话，邀请他进入到屏风后的空间中去【图 5-21】。

　　因此从总体上看，《降魔变文》画卷继承了 6 世纪壁画的传统，以线性空间模式表现不同事件的次序发生，但画卷中的每个帧格则

图5-21　顾闳中《韩熙载夜宴图》细部　12世纪摹本

采用了 7 世纪壁画的二元结构和对称构图，以佛教徒居右，外道居左【图 5-22】。这种对称格局由两组竞争者的形象对比而更加强化：光头的佛教徒身穿袈裟，胡须浓密的外道身体半裸；舍利弗坐在圆形莲座上，外道们挤在装饰着黑鹰形象的方形帐篷下。每一场景都配有一钟一鼓，明显来自变文中的一段文字："胜负二途，各须明记。和尚得胜，击金鼓而下金筹；佛家若强，扣金钟而点尚字。"[24]画家从变文中说到的上百种物品中选取了这对乐器，无疑是因为其对称的形象和功能能够进一步强化整体画面的二元结构。实际上，除了作为裁判员的国王和僚属，画卷中的其他图像都是成对出现的：佛家与外道对坐，其化出的幻象相互争斗，鼓与钟相对。[25]当这个二元构图由长卷的展开而不断重复出现，凝缩在第 335 窟壁画中的空间叙

图5-22 《降魔变文》画卷细部　表现一个斗法情节

事便以线性方式在观众面前连续展开。

　　学者都同意这一变文画卷——亦被称作"变相卷子"或"变图"——是演唱变文时使用的辅助道具，但对其具体使用方式则有不同意见。白化文认为："至于这个变相卷子纸背附记变文，乃是作简要的文字记录，供（讲述者）参考用的。"[26] 这一解释难以令人信服，因为卷子背后的文字并非简要记录，而是忠实抄写了变文中描述六次斗法的韵文部分。与之相比，王重民提出的另一假说更有启发："这一卷变图的正面是故事图，在背面相对的地方抄写每一个故事的唱词。这更显示出变图是和说白互相为用（图可代白），指示着变图讲说白，使听众更容易领会。然后唱唱词，使听众在乐歌的美感中，更愉快地抓住故事的主要意义。"[27] 王氏的假设可以从美国学者梅维恒（Victor Mair）的一项观察中得到支持："如果要在表演使用的卷子上写点什么的话，当然应当是韵文。这一点我们从整个印度说唱传统中早已了解到了。在这个传统中，韵文总是相对固定的，而白话部分则倾向于在每次讲唱中不断更新。"[28]

　　看来这些学者们都认为表演《降魔变文》只需一人，他一边讲述故事，一边不停地展示画卷。这种情况在历史上无疑是存在

的，[29] 然而诸多线索引导我们设想在使用这个"降魔"画卷时，很可能有两位讲述人分别讲述和吟唱。最主要的一个线索是图画和韵文的相对位置，前者出现在画卷正面，后者则是抄在画卷背面。由于古人在画上题写文辞时总是写在可被观看的正面，此卷将韵文抄在后面，而且每段之间隔了相当宽的空间，一定有其特殊用途【图5-23】。另一个线索是唐代讲唱表演的惯例。在敦煌藏经洞中发现的《降魔变文》中，每个情节的白话叙事部分总是以"若为"的问句结尾，由此引出接下来的唱词。同样的结构也见于藏经洞发现的用于"俗讲"的讲经文。当时的俗讲一般由"法师"和"都讲"两个人进行，法师讲完一段向都讲发出"何如"的提示，都讲就接着唱上一段佛经。[30] 俗讲在唐代极为流行，不但得到皇家支持，也受到普通民众的欢迎。不止一位唐代诗人描写过俗讲对当时社会风俗的影响，如姚合在《听僧云端讲经》中说："远近持斋来谛听，酒坊鱼市尽无人。"又在《赠常州院僧》中写道："仍闻开讲日，湖上少渔船。"说的都是举行俗讲时，不仅酒店与市场门可罗雀，而且湖上的渔舟也大都消失。[31]

　　如此流行的大众艺术形式很可能会影响其他类型的说唱表演。

图5-23 《降魔变文》画卷背面抄写的变文唱词

从这一假设出发，我们可对"降魔"画卷的使用做如下重构。两位故事讲述者——此处称为"说者"和"唱者"——互相配合表演。"唱者"手执画卷，"说者"则站在画卷前面，指着展开的画面以白话讲述其中描绘的斗法情节。当"说者"讲完一段，发出"若为"的提示，"唱者"遂吟唱抄在手卷背面的韵文。唱完之后他便卷起这段图，展开下一段场景，而"说者"继续往下讲述刚刚展开的画中段落。将韵文抄在画卷背后的一个原因是使"唱者"不至唱错歌词，另一个原因是可以指示每次展卷的停止之处。因此每段韵文总是抄在相对于正面一段画面结束的部位，"唱者"无须查看正面图像就能知道每次展卷时应该停在哪里。也就是说当他卷动画轴露出一段韵文时，前面看到的正好是一段完整画面。"唱者"因此总是面对着卷轴背面抄写的歌词，而"说者"和听众则总是看着卷轴正面的图画。

这一重构也可以由其他地区的中古说唱传统得到支持。梅维恒写道："（拉贾斯坦语史诗）《巴布吉》（Pābūjī）的传统吟唱中有两位讲述者，一般是丈夫和妻子，分别被称作 bhopo 和 bhopī；而 Devnārā

yan 的吟唱传统中有两位或更多的男性讲述者。这两种传统都利用相互穿插的'唱'（gāv）和'说'（arthāv，即'意义'或对'唱'的解释）。后者不是白话文，而是对具有韵律的歌词的或多或少的改写版本。gāv 中的一些句子常被一字不差地引用到 arthāv 中，arthāv 的最后一词或数词经常由助手说出。"[32]

二元构图与空间叙事

张议潮于 848 年从吐蕃统治下收复敦煌，莫高窟随之出现了一个营建大型洞窟的热潮，其中常饰有《降魔变》壁画。一些学者认为这些壁画可能含有政治意义，以佛教制服外道的传说影射汉人驱逐吐蕃的胜利。[33]这一解释或可说明为何这些画中的佛教徒都被画成中原人形象，而外道则作胡人形象。

在这个开凿洞窟的热潮中涌现出最大的一批"降魔"壁画，因其硕大独立的构图被称为《降魔变》或《降魔变相》。尽管其中一些

图5-24　莫高窟第196窟中的《降魔变相》 9世纪晚期

在以后的千年中遭到破坏，但仍至少有 18 幅创作于 9 至 10 世纪的壁画在莫高窟保存下来。[34] 与早期例子相比，这些画幅都是鸿篇巨制。最大一幅见于编号为第 98 窟的曹议金功德窟，宽达 12.4 米，高达 3.45 米，第 9、55、85、108、146、196、454 等窟的壁画略小，但也达到 8 至 11 米宽。这些壁画基本上跟随同一构图模式，一些例子——如第 196 窟（何法师窟）与第 9 窟中的两幅——十分接近以至可能使用了同一粉本。但细节上的差异仍大量存在，反映出画工在创作过程中的自主性和能动性。这些壁画的设计都极为复杂，一幅中常包括近五十个情节，写在长方形框格中的题记一一解释了它们的内容【图 5-24】。由于题记中的文辞往往抄录或概括《降魔变文》，一些学者认为这些壁画必定用于变文表演。但这个说法由于诸多原因而难以成立，包括石窟的特殊宗教功能，壁画结构与变文

叙事顺序相悖（见下文），以及绘画的位置与条件使之无法用于实际表演。此外，绘画的题记也并不总是根据变文，许多情况下是由画家自己创作的。[35]

从时间发展来说，这种大型《降魔变》壁画首见于咸通三年至八年（862—867）之间建造的法荣窟（第85窟）。我们在第四章中谈到过这个重要洞窟：它是张氏归义军时期都僧统翟法荣为自己营建的功德窟，首次将"集成式"瑞像图从中心龛中移至甬道顶部（见图4-36）。《降魔变》壁画出现于该窟的西壁，构成中心佛坛的背景【图5-25】。这一空间安排透露出其与第335窟的关系：两窟都以主尊佛像为视觉中心，把舍利弗和劳度叉安排在佛像两边（见图5-14）。但与第335窟不同的是，"降魔"或"劳度叉斗圣"主题在此时已与佛像雕塑空间分离，发展为独立的《降魔变》壁画。建于9世纪晚

图5-25　莫高窟第85窟内景　可以看到佛像后边西壁上的《降魔变相》 9世纪后期

期的何法师窟同样在西壁（或后壁）绘画此图，但因其中心佛坛后部矗立着连接窟顶的高大背屏，后壁上的大部分壁画均被遮挡，无法从前面看到【图5-26】。由于屏背与后壁之间只有1.1米的狭窄距离，站在屏后亦无法通览整幅壁画。这种对整体画面的屏蔽在一定程度上促使研究者对绘画细节更为重视：将壁画中每个情节与《降魔变文》进行比较，考证其内容和出处，然后根据变文的叙事顺序对其一一编号【图5-27】。

　　这种图像志研究对我们了解这些壁画的内容无疑是有帮助的，但也提出了一个严峻的问题：研究者根据《降魔变文》给图中具体场景标出的序号不显示任何线性叙事逻辑，也不把壁画中的场景联系成一个整体。换言之，虽然这种研究明确了单独场景的内容，但整个画面却似乎变得毫无意义。这个问题长期以来困扰着研究者，造成一个两难困境：从图像志角度看这种研究似乎富有成果，但从叙事和阅读角度看这种成果却把我们带入一个死胡同。如果跟随所标序号观看这些壁画，观者的目光需要不时横跨10多米宽的壁画，

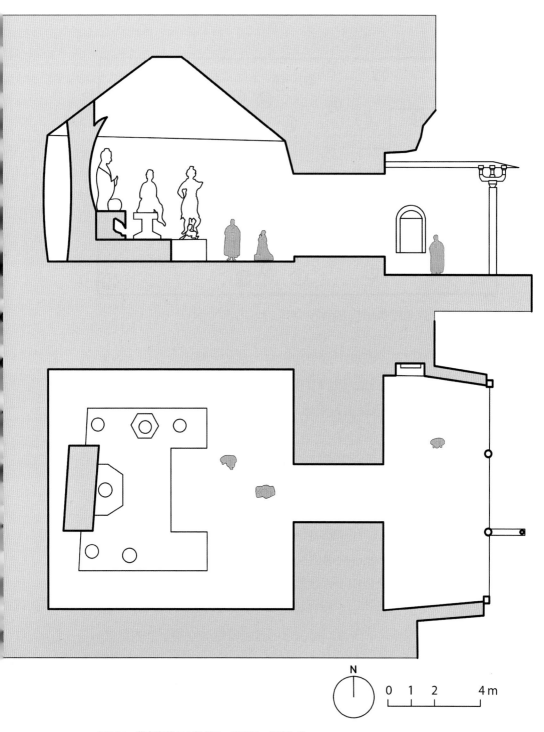

图5-26　莫高窟第196窟立面、平面图　周真如绘

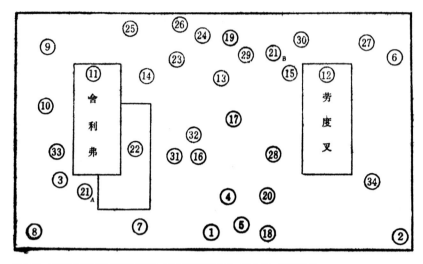

图 5-27   莫高窟第 9 窟《降魔变相》叙事顺序示意图   李永宁、蔡伟堂绘

从一个角落跳到另一角落，或为搜寻某一细节去扫视复杂的图像系统。观者将会头晕目眩，最后不得不半途而废。然而，莫高窟中所有 9 至 10 世纪的《降魔变》壁画都是按照这种看似没有规律的方式绘制的。

如何理解这些似乎没有规律的图画？一种可能的解释是"降魔"故事在这一时期已是家喻户晓，不管如何排列其情节，观者都会不费力气地识别出来。另一个可能性是这些画隐藏着故意设置的"画谜"，要求观者加以破译以增加观看兴趣。也有学者认为由于这种构图难以释读，因此需要讲故事的人对观众加以引导。[36] 然而所有这些解释都缺乏足够的说服力。比如，如果说当时的观者能够非常容易地辨认出画面，那么众多解释性的榜题似乎就毫无意义了。如果这些壁画是蓄意设置的画谜，那么它们总应该提供一些破谜的线索，但是我们所看到似乎只是谜面而无谜底。如果这些壁画是说唱表演的媒介，那么它们至少应当画在有足够空间观看的地方，而这些大幅《降魔变》壁画却常常绘在洞窟深处的暗黑之处，不少甚至出现在难以容身的背屏之后。在这种进退两难的困境中，一些学者只好认为这些壁画的设计是一个不可解释的"秘密"。

实际上，要想跳出这个困境，我们需要从一个新的角度进行观察。这种观察包括两个原则，一是从本质上讲，宗教艺术主要是"图像的制作"而非"图像的观看"；二是图像创造的过程有别于书写和说唱，有其自身的逻辑。按照变文的叙事给壁画中的情节编号的方法，正是从一开始就否定了图像的自身逻辑。这是因为当研究者在画面上标出这些序号的时候，采用的已经是时间性的阅读逻辑，而忘记了绘画与文学之间最根本的差别在于其空间性。换言之，这些画面看起来的无规律很可能源于研究方法的不当。画面本身并不一定没有逻辑，只不过其逻辑是视觉的、空间的逻辑而已。

为了探索这种视觉和空间的逻辑我们需要改弦更张，采用一种不同的分析方法。这种方法的前提是：每幅壁画都是从整体出发设计的，因此也必须作为整体看待。我们首要的任务是确定整幅画基本的构图结构，而不是像读文学作品那样从单独情节读起。这也就是说，我们应该设想古代画家在创作这些壁画的时候，首先要考虑的是"经营位置"，即对画面进行总体的空间构思，然后根据这一构思选择和创造细节，而不是被动地按照变文的顺序从第一个情节画到最后一个情节。这种分析方法使我们把研究重点从追寻绘画作品的文学出处转移到探索其构图逻辑和创作过程。

如果我们以这种方法观察莫高窟的晚期《降魔变》壁画，一种明确的视觉逻辑就会在我们眼前豁然显现。这个逻辑可以总结如下：所有这些壁画都具备一种基于五个画面要素的标准结构：国王位于中心，正面端坐于画面的中轴线上【图 5-28-1】；国王两侧是两组相对的人物和乐器：劳度叉与金鼓在右侧【图 5-28-2b，3b】，舍利弗与金钟在左侧【图 5-28-2a，3a】。[37] 这一结构来源于第 335 窟 7 世纪壁画所确立的二元空间，同时又结合了 8 世纪《降魔变文》图卷中的钟、鼓、国王等形象。

延续第 335 窟的传统，晚期《降魔变》的画家从变文中挑选出

图 5-28　莫高窟第 196 窟《降魔变》壁画的基本构图元素　巫鸿绘

图 5-29　莫高窟第 196 窟《降魔变》壁画的"对子形象"　巫鸿绘

图 5-30　莫高窟第 196 窟《降魔变》壁画的整体空间结构　巫鸿绘

更多形象和情节构成一个个"对子"。这些镜像般的图像被加入到二元构图中以强化整幅画的主题，即佛教与外道的比斗。如果文献没有提供确切的对子，画家便会发明一个。其结果是舍利弗旁边有四位高僧【图 5-29-4a】，劳度叉旁边则配以四位"外道天女"【图 5-29-4b】。劳度叉阵营中有外道六师【图 5-29-5b】，佛家一边就加上了六位和尚【图 5-29-5a】。舍利弗一方的画面左下角绘有一个风神【图 5-29-6a】，劳度叉一方的画面右下角也就添上了一个"外道风神"以求平衡【图 5-29-6b】。变文中提到两位"大菩萨"帮助舍利弗制服妖魔【图 5-29-7a】，画家便加上了两位"外道女神"来助劳度叉一臂之力【图 5-29-7b】。如果再算上两位主要竞争者、金钟金鼓，以及六次斗法的场面，画中半数以上的图像均属于这类二元图像或"对立"图像。

虽然这些图像充实了整体画面的二元空间结构，但这个结构还是静态的。为了把时间性叙事注入到这个空间结构之中，画家采用了另一种方法。当基本的二元结构建立起来后，它们自然地把画面分为五个部分，其中四个部分沿画面四边分布，第五个部分居中【图 5-30】。每个部分或空间遂根据当时流行的宇宙观念被赋予空间意义：画面底部的横向空间被看作是"地"和"现世"，因此在这里描绘了舍卫城与王舍城等城市，以及须达起精舍的场景。沿画面上缘的空间被视为"天"和"佛国"。舍利弗因此在此处飞翔变化，画面左上角又绘有释迦牟尼坐在灵鹫山上的辉煌形象。有些壁画将祇园安置在画面右上角——作为佛陀布道的圣地，这个场所也在天界中获得一席之地。

画面两侧的垂直空间随即将天界与人间连接起来。在左侧空间中，坐在树下冥想的舍利弗神游灵鹫山，在斗法前寻求佛陀的帮助。他随后沿着同一垂直路线返回地面，身后跟随着一大群佛教神灵，包括八位神王、手举日月的巨人，以及喜马拉雅山的象王和金鬃狮子。但是画家似乎难以找到合适的图像来连接右上角的祇园和右下角的舍卫城，结果何法师窟（第 196 窟）壁画的设计者从往旧的《贤愚经》故事中找到一段文字，说的是当舍利弗降服外道之后，"尔时世尊与诸四众前后围绕，放大光明，震动天地，至舍卫国。"[38]画家于是将这一情节画在了右边的竖直空间里。

　　画幅中心提供了最大的图画空间，自然成为舍利弗与劳度叉的斗法场地。50 多个人物出现在这里，处于搏斗、挣扎、哭叫、逃遁等不同状态之中。虽然这个场面给人的第一印象似乎十分混乱，但仔细观察可以发现所有角色都属于三个不同的区域和相关情节。沿中轴线的区域集中了各种斗法场面，从下端开始是金刚捣毁大山、白象吸干水池、毗沙门天王站在一燃烧鬼怪身旁、狮子吞食水牛（【图 5-31】中以蓝色标记）。这个系列的上端是毒龙与金翅鸟搏斗，被画在上方的原因明显是这两种动物都与天界相关【图 5-32】。在这个中心区域里画家还添加了《降魔变文》和其他文学版本中都没有提到的斗法情节，包括舍利弗将头巾递给外道而后者无法折卷；外道设立的祭坛被舍利弗的神火立即烧毁；外道试图火攻舍利弗，但却筋疲力尽陷入昏睡或漂流至大海之中；外道仙人们以咒语驱动方梁碑但舍利弗将之凝在空中，等等（【图 5-31】中以绿色标记）。

　　中心部分中的第二个区域以右方的劳度叉为中心，其中的外道

图 5-31　莫高窟第 196 窟《降魔变》壁画斗法细节　巫鸿绘

图5-32　金翅鸟降服毒龙　第196窟

　　都在与飓风搏斗。劳度叉座上的华盖被吹得摇摇欲坠，其追随者挣扎着企图将其加固修缮（【图5-31】中以赭色标记）。有的人爬上梯子去修理，另外的人用锤子向地上打桩，试图拉住歪斜的顶棚。另一些外道在强大风力的攻击下只能以手覆面，放弃抵抗【图5-33】。回顾上文，我们意识到对飓风的强调在第335窟壁画中已露端倪，在之后出现的《降魔变文》中更被大肆渲染。在这批晚期《降魔变》壁画中，这一情节已从六次斗法中独立出来，发展成一个统率图画叙事的主题。

　　为了使画面中部左右两方平衡，画家在左方添加了一组外道向舍利弗投降的场面（【图5-34】中以粉红色标记）。这一情节在变文中只有相当简要的描述，但在这些壁画中被扩充为十多个戏剧性的情节，包括劳度叉在法师尼乾子带领下来到舍利弗座下表达对圣僧的尊敬【图5-35】；外道魔女向舍利弗进献油灯等。有些刚皈依的外

图5-33　劳度叉和外道被大风攻击　第196窟

图5-34 莫高窟第196窟《降魔变》壁画中舍利弗腾空舍慧水伏外道和劳度叉觉悟降伏的情节
巫鸿绘

图5-35 舍利弗和外道的皈依 第196窟

图5-36　外道的皈依　第196窟

道仍不明佛教的教化，另一些已被接纳入籍者则在洗发、剃头、刷牙、漱口【图5-36】。画家创作了这些画面并书写了题记加以解释，以新的叙事环节丰富了原来的变文故事。

值得特别强调的一点是，我们在这里所做的描述虽然也讲述了"降魔"的故事，但并没有遵循变文的叙事顺序。这是因为这个故事在壁画中已被赋予一个新的形式：画家将文本解体为单独的人物、事件和情节，继而将这些碎片重新组合在跻事增华的空间形式中。当这些人物和事件被画在特定位置时，它们的空间关系进而促使画家去创造新的叙事联系。一个例子是对故事结尾的表现：变文讲舍利弗在赢得斗法胜利后跃入空中并不断变化形状，以显示其超自然的法力。画家把这一系列形象安排在靠近上部边缘的水平空间里：舍利弗或头上出火或足下冒水，一瞬间变得很小，下一刻又变得极大（图5-34中以绿色标记）。虽然这些图像基本忠实于变文，但图像的空间位置使画家作了一个重要增益：舍利弗从左向右的飞行途径使他最后来到外道劳度叉的上方，二者在构图中的相对位置诱使画家将他们联系起来——他笔下的舍利弗手持净瓶，向下面的劳度叉头上注水（见图5-34）。画家担心这一图像不能被恰当地理解，因此在不同壁画中用自创的题记加以说明："舍利弗从空中将慧水灌顶时""舍利弗游历十方舍慧水伏外道时"，或"舍利弗腾空洒慧水入劳度叉顶，觉悟降伏时"。

这个叙事环节在原来的文本中并不存在，但由于图像的空间关系而被创造，随后又引出画中的更多原创叙事环节：我们看到劳度叉被慧水灌顶后离开了他的宝座，走向左方的舍利弗，然后向圣僧跪拜忏悔。这些情节使整个图画叙事成为一个无始无终的循环圈：舍利弗在胜利之后升天遨游以证明其超自然的法力，而这个证明过程又成了他战胜劳度叉的原因——就像我们在一个榜题中读到的："舍利弗腾空洒慧水入劳度叉顶，觉悟降伏时。"虽然这一循环在文学叙述中无法成立，但在壁画中却将零散的图像结合入视觉的连续统一体。

　　综合以上对莫高窟晚唐《降魔变》壁画的讨论，我们看到它们的创造者首先通过"经营位置"构造出一个空间性的二元式总体画面。观众在这个画面中看到的首先是图画的主题，即"降魔"或"劳度叉斗圣"。这个主题被充满画面的二元图像所诠释、强化和丰富。即使这些图像许多来源于文本，但它们在壁画中的空间关系再造了彼此之间的联系。尽管这些壁画并不用于实际变文表演，但它们以其特有的方式讲述了"降魔"故事——这个故事不再是作家或说唱人创作的文学性叙事，而是画家们创作的空间性叙事。

结语：一个美术史方法论提案

空间是概念，不是方法。在本书中，这个概念带领我们由远及近、从外到内巡视了莫高窟的种种空间构成，从它的自然和文化环境到崖面的历史变化，从窟内的建筑和雕塑空间到壁画内的"经营位置"。现在，在本书的结尾处，我们将尝试以这一空间之旅为基础，反思一下从美术史角度研究敦煌艺术的方法。

"从美术史角度"一语已经隐含着一个前提，即敦煌艺术可以从多种角度进行研究。每个角度都显示出不同的景观，提供了获取知识的不同途径，它们之间并无高下对错之分，只有观看对象和观察方式之别。在诸种观察和研究角度之中，极其重要的一个是文献和历史学的角度，主要是使用文字证据发掘莫高窟和其他敦煌石窟的往昔，了解它们的建造过程和历史环境。这些材料包括石窟中的碑文和题记、发现于藏经洞中的敦煌文书，以及其他传世文献。历史研究的一个重点是石窟的修建和使用，特别是其中所显示的"人"的作用和关系——不但是赞助石窟建设的地方统治者和行政官员、世家大族和宗教机构，而且也包括担任具体营造的工匠和画匠。当历史研究如此聚焦于石窟历史的时候，它们与美术史研究便自然融合了，因为这些情况也都是美术史家希望了解的，对重构敦煌艺术的发展不可或缺。但是由于历史学家的专业训练，他们对于文献的掌握和处理更为缜密和全面，其工作往往为美术史研究提供了重要的史学基础。

同样的话也适用于敦煌美术史与宗教史研究的关系——这是另

一门以文献为基础探讨敦煌艺术的学问。"宗教史研究"在这里应
作广义理解，不仅是对佛教教义和教派的历史研究，而且也包括对
佛教礼仪、佛教文学与佛教物质文化等方面的调研和阐释。在这种
意义上，不少宗教史学者将敦煌石窟作为专题研究对象，对窟庙的
性质和用途，以及塑像与壁画的内容和意义进行了考定。他们的论
述，与美术史中的功能解释（functional interpretation）和图像志研究
（iconographic study）自然沟通，前者关注的是建筑、图像与宗教礼
仪的关系，后者研讨的是绘画与雕塑的题材和内容。一些美术史家
进而从图像志出发考察敦煌地区的宗教礼仪、佛教宗派和物质文化，
与宗教学研究中的有关课题更是水乳交融。但总的说来，宗教学对
敦煌艺术的讨论主要在佛教史和佛教文化的范围中展开，所处理的
问题往往超越具体的建筑和图像，它们对美术史研究的重要性在于
提供宏观背景和观念维度。

　　第三个重要的角度是考古学研究，主要是对石窟遗址、建筑、
塑像、壁画进行细致的调研和必要的考古发掘，在此基础上对洞窟
进行分类和分期。洞窟分期所使用的主要根据包括建筑形制及雕塑
与绘画的内容和风格；题记、铭文和其他文字材料进而提供了有关
绝对年代的必要证据。许多从事敦煌石窟研究的学者有着考古学背
景，他们的工作成果为不同类型的敦煌研究提供了文字之外的另一
基础。由于考古学以遗址和实物为主要考察对象，它与美术史的关
系尤其密切，很多时候达到难解难分的程度。但二者之间的区别也
是实在而深刻的，首先在于石窟考古的范围比美术史研究要宽广许
多，其对象不但包括艺术品也包括非艺术性的人类活动遗存。此外，
考古学对形态学和统计学方法的倚重也有别于美术史对个案和历史
阐释的重视。

　　在这三个主要学科之外，我们还可以举出建筑史和科技史对敦
煌石窟的研究。建筑史学者考察的主要是洞窟的形制特点及建筑设
计的历史发展，着眼于平面、立面、顶部和佛龛的形态，前室和窟

檐的结构，以及石窟建造技术。虽然其重心不是雕塑和壁画，但后两者均以石窟建筑为环境和依托，美术史家自然可以从建筑史中获得重要的专业知识及历史证据。对敦煌石窟的科学分析与遗址保护在近年中发展出更为缜密的方法和大型数据库，新视觉技术的使用也在不断更新敦煌艺术的复制和展示方式，这些发展都导向与美术史领域更为密切的结合和互动。

这些互动的一个重要园地自然是"敦煌学"。虽然这门学问开始时以对藏经洞遗书的研究为主，但是随着学术领域中新潮流的不断涌现，已经发展成一个庞大的跨学科和多学科的研究领域。据最近的一项介绍，敦煌学"指以敦煌遗书、敦煌石窟艺术、敦煌学理论为主，兼及敦煌史地为研究对象的一门学科。涉及敦煌学理论、敦煌学史、敦煌史事、敦煌语言文字、敦煌俗文学、敦煌蒙书、敦煌石窟艺术、敦煌与中西交通、敦煌壁画与乐舞、敦煌天文历法等诸多方面"。[1] 毋庸置疑，所有这些学科都对理解敦煌的历史和文化做出了持续贡献，也都可能与美术史研究发生关系，进行交流。但以上所引的定义也说明敦煌学不是一门单独的学问，它的重要性在于把不同领域的学者联系起来，引出各种跨学科学术项目，同时也促使学者反思自己学科的特性，以求不断扩展观察的范围和推出新的研究理念。对于美术史学者来说，美术史的学科特性使他们在研究敦煌石窟时具有独立的视点和分析方法。但这种视点和方法不是固定不变的，而应该在各种现代学科互相推动的大环境中不断发展和更新。

众所周知，美术史的核心是图像和形式，这也是研究敦煌艺术的两个基石。图像研究首先根据佛教文献及有关材料判定洞窟中雕塑与壁画的内容和名称，因此与宗教学研究发生直接关系。这种基础性的图像志辨识为更复杂的图像研究奠定必要的基础，后者包括不同图像类型的长期历史演变，以及诸多图像在建筑和礼仪环境中的联系方式，或称为"图像程序"。与之相对，形式分析聚焦于艺术作品的形式特征，包括线条、色彩、造型、构图等因素，在此基础上界定出不同的艺术风格和流派，并追溯其历史源流及演变。图像研究和形式分析当然不是相互分隔的，实际上，形式分析经常在人物、山水、叙事、肖像、风俗、经变等画科中进行，与图像内容从一开始就发生了关系。

图像和形式仍然是当前敦煌艺术研究中的两个基本着眼点，但新型的跨学科研究也引导学者们将视野扩展到更宽广的领域。实际上，无论是图像志辨识还是形式风格分析，这两类研究都基于传统的"艺术品"观念，主要指独体的绘画和雕塑。但对越来越多的研究者说来，敦煌艺术的范围比传统概念上的艺术品要宽广得多，不但包括洞窟原境中的壁画和雕塑，而且也涉及石窟建筑乃至整个石窟群，以及这些视觉和物质构成（visual and material constructs）的礼仪功能和隐含的宗教视觉性（religious visuality）。这些新的学术兴趣导致方法论层次的思考，促使我们重新界定"敦煌美术"的内涵与研究对象。

正如笔者在前言中提出的，本书的目的是实验一个研究和理解敦煌艺术的新方式：与其通过朝代史的滤镜把敦煌艺术化解为线性进化，不如以"空间"的概念为切入点把莫高窟当作可以实际走近和进入、可以用目光触摸的历史地点和场所。由于这种理解方式强调同时性而非回顾性，原境分析而非线性进化，它更接近于历史主体——即建造和使用莫高窟的历代人们——的实际经验。但随即出现的问题是，如果这确实是观察和思考敦煌艺术的一个可行方式的话，那么如何将之化为更具体的研究方法和步骤呢？

本书对这个问题做了初步回答：书内五章把莫高窟的内涵分解为五个层次，提出与之对应的观察点和分析方式。在第一个层次上，莫高窟属于敦煌——一个多民族和跨文化的历史地点。敦煌艺术是当地多种艺术传统和视觉文化的综合，而莫高窟佛教艺术则是其组成部分。在第二个层次上，莫高窟是一个具有历史延续性的宗教艺术整体，其不断变化的崖面反映出不同时期的外貌，也透露出变化中的建造重心和视觉焦点。在第三个层次上，每个洞窟构成一个包含建筑、雕塑和壁画的内部空间，同时也是举行宗教活动、保存历史记忆的礼仪场地。在第四个层次上，洞窟内的壁画和雕塑构成具有内在规律的图像程序，与同一石窟中的建筑空间发生互动。在第五个层次上，画家在壁画内创造出不同类型的图画空间，一方面与敦煌文学、礼仪以及说唱表演发生持续互动，另一方面把观者的目光和思绪引导到超越洞窟墙壁的虚拟时空之中。

作为美术史研究的对象，这五个层次都是具体而实在的，在这些层次上进行的研究都基于可被实际考察和分析的场地、空间及图像。五个层次构成一个连续的"光谱"或"范围"（spectrum），同时也确定了移动中的一系列观察距离和角度。这个方法论提案不否认图像和形式的重要性，也不排除对特定壁画和塑像的考察，而是把这些考察自然而然地置入更宽广的上下文中。出于同样道理，这个提案也不反对鸟瞰式的宏观观察和对整个窟群的历史思考，而是为这种观察和思考提供一个坚实的基础，即对具体洞窟和图像进行缜密的考察。五个层次中最关键的环节是第三层次，即以单个洞窟为单位对建筑、雕塑、壁画，以及对建造过程和礼仪功能进行综合考察。这是因为洞窟既是整个石窟群的基本单元，又是壁画和雕塑创作的特定的空间环境。作为设计和营造的基础单位，单个洞窟可以被看作是敦煌艺术中的"作品"，雕塑和壁画只是它的组成部分。在美术史领域中，"作品"从来就是研究和阐释的核心对象——虽然艺术家、画派、绘画机构也可以构成历史叙事的线索。由于这后几方面关系到敦煌石窟的信息相当有限，以石窟本身为调研基点是最合理也是最实际的选择。

这两个观念——五个层次构成的研究领域和作为研究焦点的单个石窟——为下一步的思考提供了基础，更具体地设想研究敦煌美术的方法和策略。这套方法和策略可被称之为"石窟空间分析"，简单概括为以下四点提案：

（一）"石窟空间分析"的基本单位是单个洞窟，其物质和视觉内涵主要包括建筑、雕塑、壁画三类，有时也包括碑刻和题记。将这些方面联系在一起的是"空间"。每个洞窟都有特殊的"内外部建筑空间"，洞窟中的雕塑构成特定的"三维雕塑空间"，绘于墙壁和窟顶表面的壁画构成特定的"二维图画空间"。这三类空间之间的结合与互动决定了一个洞窟的性格，同时也隐含了特定的观看方式和宗教仪轨。这也意味着"空间"在这里指涉的不只是外在的物理空间，而且也关系到主体的意图和经验感受。

（二）在调研单独洞窟的基础上，"石窟空间分析"进而考虑窟与窟之间的关系，以及洞窟的组合和石窟整体在特定历史时期内的构成。如本书第二章指出的，一旦最早的洞窟出现了，以后每个窟的设计和兴建都必然是在不断变化的"石窟上下文"中进行的。新建洞窟与已存石窟之间是什么关系？造窟者为何选择了特殊的地点和高度建造新窟？新窟对窟群整体做了何种增益和改变？这些问题可以从石窟的位置、规模、建筑类型、雕塑、壁画等各方面去研究和回答，从中探知每个窟背后的动机和特殊的历史性（historicity）。

洞窟之间的关系既可以是共时和连续性的，也可以是异时和跳跃性的。在这个研究层面上，"石窟空间分析"不以分类和分期为主要目的和手段，而是把洞窟之间的"关系"看作是历史发展中的重要现象。这种关系既显示在洞窟的位置和组合上，也显示在它们的建筑形式、图像选择和艺术风格上。在对洞窟进行比较的过程中，研究者既需要考虑某一时期洞窟形态和图像设计中的主导倾向，也需要考虑同一时期存在的不同选择和隐含的原因。此处的核心思想是敦煌艺术的发展不是直线进化和整齐划一的，而总是受到多种因素的影响，也被多种主体性所决定。"石窟空间分析"的一个主要目的是发掘这些多种因素和多重主体性。

（三）在对多个石窟进行综合研究的基础上，"石窟空间分析"的一个重要步骤是确定一系列"原创窟"。"原创窟"指特定石窟的设计和装饰引进了以往不见的新形式。这些形式有的昙花一现，未能得到推广流行，这类窟可称为"特殊窟"。有的则成为广泛效仿的对象，因此可以称为"模式窟"。有的新形式可能是从外部——如中原或新疆等地——引进的，有的则可能是敦煌本地发展出来的。一旦把不同意义上的"原创窟"甄别出来，就可以进而思考它们所体现的建筑、雕塑和图像程序的特点和内涵，并思考新形式产生的原因或传入敦煌的社会、政治、宗教背景。

"原创"既可以显示在洞窟的整体上，也可以体现在一个特殊方面，如建筑形制、雕塑的位置和组合，或壁画的内容和配置。这也意味着在确定"原创窟"的时候，我们需要对具体情况具体分析，也需要注意到石窟的建筑、雕塑、壁画风格并不一定总是同步发展的。有可能某些方面仍保留着常规样式，而另一些方面则反映出概念和形式的革新。如果这种局部的革新改变了整个窟的空间和观看及使用的方式，那么仍然可以将这类洞窟考虑为"原创窟"，但需要对其原创性给以细致说明。此外，"原创性"不仅可以是对新的建筑、雕塑、壁画的引进，也可以反映为对往旧形式的重新发掘和利用，以"复古"方式表达当下的艺术趣味或思想理念。

（四）重修和重绘是"石窟空间分析"的一个重要研究对象。重修既可以在单窟中进行，也可以超越单窟，涉及窟群甚至石窟整体。重修意味着洞窟是一个变动的、富有生命的机体，包含有多个时态。现存的洞窟分期概念和方法着眼于建窟的原始年代，对重绘和重修的研究则将引导研究者发掘洞窟的变化和持续的"生命"。这二者并不矛盾，但后者涵盖前者。

大部分敦煌洞窟都在历史上受到自然和人为的损害，也经过不断的修饰、改建和重建。今天人们看到的是这些变化的结果，而非建窟时的原状。对每个洞窟的历史性观察因此必然包括两个方向，一是透过历史的叠压寻找和重构洞窟的原始设计，二是把历代的修饰和改建作为有意义的美术史事件进行调查和阐释。虽然美术史研究一般强调前者，但我们也应该把每个窟乃至整个窟群看作是不断变化的生命体。这两个关注点引出的是两种概念不同但不相互排斥的历史写作。二者之所以不相排斥，是因为"原状"是一个石窟的生命起点，而对石窟各时期面貌的重构则显示了石窟的延续演变。

　　总起来说，从研究程序上看，"石窟空间分析"始于对单独洞窟的调研和阐释，由此向两个方向发展：一是将注视点向外延伸，逐渐扩展到洞窟的组群和系列，最后扩展到遗址整体以至遗址外窟群之间的关系；[2] 二是将分析对象向内集中，逐渐细化为特殊建筑、雕塑和绘画程序，乃至特定壁画的空间构成。从研究材料上看，"石窟空间分析"利用不同类型的历史证据，虽然以建筑、雕塑、壁画这三项基本造型艺术的资料为主，但也充分使用洞窟中的碑文和题记，以及各种与石窟建造有关的文献和人类学调查。从阐释方式上看，这一分析方法强调"空间"的重要性，但并不排斥其他观念和方法。从这个角度说，空间分析是美术史研究中的一个具体分析手段，是撰写石窟艺术史的一块基石。它所导致的不是一种封闭性的理论建构，而是更丰富的美术史叙事，最终是对石窟历史发展的更为完整的认识。我们因此需要再次强调："石窟空间分析"是一种开放性的研究，一方面不断吸取其他学科的研究成果——不论这些成果来自历史学、宗教学还是考古学；另一方面又与其他类型的美术史研究相互启发、彼此印证——不论这些研究是对风格和图像的分析还是社会学或符号学解释。只有在这种合作的学术机制和氛围中，敦煌美术的研究才能够健全而丰富地发展。

注　释

前言

〔1〕 有关敦煌美术近百年来的研究，参见赵声良：《敦煌艺术简史》，中国青年出版社，2015年，第 37—41 页。

〔2〕 Rudolf Arnheim, "A Stricture on Space and Time," *Critical Inquiry* 4, no.4（1978）: 653.

〔3〕 "What we call Space, then, is the perceptual system that controls the relations between independent object systems." 同上书，第 649 页。

〔4〕 "Clear you mind. Let your body tell you what's happening. Then your mind may start up again, pondering the work's significance." Peter Schjeldahl, "Heavy: The Sculpture of Richard Serra," *New Yorker*, October 7（2019）, pp.74-75.

〔5〕 荣新江：《敦煌学十八讲》，北京大学出版社，2001 年，第 53—123 页。

〔6〕 英文版题为 *Spatial Dunhuang: experinting the Mogao Caves*，将由美国华盛顿大学出版社出版。

第一章　敦煌的莫高窟

〔1〕 关于莫高窟起始的年代有不同说法，一是根据五代敦煌卷子《沙州城土境》载莫高窟于"永和八年癸丑岁创建窟"，即 352 年；一是根据《莫高窟记》（P.3720）载"敦煌名士晋司空索靖在莫高窟题壁号'仙崖寺'"，时在 290 年左右。对于 366 年所依据的"前秦建元二年"也有不同解释，见王素：《敦煌出土前凉文献所见"建元"年号的归属——兼谈敦煌莫高窟的创建时间》，《敦煌吐鲁番研究》第 2 卷，1997 年，第 13—22 页；及《敦煌莫高窟创建时间补说》，收入郝春文主编：《敦煌文献论集——纪念敦煌藏经洞发现一百周年国际敦煌学术研讨会论文集》，辽宁人民出版社，2001 年。

〔2〕 莫高窟第 156 窟前室北壁墨书。敦煌遗书 P.3720 与《莫高窟记》内容一致，可能是前者的底稿，撰写时间为文末所署的"咸通六年（856）正月十五日记"。见郑炳林、郑怡楠：《敦煌碑铭赞辑释（增订本）》，上海古籍出版社，2019 年，第 695 页。

〔3〕 《敦煌碑铭赞辑释（增订本）》，第 21 页。李正宇：《乐傅史事纂诂》，《敦煌研究》1985 年第 2 期，第 140—147 页。

〔4〕 郝树声、张德芳：《悬泉汉简与敦煌早期佛教的传播》，载于《悬泉汉简研究》，甘肃文化出版社，2009 年，第 185—194 页。荣新江：《敦煌城与莫高窟的历史概观》，《敦煌研究》

2016 年第 5 期，第 20 页。

〔5〕《高僧传》卷一，第 24 页。

〔6〕《高僧传》卷四，第 155 页。

〔7〕关于敦煌在这一时期的宗教和历史背景，参阅宿白：《两汉魏晋南北朝时期的敦煌》，载于《中国石窟寺研究》，生活·读书·新知三联书店，2019 年，第 286 页。

〔8〕Wu Hung, "What is Dunhuang Art?" in Annette L. Juliano & Judith A. Lerner ed., *Nomads, Traders and Holy Men Along China's Silk Road*, Silk road Studies VII, BREPOLS, 2002, pp.7-10. 中文译文见郑岩编：《无形之神：巫鸿美术史文集卷四》，上海人民出版社，2020 年，第 229—239 页。

〔9〕《高僧传》卷九，第 361 页；房玄龄等：《晋书》卷九十五，中华书局，1996 年。

〔10〕《高僧传》卷十一，第 403 页。

〔11〕马德：《"敦煌菩萨"竺法护遗迹觅踪：兼论莫高窟创建的历史渊源》，《佛学研究》2017 年第 1 期，第 129 页。

〔12〕姚鲁烽、彭金章：《敦煌大泉河的河床演变及其对莫高窟崖体的影响》，《敦煌研究》2007 年第 5 期，第 90 页。

〔13〕李吉甫：《元和郡县图志》卷四十。

〔14〕宗炳：《画山水序》，见于安澜：《画论丛刊》，人民美术出版社，1989 年，第 1 页。

〔15〕沈约：《宋书》，中华书局，1974 年，第 2279 页。

〔16〕值得注意的是，"山水"的这种沟通人神和天地的媒介作用不仅见于佛教艺术，也见于这一时期的墓葬艺术，如甘肃丁家闸西晋或十六国墓壁画。有关二者的比较和讨论，见巫鸿：《中国绘画的起源与早期发展：旧石器时代至唐》，载于班宗华等：《中国绘画三千年》，外文出版社，1997 年，第 38—39 页。

〔17〕这些发掘为：1. 1944 年至 1945 年，"中央研究院"历史语言研究所西北科学考察团历史考古组在佛爷庙湾、老爷庙两地发掘两晋和唐墓葬数十座；2. 1960 年，甘肃省博物馆和敦煌文物研究所在新店台附近发掘墓葬两座；3. 1970 年，甘肃省博物馆和敦煌文物研究所在敦煌县城义园湾附近发掘墓葬五座；4. 1980 年，敦煌县博物馆在县城东南 9 公里处发掘十六国时期墓葬三座；5. 1982 年，敦煌县博物馆在县城东 20 公里新店台清理西晋十六国时期墓葬 46 座；6. 1987 年，甘肃省文物考古研究所在新店台、佛爷庙湾发掘西晋至唐代墓葬 116 座；7. 1995 年，甘肃省文物考古研究所在佛爷庙湾清理墓葬 609 座；8. 2000 年，甘肃省文物考古研究所在佛爷庙湾清理墓葬 324 座；9. 2014 年，甘肃省文物考古研究所在佛爷庙湾发掘墓葬 171 座；10. 2015 年至 2016 年，甘肃省文物考古研究所在佛爷庙湾新店台墓群发掘墓葬 182 座。

〔18〕甘肃省文物考古研究所：《甘肃敦煌佛爷庙湾—新店台墓群曹魏、隋唐墓 2015 年发掘简报》，《文物》2019 年第 9 期，第 25—43 页。

〔19〕甘肃省文物考古研究所：《甘肃敦煌佛爷庙湾墓群 2014 年发掘简报》，《文物》2019 年第 9 期，第 8—24 页。

〔20〕见：Wu Hung, "A Deity Without Form: The Earliest Representation of Laozi and the Concept of Wei in Chinese Ritual Art," *Orientations* 34.4（April 2002），pp.38-45. 中译见巫鸿：《无形之神——中国古代视觉文化中的"位"与对老子的非偶像表现》，载于郑岩编：《无形之神：巫鸿美术史文集卷四》，上海人民出版社，2020 年，第 205—219 页。

〔21〕 许多中小型墓葬在前室建有一个特别的"台"或"坛"，其上的祭品和陶制器皿往往围绕一块空地，因此构成死者的"位"。一个例子是洛阳七里河的一座 2 世纪砖室墓，其前室西部有一个特别修造的平台，台上空位的前方设有几案，上置碟、盘、耳杯和筷子，几案之外则是舞蹈、杂技陶俑。德国学者倪克鲁（Lukas Nichel）由此认为，"几乎可以肯定这个空位是为墓主人预留的"。见：Lukas Niche, "Some Han Dynasty Paintings in the British Museum," *Artibus Asiae*, LX: 1（2000），p. 73。

〔22〕 房玄龄等：《晋书》，中华书局，1996 年，卷九十四。

〔23〕 冯培红：《汉宋间敦煌家族史研究回顾与述评（上）》，《敦煌学辑刊》2008 年第 3 期，第 31 页。

〔24〕 甘肃省敦煌县博物馆：《敦煌佛爷庙湾五凉时期墓葬发掘简报》，《文物》1983 年第 10 期，第 51—60 页。

〔25〕 谭婵雪：《敦煌民俗：丝路明珠传风情》，兰州：甘肃教育出版社，2006 年，第 306—309 页。

〔26〕 马德：《敦煌的世族与莫高窟》，《敦煌学辑刊》1995 年第 2 期，第 43 页。

〔27〕 David N. Keightley, "The Religious Commitment: Shang Theology and the Genesis of Chinese Political Culture," *History of Religions*, 17.3-4（1978），p. 217.

〔28〕 对此的讨论见： Wu Hung, "From Temple to Tomb: Ancient Chinese Religion in Transition," *Early China*, 13（1988），pp.78-115. 中译见巫鸿：《从"庙"至"墓"——中国古代宗教美术发展中的一个关键问题》，郑岩编：《超越大限：巫鸿美术史文集卷二》，上海人民出版社，2019 年，第 9—29 页。

〔29〕 有关此窟的详细介绍和讨论，见：Ning Qiang（宁强），*Art, Religion, and Politics in Medieval China: The Dunhuang Cave of the Zhai Family*. Honolulu: University of Hawai'i Press, 2004.

〔30〕 史苇湘：《士族与石窟》，收入敦煌文物研究所编：《敦煌研究文集》，甘肃人民出版社，1982 年，第 155 页；马德：《敦煌莫高窟史研究》，甘肃教育出版社，1996 年，第 85—87 页。

〔31〕 见陈菊霞：《敦煌翟氏研究》，民族出版社，2012 年，第 325 页。

〔32〕 见上书，第 320 页。

〔33〕 敦煌文物研究所：《莫高窟第 220 窟新发现的复壁壁画》，《文物》1978 年第 12 期，第 41—46 页。

〔34〕 Ning Qiang, *Art, Religion, and Politics in Medieval China: The Dunhuang Cave of the Zhai Family*, Honolulu: University of Hawai'i Press, 2004, p. 78.

〔35〕 魏收：《魏书》志二十，中华书局，1997 年。

〔36〕 李正宇：《敦煌地区古代祠庙寺观简志》，《敦煌学辑刊》1988 年第 1、2 期合刊，第 70—85 页，引文出于第 74 页。

〔37〕 郝春文：《唐后期五代宋初敦煌寺院常住什物的数量及与僧人的关系》，《敦煌研究》1988 年第 2 期，第 116—132 页。亦见马德：《敦煌古代工匠研究》，文物出版社，2018 年，第 102，106—109 页。

〔38〕 马德：《莫高窟前史新探——宕泉河流域汉晋遗迹的历史意义》，《敦煌研究》2017 年第 2 期，第 1—8 页。

〔39〕 德吉卓玛：《敦煌文本 P.T.993 吐蕃寺院稽考》，《西藏研究》2017 年第 1 期，第 23—28 页。

〔40〕 见郑炳林、郑怡楠：《敦煌碑铭赞辑释（增订本）》，第 1222 页。

〔41〕 见上书，第 1189 页。关于这些修建的讨论，参见张先堂：《古代敦煌供养人的造像供养活动》，《敦煌研究》2007 年第 4 期，第 64—71 页。

〔42〕 录文见郑炳林、郑怡楠：《敦煌碑铭赞辑释（增订本）》，第 1737—1750 页。讨论见姜伯勤：《敦煌的“画院”与“画行”》，《敦煌艺术宗教与礼乐文明》，中国社会科学出版社，第 13—31 页；王惠民：《〈董保德功德记〉与隋代敦煌崇教寺舍利塔》，《敦煌研究》1997 年第 3 期，第 82—83 页。

〔43〕 此处根据王惠民的意见，文见上注，第 69—83 页。

〔44〕 此项研究成果见于年轻学者刘聪的遗作。见：Liu Cong, "Tomb and Cave: Reconstructing the Commemorative Space of the Death of Cao Yijin," 载于 Wu Hung and Paul Copp, eds, *Refiguring East Asian Religious Art: Buddhist Devotion and Funerary Practice. Chicago: Center for the Art of East Asian Studies*, University of Chicago, 2019, pp.148-162。

〔45〕 见李正宇：《敦煌地区古代祠庙寺观简志》，《敦煌学辑刊》1988 年第 1、2 期合刊，第 70—72 页。

〔46〕 池田温：《八世纪中叶敦煌的粟特人聚落》，载于《日本学者研究中国史论著选译》第九卷，中华书局，1993 年。

〔47〕 荣新江：《敦煌学十八讲》，第 40—42 页；《祆教初传中国年代考》，《国学研究》1995 年第 3 卷，第 339—340 页。

〔48〕 李正宇：《敦煌地区古代祠庙寺观简志》，《敦煌学辑刊》1988 年第 1、2 期合刊，第 72 页。

〔49〕 录文见赵洪娟：《从晚唐五代敦煌“赛祆”探祆教习俗与中国节庆风俗的融合》，《宁夏社会科学》2018 年第 2 期，第 243—244 页。

〔50〕 详细介绍见谭婵雪：《敦煌民俗：丝路明珠传风情》，甘肃教育出版社，2006 年，第 43—46 页。

〔51〕 见马德：《敦煌遗书莫高窟岁首燃灯文辑识》，《敦煌研究》1997 年第 3 期，第 63—72，190 页。如本书第二章将介绍，96 窟或“北大像”在其于 7 世纪末始建时仅有四层。此处说“五层”，是因为在 9 世纪已增加了一层。见《张淮深碑》（即《敕河西节度兵部尚书张公德政之碑》），郑炳林、郑怡楠：《敦煌碑铭赞辑释（增订本）》，第 157 页。

〔52〕 参见沙武田：《一幅珍贵的唐长安夜间乐舞图：以莫高窟第 220 窟舞蹈图中灯为中心的解读》，《敦煌研究》2015 年第 5 期，第 34—44 页。

〔53〕 罗华庆：《9 至 11 世纪敦煌的行像和浴佛活动》，《敦煌研究》1988 年第 4 期，第 100 页。

〔54〕 见上文，第 100—102 页。

〔55〕 根据目前的调查，这个题材仅见于榆林窟五代时期的第 19 窟。

〔56〕 谭婵雪：《敦煌民俗——丝路明珠传风情》，甘肃教育出版社，2006 年，第 104—105 页。

〔57〕 关于这方面的讨论，见郑炳林：《敦煌写本邈真赞所见真堂及其相关问题研究——关于莫高窟供养人画像研究之一》，《敦煌研究》2006 年第 6 期，第 64—73 页。

第二章　莫高窟的整体空间

〔1〕 见郑炳林、郑怡楠：《敦煌碑铭赞辑释（增订本）》，第 21 页。

〔2〕 道宣：《法苑珠林》卷十三；《集神州三宝感通录》卷二。对比起来，698 年撰写的《李君莫高窟佛龛碑》说莫高窟 "计窟室一千余龛"，应是虚语，不可作为可靠的历史证据使用。

〔3〕 见郑炳林、郑怡楠：《敦煌碑铭赞辑释（增订本）》，第 695 页。

〔4〕 马德：《敦煌莫高窟史研究》，甘肃教育出版社，1996 年，第 148 页。

〔5〕 《社人修窟功德记》（ P.2982V ）。见郑炳林、郑怡楠：《敦煌碑铭赞辑释（增订本）》，第 1531 页。

〔6〕 《河西节度使尚书曹议金修大窟功德记》（ P.3781 ）。见上书，第 1246 页。

〔7〕 《河西节度使司空曹元深造大窟功德记》（ P.3457 ）。见上书，第 1324 页。

〔8〕 指特定文化、宗教和社会的内部成员的观点以及据此对艺术品的分类。讨论见巫鸿：《中国古代艺术与建筑中的 "纪念碑性"》，上海人民出版社，2009 年，第 22 页。

〔9〕 见石璋如：《敦煌千佛洞考古记》，《敦煌窟形》，台北："中研院" 历史语言研究所，1995 年；孙毅华、孙儒僩编：《敦煌石窟全集·石窟建筑卷》，香港商务印书馆，2003 年。

〔10〕 指特定文化、宗教和社会之外成员的观点以及据此对艺术品的分类。讨论见巫鸿：《中国古代艺术与建筑中的 "纪念碑性"》，上海人民出版社，2009 年，第 22 页。

〔11〕 周真如注意到当这个遗址在 20 世纪初被重新发现的时候，当地人称之为 "千佛洞" 而非 "莫高窟"（这也是为什么有东、西千佛洞之称），并认为后一名词的采用可能是由于研究者为了与宗教信徒拉开距离，因而从古代文献里找到这个名称。私人交流。

〔12〕 Paul Pelliot, *Les Grottes de Touen-houang: Carnet de notes de Paul Pelliot, inscriptions etpeintures murale*, I-VI, Paris, 1922-1924.

〔13〕 发表于俄罗斯国立艾尔米塔什博物馆编：《俄藏敦煌艺术品》，上海古籍出版社，1997—2002 年，第 5 卷。

〔14〕 公认的莫高窟编号有 6 种，分别为伯希和编号、敦煌县官厅编号、高良佐编号、张大千编号、史岩编号、敦煌文物研究所编号。其中以 P 为标志的伯希和编号，以 C 为标志的张大千编号，和以 A 为标志的敦煌文物研究所编号影响最大。

〔15〕 石璋如：《敦煌千佛洞考古记》，《敦煌窟形》，台北："中研院" 历史语言研究所，1995 年。

〔16〕 何正璜：《敦煌莫高窟现存佛窟概况调查》，《说文月刊》1943 年第 10 期。

〔17〕 史岩：《敦煌石窟画像题识》，比较文化研究所、敦煌艺术研究所、华西大学博物馆，1947 年。

〔18〕 未正式发行。

〔19〕 敦煌文物研究所：《敦煌莫高窟内容总录》，文物出版社，1982 年；敦煌研究院：《敦煌莫

高窟供养人题记》，文物出版社，1986 年；敦煌研究院：《敦煌石窟内容总录》，文物出版社，1996 年。

〔20〕 樊锦诗：《敦煌石窟研究百年回顾与瞻望》，《敦煌研究》2000 年第 2 期，第 44 页。

〔21〕 孙毅华：《莫高窟南区窟檐遗迹调查》，《敦煌研究》2019 年第 12 期，第 19 页。

〔22〕 同上文，第 17—18 页。

〔23〕 梁思成：《梁思成全集》，中国建筑工业出版社，2001 年，第五卷，第 413 页。

〔24〕 马德：《敦煌莫高窟史研究》，甘肃教育出版社，1996 年。

〔25〕 初师宾：《石窟外貌与石窟研究之关系——以麦积山石窟为例略谈石窟寺艺术断代的一种辅助方法》，《西北师大学报（社会科学版）》1983 年第 4 期，第 84—98 页。

〔26〕 需要强调的是，马德并非进行这种观察的第一人。1955 年出版的《敦煌石窟勘察报告》在《关于崖面原状的研究资料》一节中对莫高窟洞窟的相对关系和可能的营建次序有着非常详细的观察。此调查于 1951 年 6 月至 9 月进行，报告由陈明达在 1954 年末执笔写出，发表于翌年的《文物参考资料》第 2 期，第 39—70 页。值得提出的是，由于陈明达的专业是建筑史，这份报告包括了尤为丰富的有关莫高窟建筑遗迹的实际观察。

〔27〕 马德：《敦煌莫高窟史研究》，甘肃教育出版社，1996 年，第 11 页。

〔28〕 见下文。

〔29〕 马德：《敦煌莫高窟史研究》，甘肃教育出版社，1996 年，第 43 页。

〔30〕 同上书，第 152 页。

〔31〕 同上书，第 112 页。

〔32〕 同上书，第 146—150 页。

〔33〕 Wu Hung, *Monumentality in Early Chinese Art and Architecture*, Stanford: Stanford University Press, 1995, pp. 143-188. 中译见巫鸿，《中国古代艺术与建筑中的"纪念碑性"》，上海人民出版社，2009 年，第 184—245 页。

〔34〕 如我在原书中说明的，这一分析方式受到当时城市历史的启发，如克斯托夫·斯丕若（Kostof Spiro）在其著作《形成中的城市：历史中的都市模式和意义》（*The City Shaped: Urban Patterns and Meanings Through History*, Boston: Little, Brown, 1991, pp. 43-45）中提到这两种观点在重构城市历史中的意义。安塞姆·L. 施特劳斯（Anselm L. Strauss）在《美国城市的形象》（*Images of American City*, New York: Free Press, 1961）一书的第一、二章中分别集中讨论了城市的空间性和时间性。

〔35〕 如李好文（14 世纪）的《汉故长安城图》，见《中国古代艺术与建筑中的"纪念碑性"》图 3.3。

〔36〕 Wu Hung, "ethinking Warring States Cities: A Historical and Methodological Proposal," *Journal of East Asian Archaeology*, vol. 3, no.1-2. Brill Academic Publishing. Leiden, the Netherland, pp.237-258. 中译见巫鸿：《战国城市研究中的方法问题》，载于《无形之神：巫鸿美术史文集卷四》，上海人民出版社，2020 年，第 159—172 页。

〔37〕 这三种模式分别为：（1）大城含有小规模宫城的"集聚型城"（concentric city），（2）由两座相连或分离城垣组成的"双城"（double city），以及（3）"宫城位置在外城的北部正

中，北墙的一部分为二者所共用"的模式。见：Nancy S. Steinhardt, *Chinese Imperial City Planning*, Honolulu: University of Hawai' i Press, 1990, pp. 43-50。

〔38〕 在他看来唯一的例外是像楚和秦这样的"边地"诸侯国。杨宽：《中国古代都城制度史研究》，上海人民出版社，1993 年，第 55—56 页。

〔39〕 讨论见巫鸿：《战国城市研究中的方法问题》，载于《无形之神：巫鸿美术史文集卷四》，上海人民出版社，2020 年，第 159—172 页。

〔40〕 Giorgio Agamben, "Time and History: Critique of the Instant and the Continuum," in *Infancy and History: The Destruction of Experience*, translated by Liz Heron (London: Verso, 1993), p. 91.

〔41〕 Duan Wenjie, *Dunhuang Art through the Eyes of Duan Wenjie*, edited and introduced by Tan Chung, New Delhi: Abhinav Publications, 1994, pp. 289-290.

〔42〕 "朝代史"与中国美术的关系是笔者于 2019 年 3 月至 5 月在美国国家美术馆所讲授的"梅隆讲座"的主题，题为 "End as Beginning: Dynastic Time and Chinese Art"。以此讲演系列为基础写作的专书尚在印刷过程中。苏立文著作的原名为 *The Arts of China* (Berkeley: University of California Press)，自 1973 年面世后推出 6 个版本，但"朝代史"结构没有改变。中译见苏立文：《中国艺术史》，上海人民出版社，2014 年。

〔43〕 马德：《敦煌莫高窟史研究》，甘肃教育出版社，1996 年，第 11 页。

〔44〕 同上书，第 45—46 页。

〔45〕 Giorgio Agamben, "Time and History: Critique of the Instant and the Continuum," in *Infancy and History: The Destruction of Experience*, translated by Liz Heron, London: Verso, 1993, p.91.

〔46〕 潘玉闪、马世长：《莫高窟窟前殿堂遗址》，文物出版社，1985 年，第 81—100 页。

〔47〕 姚鲁烽、彭金章：《敦煌大泉河的河床演变及其对莫高窟崖体的影响》，《敦煌研究》2007 年第 5 期，第 90 页。

〔48〕 同上文。但马德提出这几个窟也可能是莫高窟最早的窟，建于西晋时期。见《敦煌莫高窟史研究》，甘肃教育出版社，1996 年，第 52 页。

〔49〕 宿白：《敦煌莫高窟现存早期洞窟杂考》，《大公报在港复刊三十周年纪念文集》（上），1978 年，重刊于同氏《中国石窟寺研究》，文物出版社，1996 年，第 214 — 225 页；《凉州石窟遗迹与"凉州模式"》，《考古学报》1986 年第 4 期，重刊于同氏《中国石窟寺研究》，文物出版社，1996 年，第 39—51 页。日本学者水野清一也持类似意见。关于这个问题的讨论，参见赵声良的总结，见《敦煌石窟美术史》上卷，高等教育出版社，2014 年，第 125—134 页。

〔50〕 此三窟现在离地高度分别是 7.69 米（268 窟）、8 米（272 窟）和 8.01 米（275 窟）。根据新发掘出的 489 窟，三窟建设时的离地距离分别大约为 12.65 米（268 窟）、12.96 米（272 窟）和 13 米（275 窟）。此项数据由芝加哥大学博士研究生周真如提供。特此致谢。

〔51〕 如樊锦诗、马世长、关友惠：《敦煌莫高窟北朝洞窟的分期》，《中国石窟：敦煌莫高窟》卷 1，1981 年，第 178—182 页。

〔52〕 马德：《敦煌莫高窟史研究》，甘肃教育出版社，1996 年，第 73 页。

〔53〕 同上书，第 73 页。

〔54〕 樊锦诗、关友惠、刘玉权：《莫高窟隋代石窟分期》，《敦煌研究文集》（敦煌石窟考古篇），甘肃民族出版社，2000 年，第 112—142 页。

〔55〕 见 Ning Qiang, *Art, Religion, and Politics In Medieval China*, Honolulu: University of Hawai'i Press, 2004. 荣新江：《贞观年间的丝路往来与敦煌翟家窟画样的来历》，《敦煌研究》2018 年第 1 期，第 1—8 页。

〔56〕 马德认为莫高窟在唐代初期的发展延续以往趋势，沿崖面中部的三层（上下两层和之间的夹层）向南北两个方向发展，增加了上层北面的 384 窟至 371 窟，上层南面的 242 至 162 窟，下层的 130 至 353 诸窟，以及夹层中的 56 至 60、318 至 321 诸窟。见《敦煌莫高窟史研究》，甘肃教育出版社，1996 年，第 77 页。

〔57〕 陈明达等，《敦煌石窟勘察报告》，《文物参考资料》1955 年第 2 期，第 54 页。

〔58〕 郑炳林、郑怡楠：《敦煌碑铭赞辑释（增订本）》，第 258 页。

〔59〕 对此像高度有不同记录，此处据彭金章、王建军、郭俊叶：《敦煌莫高窟"九层楼"考古新发现》，《2000 年敦煌学国际学术讨论会论文提要集》，第 67—68 页。

〔60〕 郑炳林、郑怡楠：《敦煌碑铭赞辑释（增订本）》，第 21 页。

〔61〕 魏建鹏在我于 2018 年在芝加哥大学教授的《敦煌艺术的方法论》课上提出，由于当时地平面比现在低 3—4 米，因此此窟并非建在地面上。此外他也观察到此处为山崖断面最高处。

〔62〕 彭金章、王建军、郭俊叶：《敦煌莫萵窟"九层楼"考古新发现》，《2000 年敦煌学国际学术讨论会论文提要集》。

〔63〕 学者一般认为 156 窟为第一任归义军节度使张议潮（799—872）的功德窟，完成于 865 年。王惠民：《敦煌佛教与石窟营建》，甘肃教育出版社，2013 年，第 317 页。

〔64〕 此处的讨论吸收了周真如在我于 2018 年在芝加哥大学教授的《敦煌艺术的方法论》课上做的报告中的观点。关于"垂直洞窟组合"的讨论，可见孙毅华、孙儒僩编：《敦煌石窟全集·石窟建筑卷》，香港商务印书馆，2003 年，第 239—240 页。沙武田：《敦煌吐蕃译经三藏法师法成功德窟考》，《中国藏学》2008 年第 3 期，第 44—45 页。赵晓星：《莫高窟吐蕃时期塔、窟垂直组合形式探析——吐蕃统治敦煌时期的密教研究之五》，《中国藏学》2012 年第 3 期，第 94—98 页。同氏《吐蕃统治时期敦煌密教研究》，甘肃教育出版社，2017 年，第 183—184 页。周真如在现有研究的基础上，讨论了"三层楼"个案的空间效果和多媒介特点。

〔65〕 同上。

〔66〕 见圣凯：《敦煌遗书〈毗尼心〉与莫高窟 196 窟比较研究》，《西南民族大学学报（人文社科版）》2017 年第 7 期，第 46 页。

〔67〕 沙武田认为，莫高窟窟前殿堂除第 96 窟窟前殿堂为初唐建筑以外，其他均为始于五代曹氏归义军时期。见《关于莫高窟窟前殿堂与窟檐建筑的时代问题》，《考古与文物》2003 年第 1 期，第 58 页。

〔68〕 有关这几个窟的建造人、历史背景和年代，见王惠民：《敦煌佛教与石窟营建》，甘肃教

育出版社，2013 年，第 371—372，374—378，385—387 页。

〔69〕　见郑炳林、郑怡楠：《敦煌碑铭赞辑释（增订本）》，第 158 页。

〔70〕　潘玉闪、马世长：《莫高窟窟前殿堂遗址》，文物出版社，1985 年，第 22—26 页。

〔71〕　见上书，第 8—14 页。

〔72〕　见上书，第 14—18 页。

〔73〕　见上书，第 18—22 页。

〔74〕　见上书，第 119—120 页。亦参见沙武田：《关于莫高窟窟前殿堂与窟檐建筑的时代问题》，《考古与文物》2003 年第 1 期。

〔75〕　陈明达等：《敦煌石窟勘察报告》，《文物参考资料》第 2 期，第 56 页。周真如告知文中所说的建筑壁画应指第 94 窟上方崖面上所绘的三开间佛殿。

〔76〕　潘玉闪、马世长：《莫高窟窟前殿堂遗址》，文物出版社，1985 年，第 119 页。

〔77〕　此据马德的意见。见马德：《敦煌莫高窟史研究》，甘肃教育出版社，1996 年，第 146—150 页。另一种说法是分为十一个区域。

〔78〕　此翟家窟并非自名为"翟家窟"的第 220 窟。

〔79〕　语出现存于莫高窟第 148 窟的《唐陇右李府君修功德碑记》。有关的句子为："凿为灵龛，上下云矗。构以飞阁，南北霞连。依然地居，杳出人境。圣灯时照，一川星悬。……前流长河，波映重阁。"见郑炳林、郑怡楠：《敦煌碑铭赞辑释（增订本）》，第 42 页。

〔80〕　具体事例见陈明达等：《敦煌石窟勘察报告》，《文物参考资料》第 2 期，第 45—46 页。

第三章　莫高窟内部空间

〔1〕　刘祎贞在其《敦煌莫高窟佛像陈列空间形式探究》一文中对光影变化和莫高窟空间关系进行了颇有启发的讨论。江南大学硕士论文，2019 年，第 69—71 页。

〔2〕　巫鸿：《敦煌 323 窟与道宣》，载于胡素馨（Sarah Fraser）主编：《佛教物质文化：寺院财富与世俗供养》，上海书画出版社，2003 年，第 333—348 页，引文出自第 334 页。

〔3〕　也可以从北端的 275 窟开始这个想象的造访。目前没有绝对的证据支持任何一种选择，此处的叙事顺序和相应解读因此带有较强的假设性。

〔4〕　赖鹏举：《北凉的弥勒净土思想及其禅窟造像》，《圆光佛学学报》1999 年第 4 期，第 1—24 页。

〔5〕　贺世哲：《敦煌莫高窟北朝石窟与禅观》，《敦煌学辑刊》1980 年第 1 期，第 41—52 页。

〔6〕　此碑为北凉承平三年（445）制。清光绪八年（1882）出土于今新疆吐鲁番高昌故城，现存柏林国家博物馆。

〔7〕　参见赖文英：《六、七世纪高昌佛教的净土禅观——以吐峪沟禅观图为例》，《圆光佛学学报》1999 年第 4 期。

〔8〕　建筑史家李路珂曾谈到这一设计意匠："穹隆顶和壁面之间转折圆滑，因此，柱状边饰的'柱头'部分随壁面弯曲至顶面，而垂幔边饰几乎完全位于顶面上。这样的空间处理方式可以调节观者的空间感受，减少室内空间的压抑感，使天花产生'上升'的错觉。这种手法在敦煌早期较低矮的覆斗形窟内也曾用到，如莫高窟北凉第 272 窟。"李路珂：《甘

肃安西榆林窟西夏后期石窟装饰及其与宋〈营造法式〉之关系初探（下）》，《敦煌研究》2008 年第 4 期，第 12 页。

〔9〕 赵声良：《敦煌石窟美术史》上卷，高等教育出版社，2014 年，第 66 页。据周真如告知，她于 2019 年 8 月与孙毅华和赵蓉两位学者共同考察了此窟顶部，认为最初结构或为中央纵长方形部分有浮塑的四至五个平棋，两披浮塑椽子。这个观察支持此处提出的此窟与 268 窟的关系。

〔10〕 这方面的论述颇多，代表者见萧默：《敦煌建筑研究》，文物出版社，1989 年，第 35—42 页；王维仁：《中国早期寺院配置的形态演变初探：塔·金堂·法堂·阁的建筑形制》，《南方建筑》2011 年第 4 期，第 38—49 页。引文出自前书第 41 页。

〔11〕 关于此窟的论述十分丰富，最近出版的有关专著为陈海涛、陈琦：《图说敦煌二五四窟》，生活.读书.新知三联书店，2017 年。

〔12〕 这个画面描绘的是释迦战胜诸魔，证道成佛的场面，出现在这一时期的若干中心塔柱窟中，如 254、260、263 等窟。

〔13〕 周真如注意到这种联系在此窟的建筑装饰上也有呈现："前室"屋顶的构建都是浮塑的，而"主室"屋顶都是二维绘画。

〔14〕 对于这些佛像的身份和定名，大部分学者认为是三世佛。参见贺世哲：《关于十六国北朝时期的三世佛与三佛造像诸问题》，《敦煌研究》1992 年第 4 期。但也有人认为是三身佛，即法身、报身、应身。

〔15〕 有关讨论见宫治昭：《涅槃と弥勒との図像学》，东京：吉川弘文馆，1992 年。

〔16〕 碑文见郑炳林、郑怡楠：《敦煌碑铭赞辑释（增订本）》，第 20—24 页。

〔17〕 完整碑文参见马德：《敦煌莫高窟史研究》，甘肃教育出版社，1996 年，第 275—281 页；李永宁：《敦煌莫高窟碑文录及有关问题（一）》，《敦煌研究》试刊第 1 期，1982 年 6 月，第 56—60 页。

〔18〕《张淮深碑》（S.6161）碑文记载了 888 年重修 96 窟的事迹，其中说："旧阁乃重飞四级，糜称金身。新增而横敞五层，高低得所。"见郑炳林、郑怡楠：《敦煌碑铭赞辑释（增订本）》，第 157 页。

〔19〕 彭金章、王建军、郭俊叶：《敦煌莫高窟"九层楼"考古新发现》，《2000 年敦煌学国际学术讨论会论文提要集》，第 67—68 页。亦见马德《宋乾德四年重修敦煌北大像的"二期工程"——关于莫高窟第 96 窟前第 2 层遗址的时代及相关问题》，《敦煌研究》2003 年第 5 期，第 1—2，108 页。

〔20〕《增一阿含经》卷二十一，苦乐品二十九。

〔21〕 周真如还注意到，朝拜者在此攀登过程中，可从佛膝、胸、头高度的平台处俯瞰宕泉河谷，这个观看过程因此结合了洞窟的内外空间。

〔22〕 公维章：《涅槃、净土的殿堂：敦煌莫高窟第 148 窟研究》，民族出版社，2004 年。

〔23〕 碑文录文见郑炳林、郑怡楠：《敦煌碑铭赞辑释（增订本）》，第 42—44 页。参见李永宁：《敦煌莫高窟碑文录及有关问题（一）》，《敦煌研究》试刊第 1 期，1982 年 6 月，第 56—60 页。关于碑文与 184 窟的对应，见公维章：《读敦煌大历碑札记》，《敦煌学辑刊》

2004 年第 1 期，第 49—52 页。

〔24〕碑文录文见郑炳林、郑怡楠：《敦煌碑铭赞辑释（增订本）》，第 228—230 页，参见李永宁：《敦煌莫高窟碑文录及有关问题（一）》，《敦煌研究》试刊第 1 期，1982 年 6 月，第 66—68 页。

〔25〕按照敦煌研究院的断代，这些例子包括唐代以前 487、285、305 窟，初唐到中唐的 205、234、161 窟，晚唐到五代时期的 85 和 256 窟。参看张景峰：《敦煌石窟的中心佛坛窟》，《敦煌研究》2009 年第 5 期，第 31—39 页。

〔26〕萧默：《敦煌建筑研究》，文物出版社，1989 年，第 54—55 页。

〔27〕关于屏风在中国建筑和文化中的这种作用，见巫鸿：《重屏——中国绘画中的媒材与再现》，上海人民出版社，2009 年，第 2—9 页。

〔28〕见郑炳林、郑怡楠：《敦煌碑铭赞辑释（增订本）》，第 273—274 页。参见马世长《关于敦煌藏经洞的几个问题》，《文物》1978 年第 12 期，第 23—24 页；马德《吴内和尚·吴和尚窟·吴家窟——〈腊八燃灯分配窟龛名数〉丛识之一 》，《敦煌研究》1987 年第 3 期，第 63—64 页。

〔29〕有关此窟的建造时间，参见王惠民：《敦煌佛教与石窟营建》，甘肃教育出版社，2013 年，第 372 页。

〔30〕见郑炳林、郑怡楠：《敦煌碑铭赞辑释（增订本）》，第 157—158 页。晒麟：《〈敕河西节度兵部尚书张公德政之碑〉复原与撰写》，《敦煌学辑刊》1993 年第 2 期，第 31 页。

〔31〕此释文根据圣凯：《敦煌遗书〈毗尼心〉与莫高窟 196 窟比较研究》，略有修订。见《西南民族大学学报（人文社科版）》，2017 年第 7 期，第 46 页。金氏原文中的释文是："窟主管内释门都（僧）（统）城内外临坛供奉大德（宏）扬三教大法师沙门□□。"

〔32〕金维诺：《敦煌窟龛名数考》，《文物》1959 年第 5 期，第 53 页。虽然金先生的结论为学界广泛接受，但也有学者提出不同意见，如土肥义和：《论莫高窟中的何法师窟（第 196 窟）的建造年代——对供养人题记的考察》提要，敦煌研究院学术委员会编：《2000 年敦煌学国际学术讨论会论文提要集》，第 54 页。梅林在分析了后者的证据后，仍然认为原来的结论是正确的。见《"何法师窟"的创建与续修——莫高窟第 196 窟年代分论》，《艺术史研究》第 8 辑（2006），第 413—432 页。

〔33〕梅林：《"何法师窟"的创建与续修——莫高窟第 196 窟年代分论》，《艺术史研究》第 8 辑（2006），第 424 页。

〔34〕圣凯：《敦煌遗书〈毗尼心〉与莫高窟 196 窟比较研究》，《西南民族大学学报（人文社科版）》，2017 年第 7 期，第 41—48 页；袁德领《莫高窟第 196 窟前室北壁上部内容考辨》，《敦煌学辑刊》2002 年第 2 期，第 86—92 页；宁晴：《大乘佛教思想下的菩萨戒坛窟研究——以莫高窟第 196 窟为例考察》，《敦煌学辑刊》2016 年第 4 期，第 104—113 页；赖鹏举：《敦煌石窟造像思想研究》，文物出版社，2009 年，第 312—320 页。

〔35〕此处根据的是萧默和梅林的意见，见萧默：《敦煌建筑研究》，文物出版社，1989 年，第 271 页；梅林：《"何法师窟"的创建与续修——莫高窟第 196 窟年代分论》，《艺术史研究》第 8 辑（2006），第 423—424 页。

〔36〕 梅林：《"何法师窟"的创建与续修——莫高窟第 196 窟年代分论》，《艺术史研究》第 8
辑（2006），第 423 页。这个看法最早是萧默提出的，见萧默：《敦煌建筑研究》，文物出
版社，1989 年，第 271 页。

〔37〕 有关此窟年代，参见王惠民：《敦煌佛教与石窟营建》，甘肃教育出版社，2013 年，第
385—387 页。

〔38〕 关于这些窟的建造和年代，见上书第 394—411 页。

第四章　莫高窟空间中的图像

〔1〕 杨衒之：《洛阳伽蓝记校注》，范祥雍校注，中华书局，2012 年，第 237 页。

〔2〕 此窟在宋代重修重绘。目前所存前室和甬道中的壁画均为宋绘。窟室东壁有宋代画的供
器；门南北宋绘供养菩萨和供养人各一身；佛龛中的浮塑山峦和佛的头光、背光也被重
新涂色。除此之外，其他部分的壁画和塑像则为初唐原作。

〔3〕 肥田路美：《凉州番合县瑞像故事及造型》，《敦煌学辑刊》2006 年第 2 期，第 165—180 页。

〔4〕 第 231 窟中也有一个圣容像图像，同样画在佛龛的顶上。其题记为："盘和都督讨（府）
仰容（御谷）山番合县北圣容瑞像。"但其右手手势不同，应是一个特例。根据题记此窟
建于开成四年（839）。第 237 窟在各个方面都与之非常相似，应建于同一时期。

〔5〕 第 220 窟甬道南壁《检家谱》中载"大成元年乙亥随□□迁于三危□□镌龛□□□圣容
立□（像）"。大成为北周年号，大成元年为 579 年。如果此"圣容立像"指的是番合圣
容像的话，那么在莫高窟建造此像的历史可以被追溯到 6 世纪。但由于《检家谱》是 10
世纪写的，在没有佐证的情况下，我们难以确定所说的"圣容像"指的就是番合圣容像。

〔6〕 关于此像的介绍，见文静、魏文斌：《唐代石雕刘萨诃瑞像初步研究》，《华夏考古》2011
年第 2 期，第 94—102，167—168 页。

〔7〕 松原三郎：《中国佛教雕刻史论》，吉川弘文馆，1995 年，第 325 页。

〔8〕 道宣：《集神州三宝感应录》卷上载："太武大延元年，有离石沙门刘萨诃者，备在僧传。
历游江表礼鄮县塔，至金陵开育王舍利。能事讫西行，至凉州西一百七十里，番合郡
界东北，望御谷山遥礼，人莫测其然也。诃曰："此山崖当有像出，灵相具者则世乐时
平，如其有缺则世乱人苦。"经八十七载，至正光元年，因大风雨雷震山岩，挺出石像高
一丈八尺。形相端严唯无有首，登即选石命工安讫还落，魏道陵迟其言验矣。至周元年，
凉州城东七里，涧石忽出光照烛幽显，观者异之，乃像首也。奉安像身宛然符合。神仪
雕缺四十余年，身首异处二百余里，相好昔亏一时还备。时有灯光流照钟声飞响，皆莫
委其来也。周保定元年，立为瑞像寺。建德将废首又自落，武帝令齐王往验。乃安首像
项以兵守之。及明还落如故，遂有废法国灭之征。接焉备于周。释道安碑周虽毁教不及
此像。开皇通法依前置寺。大业五年炀帝西征，躬往礼觐，改为感通道场。今仍存焉，
依图拟者非一，及成长短终不得定。云云。"

〔9〕 关于对改名"圣容寺"时间的不同推测，见党寿山：《永昌圣容寺的历史变迁探迹》，《敦
煌研究》2014 年第 4 期，第 101—108 页。

〔10〕 孙修身：《古凉州番合县调查记》，《西北民族文丛》1983 年第 3 期，第 147—154 页。

〔11〕 北魏尺度约等于30.9厘米，丈八约等于5.58米。见上引党寿山文章。

〔12〕 史苇湘推测这一佛像是对北朝造像古朴风格的有意模仿。见史苇湘：《刘萨诃与敦煌莫高窟》，《文物》1983年6期，第8页，第5—13页。

〔13〕 金维诺先生在1958年首先对照文献对此窟中的"佛教史迹画"进行了探讨。马世长对整窟的壁画和榜题进行了细致调查，在此基础上于1982年发表了《莫高窟第323窟佛教感应故事画》，文中对金文不载的东壁"戒律画"作了详细的著录和考证。以后，史苇湘、孙修身等先生也在其对"瑞像"题材的研究中不断提到此窟，往往有新的见解。笔者在前人研究的基础上对该窟的图像程序作了系统阐释，并提出其与道宣的著作及所创律宗的关系。金维诺：《敦煌壁画中的中国佛教故事》，《美术研究》1958年1期，第70—76页；马世长：《莫高窟第323窟佛教感应故事画》，《敦煌研究》试刊第1期，1982年，第80—96页；史苇湘：《刘萨诃与敦煌莫高窟》，《文物》1983年第6期，第5—13页；孙修身：《莫高窟佛教史迹故事画介绍》，《敦煌研究》1982年试刊第2期，第101—105页；同氏：《刘萨诃和尚事迹考》，敦煌研究院，《1983年全国敦煌学术讨论会文集》，甘肃人民出版社，1985年，第272—309页；同氏：《佛教东传故事画卷》，《敦煌石窟全集12》，香港商务印书馆，1999年；巫鸿：《敦煌323窟与道宣》，《礼仪中的美术——巫鸿中国古代美术史文编》，生活·读书·新知三联书店，2005年，第418—430页。

〔14〕 《敦煌莫高窟》五卷本定为初唐。史苇湘认为此窟时代为盛唐早期，中宗神龙与景龙之间（705—709）。见史苇湘：《刘萨诃与敦煌莫高窟》，《文物》1983年第6期，第8页。

〔15〕 道宣：《集神州历代三宝感应录》卷中。

〔16〕 同上。

〔17〕 史苇湘：《刘萨诃与敦煌莫高窟》，《文物》1983年6期，第8页。

〔18〕 史苇湘注意到第323窟与第203和300窟在主龛设计上的相似，但他谨慎地认为由于第323窟现存主尊为倚坐像，"看来既非'凉州瑞像'又非'弥勒'，究为何种'瑞像'尚待考证"，见上文。但由于这尊佛像原来并不属于此窟，这个疑惑也就可以解除了。

〔19〕 《集神州历代三宝感应录》卷中，《广弘明集》卷十五，《续高僧传》卷十四。

〔20〕 道宣：《续高僧传》卷十四。

〔21〕 巫鸿：《敦煌323窟与道宣》，《礼仪中的美术：巫鸿中国古代美术史文编》，生活·读书·新知三联书店，2005年，第418—430页。

〔22〕 道宣：《续高僧传》卷二十五。

〔23〕 敦煌文物研究所：《敦煌莫高窟内容总录》，文物出版社，1982年，第122页。

〔24〕 见马德：《凉州瑞像图》，敦煌研究院网络平台，2016年。https://m.chuansongme.com/n/783669952649。

〔25〕 金维诺：《敦煌窟龛名数考》，《文物》1959年第5期。有关此窟的最新详细研究，见王中旭：《阴嘉政窟：敦煌吐蕃时期的家窟艺术与望族信仰》，民族出版社，2014年，第16—28页；张景峰：《敦煌阴氏与莫高窟研究》，甘肃教育出版社，2017年，第395—498页。

〔26〕 张景峰：《敦煌阴氏与莫高窟研究》，甘肃教育出版社，2017年，第474页。在笔者看来，231窟和237窟的建造顺序还不完全清晰，后者中的番合圣容像采取了更传统的形式。但

由于具有明确窟主和建造年代，我们仍可以把 231 窟作为一个代表性原创窟，集中考虑
其瑞像图以及与窟中其他图像的关系。

〔27〕 对这幅画最新和最全面的研究见张小刚：《敦煌佛教感通画研究》，甘肃教育出版社，2015
年，第 294—304 页。

〔28〕 如英国学者韦陀（Roderick Whitfield）大胆地认为此图原型出自 661 年陪同唐朝使节王玄
策出访印度的画家宋法治，是他依照古印度和中亚的绘画在长安绘制并散发到各个寺院
的，因此其绘画时代在 7 世纪晚期武则天时期。韦陀：《中亚艺术：大英博物馆藏斯坦因
收集品》，1982—1985 年，第 2 卷，第 303—308 页；同氏《敦煌瑞像》，收录于：K. R.
van Kooij and H. van der Veere, eds. *Function and Meaning in Buddhist Art*, New Delhi: Book
Vistas，2010，pp. 149-156. 参阅：Alexander C. Soper, "Representations of Images at Tun-
huang"，*Artibus Asiae* 27，1965，pp. 349-364。

〔29〕 张广达、荣新江：《敦煌"瑞像记"、瑞像图及其反映的于阗》，载《敦煌吐鲁番文献研究
论集》第 3 辑，北京大学出版社，1986 年。

〔30〕 参阅张小刚《敦煌佛教感通画研究》中的详细讨论。

〔31〕 对这些瑞像的详细讨论，见王中旭：《阴嘉政窟：敦煌吐蕃时期的家窟艺术与望族信仰》，
民族出版社，2014 年，第 161—202 页。

〔32〕 根据学者对《敦煌名族志》（P.2625）的研究，盛唐和吐蕃时期活动于敦煌地区的阴氏有
两支。见马德：《敦煌阴氏与莫高窟阴家窟》，《敦煌学辑刊》1997 年第 1 期；池田温：
《唐朝氏族志研究——关于〈敦煌名族志〉残卷》，载同氏《唐研究论文选集》，中国社会
科学院出版社，1999 年，第 68—121 页；郑炳林、安毅：《敦煌写本 P.2625〈敦煌名族志〉
残卷撰写时间和张氏族源考释》，《敦煌学辑刊》2007 年第 1 期，第 1—14 页。

〔33〕 张景峰：《敦煌阴氏与莫高窟研究》，甘肃教育出版社，2017 年，第 118 页。

〔34〕 同上书，第 137 页。学者对此窟壁画的内容进行了大量研究，进行了不断的修订。较新
的看法见施萍婷、范泉：《关于莫高窟第 217 窟南壁壁画的思考》，《敦煌研究》2011 年
第 2 期，第 12—25 页；Eugene Wang（汪悦进），*Shaping the Lotus Sutra: Buddhist Visual
Culture in Medieval China*，Seattle，University of Washington Press，2005，pp. 67-181.

〔35〕 有的学者甚至认为这是一个原创性的"三阶教窟"。见王惠民：《敦煌 321 窟、74 窟十轮
经变考释》，《艺术史研究》第 6 辑，中山大学出版社，2004 年，第 309—334 页。

〔36〕 《大番故敦煌郡莫高窟阴处士公修功德记》（P.4638）及《阴处士碑》（P.4640），见郑炳林、
郑怡楠：《敦煌碑铭赞辑释（增订本）》，第 621—624，214—217 页。

〔37〕 《维摩诘所说经》，"法供养品第十三"。

〔38〕 同上。

〔39〕 这是一个大题目，有待于另文讨论。关于"法供养"的基本概念见张先堂：《古代佛教法
供养与敦煌莫高窟藏经》，《敦煌研究》2010 年第 5 期，第 1—11 页。

〔40〕 对此窟的建造者历来意见不一，张景峰做了简要回顾。见张景峰：《敦煌阴氏与莫高窟研
究》，甘肃教育出版社，2017 年，第 509—511 页，第 588—589 页。对于该窟的目的和意
义，见该书第 611—613 页。

〔41〕 这些情节不见于道宣的记载，但出现于《凉州御山石佛瑞像因缘记》中。见孙修身，党寿山：《〈凉州御山石佛瑞像因缘记〉考释》，《敦煌研究》1983 年创刊号，第102—108 页。

〔42〕 此处根据郑怡楠的意见，见郑怡楠：《翟法荣与莫高窟第 85 窟营建的历史背景》，《敦煌学辑刊》2014 年第 2 期，第 99 页。这个窟在《腊八燃灯分配窟龛名数》中实际上称为"翟家窟"。

〔43〕 见郑炳林、郑怡楠：《敦煌碑铭赞辑释（增订本）》，第 484 页。

〔44〕 关于这些壁画的情况见张小刚：《敦煌佛教感通画研究》，甘肃教育出版社，2015 年，第315—328 页。

〔45〕 编号分别为第 231、237、236、53、449 和 72 窟。

〔46〕 张小刚以此窟《番合圣容像变》中若干反对"蕃人"的榜题为证，认为此窟建于吐蕃占领时期之后，可从。见张小刚：《凉州瑞像在敦煌——体现地方性的一种瑞像实例》，《魏晋南北朝隋唐史资料》第 26 辑，武汉大学出版社，2010 年，第 264 页。

〔47〕 对这些瑞像的具体描述见霍熙亮：《莫高窟第 72 窟及其南壁刘萨诃与凉州圣容佛瑞像史迹变》，《文物》1993 年第 2 期，第 32—34 页。

〔48〕 对瑞像题材浸研多年的张小刚也已注意到这个现象，在其《凉州瑞像在敦煌——体现地方性的一种瑞像实例》一文中写道："现存凉州瑞像单体造像多仅绘塑瑞像本身，但也极少数出现了刘萨诃或补白人物像。"载于《魏晋南北朝隋唐史资料》第 26 辑，第 268 页。

〔49〕 霍熙亮：《莫高窟第 72 窟及其南壁刘萨诃与凉州圣容佛瑞像史迹变》，《文物》1993 年第 2期，第 32—47 页。

〔50〕 Wu Hung，"What is Bianxiang? On the Relationship between Dunhuang Art and Dunhuang Literature，" in *Harvard Journal of Asiatic Studies*，52.1（1992），pp.111-192. 中译本见《何为变相？——兼论敦煌艺术与敦煌文学的关系》，载《礼仪中的美术：巫鸿中国古代美术史文编》，生活·读书·新知三联书店，2005 年，第 346—404 页。

〔51〕 霍熙亮：《莫高窟第 72 窟及其南壁刘萨诃与凉州圣容佛瑞像史迹变》，《文物》1993 年第 2期，第 45 页。

〔52〕 日本大正一切经编辑委员会编：《大正藏》，1922—1933 年刊，no. 2107。

第五章　莫高窟绘画中的空间

〔1〕 如恩斯特·贡布里希（Ernst H. J. Gombrich）和鲁道夫·阿恩海姆（Rudolf Arnheim）发展出不同的艺术理论，但前者的《艺术与错觉》和后者的《艺术与视知觉》都用了整个章节对此问题进行讨论。

〔2〕 L. Bachhofer，"Die Raumdarstellung in der Chinesischen Malerei des ersten Jahrtausends n.Chr.，" *Munchner Jahrbuch der bildenden Kunst*，Band VIII，1931. Trans, Harold Joachim，manuscript in the Rubel Library，Harvard University.

〔3〕 （传）王维：《画学秘诀》，引自于安澜编著：《画论丛刊》，河南大学出版社，2015 年，第

13 页。

〔4〕 （传）李成：《山水诀》，引自于安澜编著：《画论丛刊》，河南大学出版社，2015 年，第 33 页。

〔5〕 张彦远：《历代名画记》，俞剑华注，江苏美术出版社，2007 年，第 29 页。

〔6〕 Arthur Waley, *A Catalogue of Paintings Recovered from Tun-huang by Sir Aurel Stein*, British Museum, London, 1931.

〔7〕 见巫鸿：《经变与讲经：唐代佛教美术、文学和礼仪的一个交接点》，载于《超越大限：巫鸿中国古代美术史论文集卷二》，上海人民出版社，2019 年，第 283—293 页。英文原文 "Sutra Pictures" (Jiangbian) and "Sutra Lectures" (Jiangjing)： A Study of Tang Buddhist Art, Literature, and Ritual," 1993, unpublished manuscript。

〔8〕 关于中国早期绘画中的"偶像型"与"情节式"构图的论述，见 Wu Hung, *The Wu Liang Shrine, The Ideology of Early Chinese Pictorial Art*, Stanford, Stanford University Press, 1989, pp.132-136。中译见巫鸿：《武梁祠：中国古代画像艺术的思想性》，生活·读书·新知三联书店，2006 年，第 149—153 页。

〔9〕 见敦煌研究院：《敦煌连环壁画精品》，甘肃少年儿童出版社，1993 年。

〔10〕 日本大正一切经编辑委员会编：《大正藏》，1922—1933 年刊行，202，418-422。

〔11〕 敦煌藏经洞中共发现 4 卷《降魔变》。其中一卷原由罗振玉收藏，现已佚，罗著《敦煌零拾》著录其文。另一卷（P.4615）断为 6 段，损坏严重，由伯希和携至法国。第三卷（S.4398）也是一份残卷，仅存卷首的 41 行。幸运的是第四卷虽然已分为两段但文辞完整，分别由大英图书馆（S.5511）和北京图书馆收藏。这一变文中的一个细节可以说明它的写作年代：其"引子"部分对唐玄宗有"开元天宝圣文神武应道皇帝"的尊称，郑振铎首先注意到玄宗在天宝七年（748）加此尊号，次年即更改。见 Kenneth K. S. Ch'en, *Buddhism in China: a Historical Survey*, Princeton, Princeton University Press, 1964, p. 289；李永宁、蔡伟堂：《〈敦煌变文〉与敦煌壁画中的"劳度叉斗圣变"》，敦煌文物研究所编：《一九八三年全国敦煌学术讨论会文集（石窟·艺术编）》上册，甘肃人民出版社，1985 年，第 169 页。

〔12〕 该窟一般被定为北周，见敦煌研究院编《中国石窟·安西榆林窟》，平凡社，1990 年，第 291—293 页。

〔13〕 金维诺认为该画面描绘了须达通知舍利弗斗法的情节。见《敦煌壁画祇园记图考》，同氏《中国美术史论集》上册，人民美术出版社，1981 年，第 344 页。但这一情节只见于后来的变文，而不见于《贤愚经》版本中。

〔14〕 金维诺：《敦煌壁画祇园记图考》，同氏《中国美术史论集》上册，人民美术出版社，1981 年，第 345 页。

〔15〕 见上书，第 345 页。

〔16〕 见郭若虚：《图画见闻志》，人民美术出版社，1963 年，第 76、149 页。

〔17〕 见金维诺：《敦煌壁画维摩变的发展》，《文物》1959 年 2 期，第 3—9 页；《敦煌晚期的维摩变》，《文物》1959 年 4 期，第 54—90 页。重刊于金维诺：《中国美术史论集》，人民美术出版社，1981 年，第 397—422 页。

〔18〕属于这种风格的维摩变发现于第 206、276、314、380、417、419、420 窟，均属于敦煌研究院定为隋代的洞窟。一些被认为是初唐的维摩变，如第 203、322 窟中的作品，延续了这种风格。

〔19〕这种风格的维摩变发现于第 68、242、334、341 和 342 窟中，均被敦煌研究院定为初唐时期。

〔20〕画家一方面从《维摩变》获取灵感创作了这些随从的形象，同时也借助于其他来源，如淫荡的外道女子见于描绘佛陀"降魔"的绘画。据说释迦牟尼成佛之前曾受到魔王波旬的攻击和诱惑，波旬漂亮的女儿围绕在释迦牟尼身边跳舞并向他展露自己妖艳的肢体。在晚期《降魔变》壁画中，外道天女旁边的题记云："外道诸女严丽庄饰拟典惑舍利弗时。"明显出自波旬女儿原型。

〔21〕"（劳度叉）善知幻术，于大众前，咒作一树，自然长大，荫覆众会，枝叶郁茂，花果各异。众人咸言此变乃是劳度差作。时舍利弗便以神力作旋岚风，吹拔树根，倒着于地，碎为微尘。"

〔22〕李永宁和蔡伟堂列举了 19 铺敦煌"降魔"变相，其中 94 窟壁画的题材据敦煌遗书的记载可知是"降魔"变相，但原画已被晚期的壁画覆盖。李永宁、蔡伟堂：《〈敦煌变文〉与敦煌壁画中的"劳度叉斗圣变"》，敦煌文物研究所编：《一九八三年全国敦煌学术讨论会文集（石窟·艺术编）》，甘肃人民出版社，1985 年，第 170—171 页。

〔23〕NicoleVandier-Nicolas，*Sariputra et Les Six Maitres D'erreur*，Mission Pelliot en Asie Centrale，Serie in-Quarto，V，p.1. 其他有关研究包括：Arthur Waley，*A Catalogue of Paintings Recovered from Tun-huang by Sir Aurel Stein*，British Museum，London，1931，no.LXII. 松本荣一：《敦煌地方に流行せし劳度叉斗圣变相》，《佛教美术》19 期（1923 年）；《劳度叉斗圣变相の一断片》，《建筑史》2—5 期（1940 年）；《敦煌画の研究》，第 201—211 页。秋山光和：《敦煌本降魔变（劳度叉斗圣变）画卷について》，《美术研究》187 期（1956 年），第 1—35 页；《敦煌における变文と绘画》，《美术研究》211 期（1960 年），第 1—28 页；《劳度叉斗圣变白描粉本（P. tib. 1293）与敦煌壁画》，《东京大学文学部文化交流研究施设研究纪要》第 2、3 号，1978 年。金维诺：《敦煌壁画祇园记图考》，《文物参考资料》1958 年 8 期，第 8—13 页。罗宗涛：《降魔变文画卷》，《中国古典小说研究专集》，台北书局，1979 年。Jao Tsongyi，et.al.，Peintures Monochromes de Dunhuang，Paris，Ecole Francaise D'extr me-orient，1978；Roderick Whitfield，*The Art of Central Asia: The Stein Collection in the British Museum*，3vols.，Kodansha，1982. 李永宁、蔡伟堂：《〈敦煌变文〉与敦煌壁画中的"劳度叉斗圣变"》，敦煌文物研究所编：《一九八三年全国敦煌学术讨论会文集（石窟·艺术编）》，甘肃人民出版社，1985 年。

〔24〕王重民等编：《敦煌变文集》上，人民文学出版社，1957 年，第 382 页。

〔25〕新添加的国王形象虽然不合此二元规律，但他作为"审判官"的角色加强了斗法的戏剧性和空间性。对此变文写道："波斯匿王见舍利弗，即敕群僚，各须在意。佛家东边，六师西畔。朕在北面，官庶南边。"见王重民等编：《敦煌变文集》上，人民文学出版社，1957 年，第 382 页。

〔26〕白化文：《什么是变文》，载于周绍良、白化文编：《敦煌变文论文录》上卷，上海古籍出

版社，1982 年，第 435 页。

〔27〕 王重民：《敦煌变文研究》，载于周绍良、白化文编：《敦煌变文论文录》上卷，上海古籍
出版社，1982 年，第 314 页。

〔28〕 Victor Mair, *T'ang Transformation Texts*, Cambridge, Mass., Harvard University Press, 1979,
p. 100.

〔29〕 吉师老和李贺在两首描写《王昭君变文》表演的诗中提到过这种表演方式。

〔30〕 例子如《金刚般若波罗蜜经讲经文》，王重民等编：《敦煌变文集》上，人民文学出版社，
1957 年，第 426 页。

〔31〕 关于俗讲流行情况的研究，见向达：《唐代俗讲考》，《文史杂志》3 卷 9、10 期（1944 年），
第 40—60 页；傅芸子：《俗讲新考》，《新思潮》1、2 合期（1945 年），第 39—41 页。二
文分别重刊于周绍良、白化文编：《敦煌变文论文录》上卷，上海古籍出版社，1982 年，
第 41—69 页及第 147—156 页。

〔32〕 Victor Mair, *Painting and Performance: Chinese Picture Recitation and Its Indian Genesis*,
Honolulu: University of Hawaii Press, 1988, p.96. 梅维恒还把这些讲述传统与中国的变文表
演进行了比较，见第 97—109 页。

〔33〕 史苇湘：《关于敦煌莫高窟内容总录》，载于敦煌文物研究所编：《敦煌莫高窟内容总录》，
文物出版社，1982 年，第 194 页。

〔34〕 李永宁和蔡伟堂编制了这些壁画最新的详细目录，见于《〈敦煌变文〉与敦煌壁画中
的"劳度叉斗圣变"》，敦煌文物研究所编：《一九八三年全国敦煌学术讨论会文集（石
窟·艺术编）》，甘肃人民出版社，1985 年，第 170—171 页。这两位学者认为原绘于
94 窟西壁的"降魔"变相壁画已完全被毁。大英博物馆藏有敦煌藏经洞出土的一件画
幅残片。从图像特征来看，这件画幅原来的构图应与壁画的构图相似，见：Roderick
Whitfield, *The Art of Central Asia: The Stein Collection in the British Museum*, 3vols.,
Kodansha, 1982, no. 21。

〔35〕 关于这些内容，见 Wu Hung, "What is Bianxiang? On the Relationship between Dunhuang Art
and Dunhuang Literature," Harvard Journal of Asiatic Studies 52.1（1992），pp.111-192。中译
本见《何为变相？——兼论敦煌艺术与敦煌文学的关系》，载《礼仪中的美术：巫鸿中国
古代美术史文编》，生活·读书·新知三联书店，2005 年，第 346—404 页。

〔36〕 见程毅中：《关于变文的几点探索》，原刊于《文学遗产增刊》10 辑，中华书局，1962 年，
第 80—101 页；重印于周绍良、白化文编：《敦煌变文论文录》上卷，上海古籍出版社，
1982 年，第 389 页。一些学者注意到讲故事用的画幅，如印度所谓 par 的活动中所用的
画幅和手卷，并不只遵循直线叙事顺序。见 Joseph C. Miller, Jr., "Current Investigations
in the Genre of Rjasthnī par painting recitation," in Winand M. Callewaert, ed., Early Hind
Devotional Literature in Current Research, *Orientalia Lovaniensia Analecta*, no. 8, p.118。但是
他讨论的绘画是便于携带的手卷或画幅，与敦煌《降魔变》壁画有本质差别，因此不能
直接用作解释敦煌壁画的证据。

〔37〕 在 72 窟和另外一些窟中，这两组形象的位置是左右颠倒的，但构图的基本结构是相同的。

〔38〕　日本大正一切经编辑委员会编：《大正藏》，1922—1933 年刊行，202.421。

结语：一个美术史方法论提案

〔1〕　见：https://baike.baidu.com/item/%E6%95%A6%E7%85%8C%E5%AD%A6。

〔2〕　在研究单独窟群的基础上，研究者可以进而考虑不同地点的窟群之间的关系。有的学者
认为敦煌地区的三个重要石窟——莫高窟、榆林窟和西千佛洞——也就是敦煌文献中
记载的"三窟"，并对此进行了讨论。见马德：《敦煌莫高窟史研究》，甘肃教育出版社，
1996 年，第 212—216 页。

参考文献

典籍：

房玄龄等：《晋书》卷九十五，北京：中华书局，1996 年

日本大正一切经编辑委员会编：《大正藏》，1922—1933 年刊

沈约：《宋书》，北京：中华书局，1974 年

释慧皎撰，汤用彤校注：《高僧传》，北京：中华书局，1997 年

魏收：《魏书》志二十，中华书局，1997 年

杨衒之著，范祥雍校注：《洛阳伽蓝记校注》，北京：中华书局，2012 年

于安澜：《画论丛刊》，北京：人民美术出版社，1989 年

外文：

Alexander C. Soper, "Representations of Images at Tun-huang", *Artibus Asiae* 27, 1965, pp. 349-364

Anselm L. Strauss, *Images of American City*, New York: Free Press, 1961

Arthur Waley, *A Catalogue of Paintings Recovered from Tun-huang by Sir Aurel Stein*, British Museum, London, 1931

David N. Keightley, "The Religious Commitment: Shang Theology and the Genesis of Chinese Political Culture," *History of Religions*, 17.3-4 (1978)

Duan Wenjie, *Dunhuang Art Through the Eyes of Duan Wenjie*, edited and introduced by Tan Chung, New Delhi: Abhinav Publications, 1994

Eugene Wang, *Shaping the Lotus Sutra: Buddhist Visual Culture in Medieval China* , Seattle: University of Washington Press, 2007

Giorgio Agamben, "Time and History: Critique of the Instant and the Continuum," in *Infancy and History: The Destruction of Experience*, translated by Liz Heron (London: Verso, 1993)

Jao Tsong-yi, et.al., *Peintures Monochromes de Dunhuang*, Paris: Ecole Francaise D'extr me-orient, 1978

Joseph C. Miller, Jr., "Current Investigations in the Genre of Rjasthnī par painting recitation," in Winand M. Callewaert, ed., Early Hind Devotional Literature in Current Research, *Orientalia Lovaniensia Analecta*, no. 8

K. R. van Kooij and H. van der Veere, eds. *Function and Meaning in Buddhist Art*, New Delhi: Book Vistas, 2010, pp.149-156

Kenneth K. S. Ch'en, *Buddhism in China: A Historical Survey*, Princeton: Princeton University Press, 1964

Kostof Spiro, *The City Shaped: Urban Patterns and Meanings Through History*, Boston: Little, Brown, 1991

L. Bachhofer, "Die Raumdarstellung in der Chinesischen Malerei des ersten Jahrtausends n.Chr.," *Munchner Jahrbuch der bildenden Kunst*, Band VIII,1931. Trans, Harold Joachim, manuscript in the Rubel Library, Harvard University

Liu Cong, "Tomb and Cave: Reconstructing the Commemorative Space of the Death of Cao Yijin," in Wu Hung and Paul Copp, eds, *Refiguring East Asian Religious Art: Buddhist Devotion and Funerary Practice. Chicago: Center for the Art of East Asian Studies*, University of Chicago, 2019

Lukas Niche, "Some Han Dynasty Paintings in the British Museum," *Artibus Asiae*, LX: 1 (2000)

Nancy S. Steinhardt, *Chinese Imperial City Planning*, Honolulu: University of Hawai'i Press, 1990

NicoleVandier-Nicolas, *Sariputra et Les Six Maitres D'erreur*, Mission Pelliot en Asie Centrale, Serie in-Quarto, V.

Ning Qiang, *Art, Religion, and Politics in Medieval China: The Dunhuang Cave of the*

Zhai Family. Honolulu: University of Hawai'i Press, 2004

Paul Pelliot, *Les Grottes de Touen-houang: Carnet de notes de Paul Pelliot, inscriptions etpeintures murale*, I-VI, Paris,1922-1924

Peter Schjeldahl, "Heavy: The Sculpture of Richard Serra," *New Yorker*, October 7(2019)

Roderick Whitfield, *The Art of Central Asia: The Stein Collection in the British Museum*, 3vols., Kodansha, 1982

Rudolf Arnheim, "A Stricture on Space and Time," *Critical Inquiry* 4, no.4 (1978)

Victor Mair, *Painting and Performance: Chinese Picture Recitation and Its Indian Genesis*, Honolulu: University of Hawaii Press, 1988

——, *T'ang Transformation Texts*, Cambridge, Mass., Harvard University Press, 1979

Wu Hung, "A Deity Without Form: The Earliest Representation of Laozi and the Concept of Wei in Chinese Ritual Art," *Orientations* 34.4 (April 2002)

——, "End as Beginning: Dynastic Time and Chinese Art". 梅隆讲座系列演讲，2019 年

——, "From Temple to Tomb: Ancient Chinese Religion in Transition," *Early China*, 13 (1988)

——, "Rethinking Warring States Cities: A Historical and Methodological Proposal," *Journal of East Asian Archaeology*, vol. 3, no.1-2. Brill Academic Publishing. Leiden, the Netherland.

——, "What is Dunhuang Art?" in Annette L. Juliano & Judith A. Lerner ed., *Nomads, Traders and Holy Men Along China's Silk Road*, Silk road Studies VII, BREPOLS, 2002

——, *Monumentality in Early Chinese Art and Architecture*, Stanford: Stanford University Press, 1995

——, *Spatial Dunhuang: Approaching the Mogao Caves*，将由美国华盛顿大学出版社出版

敦煌研究院编：《中国石窟·安西榆林窟》，东京：平凡社，1990 年

宫治昭：《涅槃と弥勒との図像学》，东京：吉川弘文馆，1992 年

秋山光和：《敦煌にぉける変文と绘画》，《美术研究》211 期（1960 年）

秋山光和：《敦煌本降魔变（劳度叉斗圣变）画卷について》，《美术研究》187
　　期（1956 年）

秋山光和：《劳度叉斗圣变白描粉本（P. tib. 1293）与敦煌壁画》，《东京大学文
　　学部文化交流研究施设研究纪要》第 2、3 号，1978 年

松本荣一：《敦煌地方に流行せし劳度叉斗圣变相》，《佛教美术》19 期（1923 年）

松本荣一：《劳度叉斗圣变相の一断片》，《建筑史》2—5 期（1940 年）

松原三郎：《中国佛教雕刻史论》，东京：吉川弘文馆，1995 年

中文：

《敦煌莫高窟供养人题记》

《敦煌莫高窟内容总录》

《敦煌莫高窟现存佛窟概况调查》

《敦煌石窟内容总录》

晒麟：《〈敕河西节度兵部尚书张公德政之碑〉复原与撰写》，《敦煌学辑刊》
　　1993 年第 2 期

陈海涛、陈琦：《图说敦煌二五四窟》，北京：生活·读书·新知三联书店，
　　2017 年

陈菊霞：《敦煌翟氏研究》，北京：民族出版社，2012 年

陈明达、赵正之等：《敦煌石窟勘察报告》，《文物参考资料》1955 年第 2 期

池田温：《八世纪中叶敦煌的粟特人聚落》，载于《日本学者研究中国史论著选
　　译》第九卷，北京：中华书局，1993 年

——：《唐朝氏族志研究：关于〈敦煌名族志〉残卷》，《唐研究论文选集》，北
　　京：中国社会科学出版社，1999 年

初师宾：《石窟外貌与石窟研究之关系：以麦积山石窟为例略谈石窟寺艺术断代
　　的一种辅助方法》，《西北师大学报（社会科学版）》1983 年第 4 期

党寿山：《永昌圣容寺的历史变迁探迹》，《敦煌研究》2014 年第 4 期

德吉卓玛：《敦煌文本 P.T.993 吐蕃寺院稽考》,《西藏研究》2017 年第 1 期

敦煌文物研究所：《敦煌莫高窟内容总录》, 北京：文物出版社, 1982 年

——：《莫高窟第 220 窟新发现的复壁壁画》,《文物》1978 年第 12 期

敦煌研究院：《敦煌连环壁画精品》, 兰州：甘肃少年儿童出版社, 1993 年

——：《敦煌莫高窟供养人题记》, 北京：文物出版社, 1986 年

——：《敦煌石窟内容总录》, 北京：文物出版社, 1996 年

敦煌研究院学术委员会编：《2000 年敦煌学国际学术讨论会论文提要集》

樊锦诗、关友惠、刘玉权：《莫高窟隋代石窟分期》,《敦煌研究文集》(敦煌石窟考古篇), 兰州：甘肃民族出版社, 2000 年

樊锦诗、马世长、关友惠：《敦煌莫高窟北朝洞窟的分期》,《中国石窟：敦煌莫高窟》, 1981 年。

樊锦诗：《敦煌石窟研究百年回顾与瞻望》,《敦煌研究》2000 年第 2 期

肥田路美：《凉州番合县瑞像故事及造型》,《敦煌学辑刊》2006 年第 2 期

冯培红：《汉宋间敦煌家族史研究回顾与述评（上）》,《敦煌学辑刊》2008 年第 3 期

甘肃省敦煌县博物馆：《敦煌佛爷庙湾五凉时期墓葬发掘简报》,《文物》1983 年第 10 期

甘肃省文物考古研究所：《甘肃敦煌佛爷庙湾墓群 2014 年发掘简报》,《文物》2019 年第 9 期

——：《甘肃敦煌佛爷庙湾—新店台墓群曹魏、隋唐墓 2015 年发掘简报》,《文物》2019 年第 9 期

公维章：《读敦煌大历碑札记》,《敦煌学辑刊》2004 年第 1 期

——：《涅槃、净土的殿堂：敦煌莫高窟第 148 窟研究》, 北京：民族出版社, 2004 年

郝春文：《唐后期五代宋初敦煌寺院常住什物的数量及与僧人的关系》,《敦煌研究》1988 年第 2 期

郝春文主编：《敦煌文献论集： 纪念敦煌藏经洞发现一百周年国际敦煌学术研讨会论文集》, 沈阳：辽宁人民出版社, 2001 年

郝树声、张德芳：《悬泉汉简研究》，兰州：甘肃文化出版社，2009 年

何正璜：《敦煌莫高窟现存佛窟概况调查》，《说文月刊》1943 年第 10 期

贺世哲：《敦煌莫高窟北朝石窟与禅观》，《敦煌学辑刊》1980 年第 1 期

贺世哲：《关于十六国北朝时期的三世佛与三佛造像诸问题》，《敦煌研究》1992
　　年第 4 期

霍熙亮：《莫高窟第 72 窟及其南壁刘萨诃与凉州圣容佛瑞像史迹变》，《文物》
　　1993 年第 2 期

姜伯勤：《敦煌艺术宗教与礼乐文明》，北京：中国社会科学出版社，1996 年

金维诺：《敦煌壁画祇园记图考》，《文物参考资料》1958 年 8 期

——：《敦煌壁画中的中国佛教故事》，《美术研究》1958 年 1 期

——：《敦煌窟龛名数考》，《文物》1959 年第 5 期

——：《中国美术史论集》，北京：人民美术出版社，1981 年

赖鹏举：《北凉的弥勒净土思想及其禅窟造像》，《圆光佛学学报》1999 年第 4 期

——：《敦煌石窟造像思想研究》，北京：文物出版社，2009 年

赖文英：《六、七世纪高昌佛教的净土禅观：以吐峪沟禅观图为例》，《圆光佛
　　学学报》1999 年第 4 期

李路珂：《甘肃安西榆林窟西夏后期石窟装饰及其与宋〈营造法式〉之关系初
　　探》，《敦煌研究》2008 年第 4 期

李永宁、蔡伟堂：《〈敦煌变文〉与敦煌壁画中的"劳度叉斗圣变"》，敦煌文
　　物研究所编：《一九八三年全国敦煌学术讨论会文集（石窟·艺术编）》，兰
　　州：甘肃人民出版社，1985 年

李永宁：《敦煌莫高窟碑文录及有关问题（一）》，《敦煌研究》1982 年第 1 期

李正宇：《敦煌地区古代祠庙寺观简志》，《敦煌学辑刊》1988 年第 1、2 期合刊

——：《乐㥄史事纂诂》，《敦煌研究》1985 年第 2 期

梁思成：《梁思成全集》，北京：中国建筑工业出版社，2001 年

刘祎贞：《敦煌莫高窟佛像陈列空间形式探究》，江南大学硕士论文，2019 年

罗华庆：《9 至 11 世纪敦煌的行像和浴佛活动》，《敦煌研究》1988 年第 4 期

罗宗涛：《降魔变文画卷》，《中国古典小说研究专集》，台北：台北书局，1979 年

马德:《"敦煌菩萨"竺法护遗迹觅踪:兼论莫高窟创建的历史渊源》,《佛学研究》2017 年第 1 期

——:《敦煌的世族与莫高窟》,《敦煌学辑刊》1995 年第 2 期

——:《敦煌古代工匠研究》,北京:文物出版社,2018 年

——:《敦煌莫高窟史研究》,兰州:甘肃教育出版社,1996 年

——:《敦煌遗书莫高窟岁首燃灯文辑识》,《敦煌研究》1997 年第 3 期

——:《敦煌阴氏与莫高窟阴家窟》,《敦煌学辑刊》1997 年第 1 期

——:《凉州瑞像图》,敦煌研究院网络平台:https://m.chuansongme.com/n/783669952649,2016 年

——:《莫高窟前史新探:宕泉河流域汉晋遗迹的历史意义》,《敦煌研究》2017 年第 2 期

——:《宋乾德四年重修敦煌北大像的"二期工程":关于莫高窟第 96 窟前第 2 层遗址的时代及相关问题》,《敦煌研究》2003 年第 5 期

——:《吴和尚·吴和尚窟·吴家窟:〈腊八燃灯分配窟龛名数〉丛识之一 》,《敦煌研究》1987 年第 3 期

马世长:《关于敦煌藏经洞的几个问题》,《文物》1978 年第 12 期

——:《莫高窟第 323 窟佛教感应故事画》,《敦煌研究》1982 年试刊第 1 期

梅林:《"何法师窟"的创建与续修:莫高窟第 196 窟年代分论》,《艺术史研究》第 8 辑(2006)

宁晴:《大乘佛教思想下的菩萨戒坛窟研究:以莫高窟第 196 窟为例考察》,《敦煌学辑刊》2016 年第 4 期

潘玉闪、马世长:《莫高窟窟前殿堂遗址》,文物出版社,1985 年

彭金章、王建军、郭俊叶:《敦煌莫高窟"九层楼"考古新发现》,《2000 年敦煌学国际学术讨论会论文提要集》,2000 年

荣新江:《敦煌学十八讲》,北京:北京大学出版社,2001 年

——:《祆教初传中国年代考》,《国学研究》1995 年第 3 卷

——:《贞观年间的丝路往来与敦煌翟家窟画样的来历》,《敦煌研究》2018 年第 1 期

沙武田：《敦煌吐蕃译经三藏法师法成功德窟考》，《中国藏学》2008 年第 3 期

——：《关于莫高窟窟前殿堂与窟檐建筑的时代问题》，《考古与文物》2003 年
　　第 1 期

——：《一幅珍贵的唐长安夜间乐舞图：以莫高窟第 220 窟舞蹈图中灯为中心的
　　解读》，《敦煌研究》2015 年第 5 期

圣凯：《敦煌遗书〈毗尼心〉与莫高窟 196 窟比较研究》，《西南民族大学学报
　　（人文社科版）》2017 年第 7 期

施萍婷、范泉：《关于莫高窟第 217 窟南壁壁画的思考》，《敦煌研究》2011 年
　　第 2 期

石璋如：《敦煌千佛洞考古记》，《敦煌窟形》，台北："中研院"历史语言研究
　　所，1995 年

史苇湘：《刘萨诃与敦煌莫高窟》，《文物》1983 年第 6 期

——：《士族与石窟》，敦煌文物研究所编：《敦煌研究文集》，兰州：甘肃人民
　　出版社，1982 年

孙修身、党寿山：《〈凉州御山石佛瑞像因缘记〉考释》，《敦煌研究》1983 年创
　　刊号

孙修身：《佛教东传故事画卷》，《敦煌石窟全集》12，香港：商务印书馆，
　　1999 年

——：《古凉州番合县调查记》，《西北民族文丛》1983 年第 3 期

——：《刘萨诃和尚事迹考》，敦煌研究院编：《1983 年全国敦煌学术讨论会文
　　集》，兰州：甘肃人民出版社，1985 年

——：《莫高窟佛教史迹故事画介绍》，《敦煌研究》1982 年试刊第 2 期

孙毅华、孙儒僴编：《敦煌石窟全集·石窟建筑卷》，香港：商务印书馆，2003 年

——：《莫高窟南区窟檐遗迹调查》，《敦煌研究》2019 年第 12 期

谭婵雪：《敦煌民俗：丝路明珠传风情》，兰州：甘肃教育出版社，2006 年

王惠民：《〈董保德功德记〉与隋代敦煌崇教寺舍利塔》，《敦煌研究》1997 年第
　　3 期

——：《敦煌 321 窟、74 窟十轮经变考释》，《艺术史研究》第 6 辑，广州：中

山大学出版社，2004 年

——：《敦煌佛教与石窟营建》，兰州：甘肃教育出版社，2013 年

王素：《敦煌出土前凉文献所见"建元"年号的归属：兼谈敦煌莫高窟的创建时间》，《敦煌吐鲁番研究》第 2 卷，1997 年

王素：《敦煌莫高窟创建时间补说》，收入郝春文主编：《敦煌文献论集：纪念敦煌藏经洞发现一百周年国际敦煌学术研讨会论文集》，沈阳：辽宁人民出版社，2001 年

王维仁：《中国早期寺院配置的形态演变初探：塔·金堂·法堂·阁的建筑形制》，《南方建筑》2011 年第 4 期

王中旭：《阴嘉政窟：敦煌吐蕃时期的家窟艺术与望族信仰》，北京：民族出版社，2014 年

王重民等编：《敦煌变文集》，北京：人民文学出版社，1957 年

文静、魏文斌：《唐代石雕刘萨诃瑞像初步研究》，《华夏考古》2011 年第 2 期

巫鸿：《中国古代艺术与建筑中的"纪念碑性"》，上海：上海人民出版社，2009 年

——：《敦煌 323 窟与道宣》，《礼仪中的美术：巫鸿中国古代美术史文编》，北京：生活·读书·新知三联书店，2005 年

——：《敦煌 323 窟与道宣》，胡素馨（Sarah Fraser）主编：《佛教物质文化：寺院财富与世俗供养》，上海：上海书画出版社，2003 年

——：《中国古代艺术与建筑中的"纪念碑性"》，上海：上海人民出版社，2009 年

——：《中国绘画的起源与早期发展：旧石器时代至唐》，班宗华等：《中国绘画三千年》，外文出版社，1997 年

——：《重屏：中国绘画中的媒材与再现》，上海：上海人民出版社，2009 年，第 2—9 页。

——：郑岩编：《超越大限：巫鸿美术史文集卷二》，上海：上海人民出版社，2019 年

——：郑岩编：《无形之神：巫鸿美术史文集卷四》，上海：上海人民出版社，

2020 年

萧默:《敦煌建筑研究》,北京:文物出版社,1989 年

宿白:《中国石窟寺研究》,北京:生活·读书·新知三联书店,2019 年

杨宽:《中国古代都城制度史研究》,上海:上海人民出版社,1993 年

姚鲁烽、彭金章:《敦煌大泉河的河床演变及其对莫高窟崖体的影响》,《敦煌研究》2007 年第 5 期

袁德领:《莫高窟第 196 窟前室北壁上部内容考辨》,《敦煌学辑刊》2002 年第 2 期

张广达、荣新江:《敦煌“瑞像记”、瑞像图及其反映的于阗》,《敦煌吐鲁番文献研究论集》第 3 辑,北京:北京大学出版社,1986 年

张景峰:《敦煌石窟的中心佛坛窟》,《敦煌研究》2009 年第 5 期

——:《敦煌阴氏与莫高窟研究》,兰州:甘肃教育出版社,2017 年

张先堂:《古代敦煌供养人的造像供养活动》,《敦煌研究》2007 年第 4 期

——:《古代佛教法供养与敦煌莫高窟藏经》,《敦煌研究》2010 年第 5 期

张小刚:《敦煌佛教感通画研究》,兰州:甘肃教育出版社,2015 年

——:《凉州瑞像在敦煌: 体现地方性的一种瑞像实例》,《魏晋南北朝隋唐史资料》第 26 辑,武汉:武汉大学出版社,2010 年

赵洪娟:《从晚唐五代敦煌“赛祆”探祆教习俗与中国节庆风俗的融合》,《宁夏社会科学》2018 年第 2 期

赵声良:《敦煌石窟美术史》,北京:高等教育出版社,2014 年

——:《敦煌艺术简史》,北京:中国青年出版社,2015 年

赵晓星:《莫高窟吐蕃时期塔、窟垂直组合形式探析: 吐蕃统治敦煌时期的密教研究之五》,《中国藏学》2012 年第 3 期

——:《吐蕃统治时期敦煌密教研究》,兰州:甘肃教育出版社,2017 年

郑炳林、安毅:《敦煌写本 P.2625〈敦煌名族志〉残卷撰写时间和张氏族源考释》,《敦煌学辑刊》2007 年第 1 期

郑炳林、郑怡楠:《敦煌碑铭赞辑释(增订本)》,上海:上海古籍出版社,2019 年

郑炳林:《敦煌写本邈真赞所见真堂及其相关问题研究: 关于莫高窟供养人画
　　像研究之一》,《敦煌研究》2006 年第 6 期

郑怡楠:《翟法荣与莫高窟第 85 窟营建的历史背景》,《敦煌学辑刊》2014 年第
　　2 期

周绍良、白化文编:《敦煌变文论文录》, 上海: 上海古籍出版社，1982 年

敦煌历史年表（与中原对比，从汉代开始）

敦煌	中原
（匈奴）	公元前 206
公元前 111	西汉
西汉	公元 25
公元 25	东汉
东汉	220
220	三国
曹魏	266
226	西晋
西晋	318
318	东晋、十六国
前凉	
386	
后凉	
400	420
西凉	
421	
北凉	
439	南北朝
北魏	
535	
西魏	
557	
北周	581
581	隋
隋	618
618	
唐	唐
781	
吐蕃	
848	907
张氏归义军	五代十国
914	960
曹氏归义军	
1036	宋
西夏	
1227	1279
蒙元	元
1404	1368
明	明
	1644
清	清
1911	1911
中华民国	中华民国
1949	1949
中华人民共和国	中华人民共和国

索　引

地名